戸田金一 著

明治初期の福祉と教育

―慈善学校の歴史―

吉川弘文館

目次

第四章　仁恵学校（貧人小学）の設置

第三部 キリスト教系慈善学校

第四章　大正期学籍簿の児童

まえがき

本書は、世界―日本―地域を串刺しにして捉えられる教育史の一例である慈善学校を、最初に取り上げる著書である。なぜ最初になったのか。わが国の慈善学校に関する資料は乏しく、したがって本格的に慈善学校を考察し、著書の上梓は生まれ難かった。日本史や教育学関係の辞書・事典類には、西欧のそれについての記述はあっても日本のそれはない。嘘のような本当の話である。

本書を執筆できたのにはいくつかの幸運がある。たまたま、著者が秋田に就職した縁で、明治期に現秋田市内に設置された三つの慈善学校、すなわち公立飽田《あきた》仁恵学校（一八七五年開校）、私立第一および第二簡易小学校（一八八九年開校）および私立福田《ふくでん》小学校（一八九五年開校）の、各校関連の主要な一次資料との出会いがある。

もっともこの出会いは、秋田大学時代の本間家からの福田小学校関係資料取材とその紹介紀要論文発表（一九七〇年）に始まるが、その後四半世紀余の間があって八戸工業大学への再就職は、新資料の取材を可能にするとともに、ふたたび紀要や学会機関誌への論文発表（一九九七年以後）という、本格的研究取組みの条件を整えてくれた。

しかも地元の聖園学園短期大学への再々就職となり、ここでの成果のまとめ中に、飽田仁恵学校関連の新資料取材が可能となって紀要論文への発表（二〇〇五年以後）となっている。そして本書原稿の推敲段階において、県公文書資料書中にキリスト教系慈善学校と断定できる発見（二〇〇七年）に至っている。結果として、長年月の取組は顧みて有益な時間となった。

日本の代表的慈善学校　このような資料発掘の事情からして本書の内容は、上記の慈善学校についての記述を中心とする。そうすると、地方に所在した僅かな例をもって日本の慈善学校を代表させる著者の視点は僭越ではないか、と批判されるかもしれない。これに対する著者の見解を、簡単ながら述べる要があろう。

学制施行期の明治の初めには、日本中を見回しても飽田仁恵学校を含む数校の慈善学校しか実在しない。また、森有礼の簡易科（簡易小学校）重視を反映して明治二十年代には慈善学校数は増えるが、福田小学校のように設立以後三二年間（福田会に引き継ぐ活動を含めれば半世紀）にもわたる期間、慈善教育活動を継続実践した記録を残した例は他に見受けられない。

秋田の三校の例は、他のほとんどが校名だけの存在に等しいものに対して、精粗の差はあるが、各校それぞれの設立過程、学校経営、教育内容そして就学生徒の概況など、要するに実態の全容をほぼ把握できる文書資料が証明する事例である。ここに、日本の慈善学校はこのようなものであったと、代表として物語り可能な根拠がある。

文部省年報の資料的価値　明治初年に、慈善学校がほんの数校しか実在しないことは『文部省年報』に照らして証明できる。この年報は明治五年（一八七二）の学制が望んだ全民就学に絡めていうと、全国の学事担当者が抱いた各府県それぞれの「貧民ノ子女ヲ学ニ就シムルノ法」という項目を掲載している点が大きな特徴である。

その内容として書かれたものは、仁恵学校を意識する狭義の文章ばかりではない。普通学校に貧民子女を就学させる広義の策や、中には貧民子女にまでは手が回りかねるという批判的主旨の見解まで見えて、学事担当者に多種の認識があった状況を示している。それゆえ、仁恵学校設立の意義を全国的尺度で評価する資料として使用できる。そして飽田仁恵学校設立時の時代背景を示すとともに、本校が設置された意義を補強する資料となる。本書が第一部を『文部省年報』を主資料に用いて構成し書き始める理由である。

飽田の文字の初出　ところで飽田仁恵学校という文字に出会って、なんと発音したらよいかには戸惑う。おそらく「あきた」に近い音である。そこで、なぜ秋田と書かずに、この文字をわざわざ使用するのか。これにはなにか積極的な意味があるのだろうか。

著者は、以前、八郎潟湖岸にあった一寺子屋の師匠が、そこで使用する手書きの教科書の表紙に「安政五歳　穐佃往来　午拾壱月壱日」としたためている実物を見ている。この例では続く扉頁に「秋田往来」とある。したがって穐佃という文字が秋田の当て字であり、「あきた」と発音すればよいと判断できた。

この例のように、秋田という文字には当て字がある。たぶん飽田の文字も単なるその類かとは思う。この校名表記は、県が庁内の意向を固めて文部省に差し出す「公立学校設立伺」の中に、すなわち貧人小学の設立認可を申請する伺書中に初出する。けれども、なぜこの当て字を使用したのかという理由を明らかにした文書は見あたらない。著者の推量では、飽という文字には「満腹する。食物が足りる。食物が多い。みち足りる」などの字義があるから、この校名を採用した者は秋田の貧しい子らに、食物とともに学問も満ち足りるようにとの強い期待を込めたものと解する。

学制における仁恵学校　ところで、仁恵学校とは、学制の中に表現された貧人小学の別称である。わが国では、規を同じくした全国的な学校教育の整備は五年の学制に基づいて始まる。このとき学制を発布する理念が太政官布達『学事奨励に関する被仰出書《おおせいだされ》』によって示され、この中の一部には「自今以後一般の人民（中略）必ず邑《むら》に不学の戸なく、家に不学の人なからしめん事を期す」と述べられていて、すべての人々に学びを普及すること、換言すれば全民就学の方針であることを明示する。そして学制本文には、そのための初等教育水準の学校として「尋常小学」を中心に置くが、加えて女児小学・村落小学・貧人小学・小学私塾・幼稚小学が示される。これらはいずれも「均ク之ヲ小学ト称ス」（学制第二十一章）とされている。

さて、貧人小学を加えることによって学制は、経済的困難な事情にある子弟すなわち貧民子女に対して、特別な就学の場を提供することができる由を法制上示すこととなる。すなわちこの学校には他の学校と異なる特徴があって、これを学制第二十四章は「貧人小学ハ貧人子弟ノ自活シ難キモノヲ入学セシメン為ニ設ク。其費用ハ富者ノ寄進金ヲ以テス。是専ラ仁恵ノ心ヨリ組立ルモノナリ。仍テ仁恵学校トモ称スベシ」と表現する。

飽田仁恵学校は、もし当て字と別称とを用いなければ、秋田貧人小学と書いて然るべき学校であり、われわれの理解では、秋田に置かれる初等慈善学校のいいである。

かつての慈善学校不在　学制以前のわが国には、ただの一校すら慈善学校はない。この背景には、庶民の子たちに家庭の経済的貧困の事情を押しのけてまで就学させ、学問をさせなければならないとする社会的必要が欠けていることがある。西欧における産業革命進行期の資産家たちが、生命や財産を保全するために、幾ばくかの金を出して、青少年に「殺すなかれ。盗むなかれ」などと説く宗教教育を内容として、犯罪発生の防止策とする、いわば、貧困児向け健全育成の必要観は生じていない。

そして、これらの子女を対象として行われる教育一般を、貧民教育と総称するならば、慈善学校はその中の一部であり、次の二点で他の貧民教育と分別する特徴を持つ。一つは慈善事業として学校経営がなされること、二つは特殊教育すなわち普通教育とは分離した独立の学校として設置されることである。こういう特徴を持つ貧民子女のための学校は、学制以前の日本にはない。

仁恵と慈善との差　ところで、学制の起草者は『仏国学制』を基本的な資料として参考にし、これを手本としてわが国の学校を創設しようとする。とすると、学制にいう仁恵はキリスト教社会での慈善の翻案である。

いま Oxford 辞典や Webster 辞典を参照してみると、今日では慈善と訳される charity には、多くの意味がある。

そのうちの一つは、他者への愛（love ないし affection）である。それゆえに charity-school とは、貧民子弟に対する無償もしくは少額負担による教育のために、愛に基づく遺産ないし任意寄付金によって維持される学校である。この種の学校は、イギリスでは一六八二年には早くも見えている。

このように見てみると、学制は Christian love という宗教的動機に基づく設立理念を持つ学校を創ろうというのではなく、無償もしくは少額負担に重きを置く経済的援助の側面を重視して設立しようというもので、日本的な慈善学校が仁恵学校である。

仁恵学校の設立数　西欧の慈善思想に類似したものに、たとえば日本の仏教には、三つの福田《ふくでん》の一つとして悲田（貧者・病者など哀れむべき者への施し）という慈悲思想がある。仏教の行き渡った日本の風土を背景にして考えると、いまや学制中に法制的基盤を持ったのであるから、この動機による仁恵学校が多数生まれて然るべし、と思うが事実はそうならない。

この学校についての最初の紹介的研究成果は、土屋忠雄によって披露される。彼は一九六二年の著書『明治前期教育政策史の研究』の中で、まず『文部省第四年報　明治九年　第二冊』の全国小学校一覧表を資料として、はっきりと仁恵学校と銘打ったものは石川県に私立七校、秋田県に公立一校にすぎず、そして他の資料をも参考にして、岩手県には校名に仁恵とも貧人とも冠していないものが当初数校あるとする。後述するように『文部省年報』を丹念に見ていくと、実はこの他にも仁恵学校の設立はあるが、数少ない点は間違いない指摘である。

慈善学校の紹介　上記土屋が示すうち、秋田県の仁恵学校については著者の数点の論文、そして岩手県の場合については、二〇〇三年の軽部勝一郎「明治前期岩手県における仁恵学校研究」がある。この他に、佐藤秀夫は『日本近代教育百年史　三』に、発足当初の小学校の種類について執筆し、「就学児童個人の貧困を考慮して特設された」学校の中で、「貧人小学の設立に当初から本格的に着手した例として、石川県の場合」を挙げて「七三年に起草されたという『仁恵小学校設立大意』によれば、有志が『仁恤《じんじゅつ》ノ至情』をもって義社を結び、貧民居住区に『仁恵学校』を設立して貧民の子女に簡易な教育を授けるよう計画し、同年中に金沢町に八校、能登国三階村に一校を建設」云々と書き、これに加える他の例として、小学扶助委託金によった岐阜県、また学資金の利子による岩手県を挙げる。なぜか彼は飽田仁恵学校を漏らしている。

　以上の教育史家による業績のほかに、平中忠信が『地域福祉史序説』の中で、「函館における慈善事業の展開」の一つとして明治十年（一八七七）十二月七日に開校し、昭和四年（一九二九）に廃校となる鶴岡学校を紹介している。日本の慈善学校史において、見落とすことのできない業績である。このような福祉史家などによる研究の進展について、その情報収集を怠ってはならない。しかし、慈善学校の研究自体は数多いわけではない。

明治二、三十年代慈善学校紹介　これもまた、仁恵学校についてと同様に、本格的な先行研究は乏しい。久木幸男の表現を借りると、彼は論文「慈善洛東学院とその周辺」の中で、「貧民学校には一九〇三年（明治三六）に始まる東京市立特殊尋常小学校を代表例とする公立小学校と、慈善学校の名で総称される私立学校とがあるが、数少ない先行研究は前者に集中しており、後者を扱ったものとしては僅かに戸田金一の業績がしられるにとどまる」といって、この理由にも触れている。すなわち、「一八九〇年（明治二三）前後から盛んに設立されるようになった慈善学校は、規模も小さく短命に終わったものが多いので、関係資料もたいてい散逸しており、研究対象となり難かったのではないか」という。そして、注記で「秋田の福田小学校は（中略）三二年つづいており、例外に近い」と、短命に終わらなかった特徴を補足指摘している。

　久木が一九八二年に記した著者の業績というのは、一九七〇年の秋田大学教育学部研究紀要に発表した「慈善学校

『福田小学校』について」を指している。そして、さらに彼の指摘後ほぼ四半世紀余を経て、著者は本格的に福田小学校考察に着手し、関係論文数点の発表となる。要するに、貧民教育一般の研究は進展できても、慈善学校に限っての研究関心は散発的であり、この分野の研究遅滞は歴然としている。

飽田仁恵学校初紹介の不手際　既刊の秋田県史は、福田小学校を紹介するための前史、すなわち広義の設立背景として飽田仁恵学校に触れる。たとえば大正八年（一九一七）刊行の『秋田県史　県治部二　第五冊』の中で、「県治部第五教育篇　第二章小学校　第五節特殊ノ教育　第三款福田小学校」には、頁上欄外小見出しに、貧人小学・貧人学校設立建言・飽田仁恵学校の三項が掲示されている。この記事に続く節題は福田小学校である。頁数は前史の方が多いが、これは貧人学校設立建言の項に、貧人学校設立建言書の全文を掲載しているからである。

問題は貧人小学という小見出し項の中にある。ここでは「県庁学務当局ガ、率先シテ仁恵学校ノ設立ヲ唱導シタルハ、蓋《ケダシ》、非常ノ美挙タルヲ失ハズ」と評価して、「学務掛ノ建言ヲ叙シテ、其ノ淵源ヲ明ニ」と述べ、次項に掲載する建言文への前書とし、第三項は結びとして「八年四月学校ヲ開キ、五月文部省ノ指令ヲ得テ、飽田仁恵学校ト称スルコト丶ナレリ」と開校を報じたここまではいいのだが、「此学校ハ維持久シキヲ得ズシテ解散シタリト云フモ、今其始末ノ書類ヲ缺クヲ以テ、此ニハ単ニ建言書ヲ挙グルノミ」と結んだ。

この結びの文章は、大きな災いの原因となった。公文書を資料にした執筆者当人が「今其始末ノ書類ヲ缺ク」と断定したため、後輩による本校についての改めての考察は生じなかった。本書の著者も戦後の秋田県史や秋田県教育史の執筆者たちも、新たに資料探査を起こすなど、まったく念頭に浮かばなかった。

公文書館の功績　ところが、ないと信じていた関係県庁文書が実はあった。県立公文書館が設立され、所蔵する文書を整理し公開の端緒を開いた功績である。二〇〇〇年に公刊された秋田市編・発行『秋田市史　第十一巻　近代史料編上』は「仁恵学校廃止ニ付上申」を採録している。これを契機に著者は公文書館を訪れ、所蔵の「学務課勧学掛事務簿　学校廃置之部」などを調べ直した。

こうして、すでに知られている貧人学校設立建言という創設意図だけでなく、とりわけその対極となる廃止の理由までも把握できることになった。著者が飽田仁恵学校を福田小学校の前史に留める当初の構成を抜本的に変えるにいたった原因である。肉付けとなる諸記事は十分とはいえないけれども、同館蔵の他の事務簿や文部省年報などからの取材により利用することができた。

福田小学校閉校後の記録　いっぽう福田小学校に関しては、校主の本間家所蔵の家文書を利用して学術的業績に限る発表が許されたことに負う。そして一方閉校後に同校の財産を活用して設立された財団法人福田会の関係資料は、神奈川大学において取材でき本書を補強する一つとなっている。

本書の意義　本書は、前述のように、これまで詳細には明らかになっていない仁恵学校や明治中期に設立される秋田の慈善学校を中心に考察する。このプロセスで、福田小学校設立に先立つ六年前の二十二年（一八八九）四月に、秋田市にキリスト教系慈善学校が簡易小学校制度を利して開設されていることが判明し、概略ではあるが付加している。

これらの成果は、大きくは日本史そして日本教育史、また社会福祉史の空白部を埋めることに貢献できると自負する。そして近代日本が挑んだ西欧に追いつけという文明開化（西欧化）の一面が、なぜ秋田という地域に花咲いたのか、という謎解きを提示している。

凡例

一　用字・用語は、地の文では原則として常用漢字体・現代仮名遣いとする。ただし、一部の人名や常用漢字体のない字体については旧漢字の正字体を用いる。

二　引用文については、次の原則による。

1　本書により初めて翻刻する文書には、句読点を使用せず、分かち書きとする。

2　著者の判断により、難読文字に現代仮名遣いのルビを付す。

3　著者が挿入する文字・文には〔　〕を付す。

三　書名および雑誌名には『　』を、論文標題には「　」を付す。

四　公文書や家文書などの簿冊名には『　』を、個別の文書名については「　」を付す。

五　繰り返し使用する公文書や家文書などは、使用する各部において略題名を示す。

六　年月・巻号などの表記は、原則として漢数字とする。

七　主資料との整合を図るため、地の文では日本元号年を主とし、括弧して西暦年を添える。また、繰り返される元号の明治は省略する。

八　第四部「福田小学校と福田会」で用いる本間家文書の主要簿冊等の略題名を予め示す。

1　『私立福田小学校沿革史第二回第三回報告紀事』〔四部全三九頁の印刷簿冊名〕、略称『沿革史紀事』

2　「設立之趣旨」〔前簿冊一〜二頁〕、略称「紀事・設立之趣旨」

3　「私立福田小学校沿革小史」〔前簿冊三〜一一頁〕、略称「紀事・沿革小史」

4　「私立福田小学校第二回報告　自明治二十九年四月至同三十年三月」〔前簿冊一二〜二三頁〕、略称「紀事・第二回報告」

5　「私立福田小学校第三回報告　自明治三十年四月至三十一年三月」〔前簿冊二四〜三九頁〕、略称「紀事・第三回報告」

6　『明治二十九年以降　卒業証授与録　私立福田小学校』、略称『卒業証授与録』

7　『明治二十九年以降　修業証授与録　私立福田小学校』、略称『修業証授与録』

8 『明治二十九年以降　授賞録　私立福田小学校』、略称『授賞録』
9 『大正元年以降　卒業者学籍簿　私立福田小学校』、略称『卒業者学籍簿』
10 『大正元年以降　半途退学学籍簿　私立福田小学校』、略称『半途退学学籍簿』
11 なお本間家蔵を示す場合、単に家蔵と略称する。
12 福田会関係資料名および略称は当該章中で示す。

第一部　学制期における貧民子女就学策

第一章　「学制」における全民就学の理想

一　太政官布告文

明治五年（一八七二）、学制が発布される。そしてこの際に前文に相当する太政官第二百十四号布告、いわゆる学事奨励に関する被仰出の文章が添えられて政府の教育政策の理念が明示される。この中でまず「学問は士人以上の事とし、農工商及婦女子に至つては之を度外におき」と階級制度に基づく旧教育制度を批判し、次いで「自今以後、一般の人民、華士族農工商及婦女子、必ず邑《ムラ》に不学の戸なく、家に不学の人なからしめん事を期す」と、全人民に及ぶ不就学根絶を目標とする由を示す。

当時の世情を考えれば、この目標を完全に達成することの現実性は別としなければならないにしても、その意気や壮といえる理想である。

二　学制第二十四章

上記の目標を現実のものにするには、まず基礎となる教育の場の整備こそ急がなければならない。これについて学制本文は、その第二十一章において「小学校ハ教育ノ初級ニシテ、人民一般必ス学ハスンハアルヘカラサルモノトス」と述べた上で、尋常小学・女児小学・村落小学・貧人小学・小学私塾・幼稚小学の六つを「均《ヒトシ》ク之ヲ小学ト称ス」とする。六種に区分されたもののうち尋常小学を除く五種については、第二十二章の幼稚小学以下、上に並べた学校の順は不同となるが第二十六章まで各一章をあてて定義づけをしている。

その中で本書に最も関係の深いものが第二十四章である。次がその文章である。「貧人小学ハ、貧人子弟ノ自活シ難キモノヲ入学セシメン為ニ設ク。其費用ハ富者ノ寄進金ヲ以テス。是専《モッパ》ラ仁恵ノ心ヨリ組立ルモノナリ。仍《ヨッ》テ仁恵学校トモ称スヘシ」この表現により、経済的支援と仁恵心を核とした慈善学校が法制をもって地位を得ている。

三　尋常小学以外の学制小学の研究書

ここで全民就学に関係するものとして、尋常小学を除く他の小学研究についての著書に触れる。これが乏しい。単著では、高野俊著『明治初期女児小学の研究』(1)くらいである。

そして、府県が貧人子女の就学方策とした中で、無視できない一つに年少労働従事のために発生する不就学への対策がある。そこで関係する著作をも挙げれば、坂本清泉・坂本智恵子共著『近代女子教育の成立と女紅場』(2)と、長田三男著『子守学校の実証的研究』(3)などが代表的なものである。

なお、単行本となった貧人小学（仁恵学校）についての学術書は、これまでのところない。以上のような関係学術書の僅少は、つまるところ、当時の全民就学という理想達成が尋常小学を中心として進行することの一反映と見ることができる。

第二章　史料としての『文部省年報』

一　田中不二麿の発刊の辞

今日でいえば大臣の地位にある文部大輔田中不二麿は、『文部省第一年報　明治六年』の発刊に際して、年報刊行の趣旨を巻頭上奏文として書いている。(1) この中に、まだ学制の施行は不完全ではあるが、「若夫《モシソレ》掲出スル所、件々遺漏ナク、般々善美ヲ称スルノ隆昌ヲ致スニ足リ、家戸皆学事ニ勉メ、人身各健康ヲ保スルノ実績ヲ見ルニ至テハ」云々と書いて、年報の「掲出スル所」つまり記事は全民就学への過程における実績を報じる内容である、と明瞭に認識している。これは末尾に記載された日付が「明治八年一月四日」であるので、五年（一八七二）九月の学制施行後二年余を経ている時点での、文教行政の中枢にいる田中ならではの表現、すなわち全国にわたって学制の進展情報を把握できた者の執筆である。

このことは、今日われわれが全国的学制進展の年次情報開示として、各年度の『文部省年報』の使用を可能とするに至る貴重な史料としている。とりわけ、本書にとっては格別の貢献となっている。

二　文部省年報の構成と意義

1　『文部省第一年報　明治六年』

このようなタイトルで、最初の『文部省年報』（以下必要に応じ適宜略記）が刊行される。目次にみるところの、本書に関係のある項目は「全国教育ノ概略」・「各大学区府県ノ学事景況　附統計表」である。

このうち後者の内容は、詳細な叙述をする府県では「学区・学校・教員生徒・学校保護方法・学務吏員・統計表」の六項目に及ぶ。しかし、たとえば秋田県の場合は、「学区・学校教員生徒及資金学校保護方法・学務吏員・統計表」の四項目が四頁に納められる簡単な内容である。

2　『文部省第二年報　明治七年』以後

『第二年報』以後になると、内容は飛躍的に充実する。まず本文の部と、頁数を新たに付し直す附録の部とに、大別される。前者は、本省に直接関係した記事を内容とする「文部省年報」部であり、これには「小学校概略」以下「統計要略」まで十一項目が配される。続いて附録の部となり、ここには「明治七年文部省布達々書及諸制規類・学監申報・督学局年報・府県年報（後略）」など十二項目と、九種類の「統計表」が含まれる。

上掲の中で、全国的実情を知る上で最も重要なのは「府県年報」である。この中に含まれる中見出しの一つとして「貧民ノ子女ヲ学ニ就カシムルノ法[2]」がある。この中見出しは、明治七年度（一八七四）の時点における六三府県（北海道は含まれない）中、七県を除く五六府県（八八・八パーセント）に置かれていて、全国の情勢を十分に知りえる記事を含んでいる[3]。

3　「貧民ノ子女ヲ学ニ就カシムルノ法」の意義

文部省は五年（発表月日不明）、学制施行に関する当面の計画として「当今着手之順序ヲ立ル如左(4)」として九項目を挙げた。この最初に「厚ク力ヲ小学ニ可用事」と書き、「力ヲ小学ニ用ユルコト、当今着手第一ノ務トス」と補足し、以下にそのために必要な教師づくりの師表学校設立を「是、当今着手第一中ノ尤《モツトモ》急務トス」と示す。その上で「一般ノ女子、男子ト均シク教育ヲ被《コウム》ラシムヘキ事」と続けている。

このように、文部省は維新の世に相応しい小学教員の養成を急ぎ、「小学ノ教ノ能ク広普完整スル」目的を達成したいとする。これを常識的に考えてみるとき、ここでいう小学は、主として尋常小学を指すのであろう。現実的には秋田の例(5)を見ても、正則の学科による学校を設けることは難しく、変則小学しか開校できない。つまり、当時は尋常小学を満足に発足させることさえ困難な状況の中にある。それゆえ文部省が、必ず貧人小学までを含めた上での急ぎ小学の広普完整を許ろうとしていたとは、はなはだ考え難い。

しかし、文部省は「貧民ノ子女ヲ学ニ就カシムルノ法」を「府県年報」中の一項として挿入し、この報告を求めている。これは消極的には、学制の条項を官僚的忠実さで反映したに過ぎないかもしれない。しかし、著者は、文部省が学制第二十四章を府県の学制施行に意識させ、貧民子女の就学策成功こそが全民就学への根本的解決なりと、積極的意味を込めたものと理解する。

なお、この中見出しについて初出の『文部省第二年報　明治七年』から『第七年報　明治十二年』までを通観すると、初出年でこそ本項目を欠落する県は数県に過ぎず、また記事の量も多いが、次年度以降になると本項目が欠落したり、あるいは見出し項目はあっても「前年度記事に同じ」という類の府県が増加する。報告すべき動きに欠けることは、学制第二十四章への関心が早くも希薄化しているためといえよう。

第三章　府県の貧民子女就学策

本章では、『文部省第二年報　明治七年』の記事を主とし、『第三年報　明治八年』以降『第七年報　明治十二年』のそれぞれを補いとして、「貧民ノ子女ヲ学ニ就カシムルノ法」の記事に窺えるところの、府県教育行政担当者が抱いた貧民子女就学策を類型化して紹介する。これによって、学制期日本における貧民教育観のほぼ全貌を捉えることができる。

一　仁恵学校（貧人小学）の設立

1　仁恵学校（貧人小学）・貧民学校の文字を表現したもの

学制施行に伴う学校設置にあたって、仁恵学校（貧人小学）ないし貧民学校に触れた記事があることにより、学制第二十四章を意識する証拠とするならば、その府県数はどれくらいあるだろうか。

それは『第二年報　明治七年』に九県、『第三年報』に新たに三県、『第四年報』、『第五年報』に同じく三県および一県、『第六年報』には追加の記事がなく、『第七年報』に新たに一県の増加を見る。したがって合計は一七県である。

2　仁恵学校を実際に設置する県

これら一七県のすべてが、実際に仁恵学校ないし貧民学校を設置したわけではない。実際に設置したことが認められる記事は、石川県・愛媛県・三潴《みずま》県・秋田県・岩手県および検証を要する青森県の僅か六県に過ぎない。この各県仁恵学校等については後に紹介する。

3　文字表現のみの県

記事上に表現があるがついに仁恵学校の設置に至らない県は一一県に及ぶ。その一例を橡木《とちぎ》県の記事で示す。

学事万般創立ノ際ナルニヨリ、貧民学校ハ未タ設ケスト雖《イエドモ》、学事ニ就キ寄附金及ヒ課金ヲ要セス、且束脩月謝ヲ収メシメス、其子弟ヲ一般入学セシム。是ヲ目今貧民就学ノ法トス。（『第二年報』付録、一〇一頁）

このような文面からは、今後積極的に独立した貧民学校を設置しようとする意思があるとは窺えない。

4　埼玉県の仁恵学校を含む貧児教育認識

『第四年報　明治九年』になると、埼玉県の学事年報記事は、仁恵学校設置など実現に至らない点で観念的ではあるものの、この時期における貧児教育論の展開ともいえる総合的認識が示される。次の各条項がその内容である。

貧民ノ子女ヲ就学セシムルノ法

第一条　学区取締ハ学齢調査録ヲ編成シ、学区ノ協議ニヨリ貧民ノ子女ヲ三等ニ分ツ。

但区戸長及学区取締ノ保証ヲ以テ、其姓名上ニ事由ヲ略記ス。一等貧児ハ尋常小学ニ入ル能ハサル者。二等貧児ハ学費窮乏ノ為メニ学ニ就ク能ハサルモノ《ママ》。三等貧児ハ年期奉公或ハ児護ノ如キモノ

第二条　一等貧児ハ小学区内ヲ聯合シ仁恵学校ヲ設ケ教授スヘシ。

第三条　二等貧児ハ受業料ヲ免シ、校内ノ書器ヲ貸与シ、時トシテハ相当ノ紙筆ヲモ与フ可シ。

第四条　三等貧児ハ各小学ニ於テ、三時間或ハ四時間読物算術及ヒ習字ノ三科ヲ授クヘシ。

第五条　学齢中ノ子女ヲ雇ヒ入ル者ハ、毎日二時間ツ、学校へ出ス可キヲ承諾シ、其事由ヲ速カニ戸長へ届出ツ

ヘシ。
第六条　二等三等貧児ヲ教授スルニハ、或ハ一校ヲ設ケ或ハ各小学ニ附属スル等、各地ノ適宜ニ従フ者トス。但校舎及ヒ器械等ハ最モ粗略ニシ、尋常小学ト別異ニスルヲ要ス。
第七条　各校適宜夜学ヲ設ケ、家業又ハ傭役ノ為メ昼間出校シ難キ者ヲ教養スヘシ。
第八条　貧児就学ノ費用ハ委托金ノ幾分ト各学校ノ資金及ヒ有志ノ恵助金ヲ以テスヘシ。（附録第一、八七頁）

二　府県としての方策未定のもの

この一例としては東京府の場合を挙げる。『第二年報』の東京府に関わる「学事年報」の文章は次の通りである。
貧民就学ノ方法未タ相立不申、貧困ノ者ニハ下等ノ月謝差出サセ候ヘトモ、右ヲモ差出兼候者ハ別ニ定限ヲ立ス免除ノ分モ有之候事（『第二年報』付録、五六頁）
そして翌年になると、「貧民学校ハ未設立ト雖モ、貧困ノ者ニハ無月謝ニテ入校ヲ許ス」（『第三年報』付録、一四一頁）とあって、授業料免除による貧民就学策となる。

三　授業料免除あるいは教科書や筆墨紙・文房具等の貸与か支給との併用

この授業料を免除するだけでなく、教科書や筆墨紙・文房具等を貸与ないし支給と併用する例は多い。ここには神奈川県の記事を見る。

寒貧ニシテ、受業料又ハ筆墨紙等弁シカタキ者ハ、区戸長学区取締等ニテ篤ト取糾《トリタダ》シ、事情無相違ニ於テハ、相当ノ受業料筆墨紙等ヲ与ヘ修業致サセ、入費ハ学資積立方法、寄附金等説諭致シ、其村町ニ於テ貸附等ノ仕方ヲ設ケシメ、右利子ヲ以支給候儀ニ有之候。（『第二年報』付録、六〇頁）

この時期には一般に今日の授業料という文字を用いず、多くが受業料と書いている。また学校基金の運用法の萌芽をも示している。

四　年少労働と就学の関係に触れるもの

1　埼玉県の場合

まず、就学不能の原因と一般的対策として、冒頭に次のように述べる。

寒郷荒村ノ人民、子弟ヲ学ニ就シムルコト能ハサルハ、或ハ書器購求ニ苦ミ受業料ニ困スレハナリ。故ニ至貧已ムヲ得サル者ハ、学区取締其実迹《ジッセキ》ヲ証シ、受業料ヲ免除ス。書籍器具ハ富豪有志ノ徒、納附スルモノヲ以テ一時給貸ス。

しかし、これだけでは十分でないとする。家の手伝い（年少労働）を家の維持上不可欠とする見解に立って、考えられる対策として休日あるいは夜間就学が続いて述べられる。

然リ然リスト雖、家業ヲ助ケ弟妹ヲ傅護《フゴ》セスンハアルヘカラサルヲ以テ、猶日々参校ヲ難スル者亦多シ。故ニ一六休暇日ヲ以テ校ヲ開キ、或ハ正則校中ニ夜学校ヲ置キ、教則ヲ省略シ、尋常小学ニ就テ教授ヲ受ケ難キ者ヲ訓育スル法ヲ設ク。然而《シカリシコウ》シテ未タ整斉普及ノ域ニ至ラス。（『第二年報』付録、七一頁）

2　京都府の場合

京都府の場合は、年少者雇用という都市型特徴の反映をも見せる。すなわち、次の文面である。

未タ其良法ヲ得ス、方今姑《シバラク》左ノ二件ヲ施用セリ。
其一、其家貧困ニシテ、其子女ヲ育スルコト能ハス他ノ家ヘ雇役スル者ハ、其雇主ヨリ幾分ノ時間（或ハ昼或《アルイハ》夜）ヲ与ヘ出校セシム。尤筆紙等ノ諸費ハ雇主ヨリ給与ス。其二、子女ノ其家ニ在ル者ニシテ、子守リ或ハ草刈リ抔《ナド》ノ家事ニ使役セラルヲ得サル者モ、亦幾分ノ時間ヲ以テ出校セシム。尤其家貧困学資ノ給シ難キ者ハ、其町村或ハ其区等ヨリ之ヲ給貸スル等ノコトアリ。（『第二年報』付録、一六七頁）

この文面からは、すでに実施されているようにも窺われるが、事実を詳らかにしない。

3　奈良県の場合

この県では貧民を二種とし、一つは着手済みであり他は未着手である。

貧民ニ二種アリ。其子女ニ衣食ヲ給スルニ足ルト雖モ、八九歳ニ至レハ嬰孩《エイガイ》ヲ負ハシメ、其母事業を営マサレハ生活ヲ為ス能ハサルモノアリ。如此ハ子女ヲ愛育スルノ心ヲ厚クセンコトヲ説諭シ、其母ノ勤労ヲ忍ハシメ、御委托金及課賦金ノ内ヲ以テ、筆紙書籍等ヲ給与シ学ニ就カシム（以上既《スデニ》着手セリ）。其最貧ニシテ子女を養育スルコト能ハス、八九歳ニ至レハ之ヲ他人ニ托スル者アリ。如此ハ富豪ノ者ヲ勧奨シ工芸小学ヲ設立シ、其地方相応ナル事業ヲ営マシメ、賃銭ヲ与ヘ衣食費用ノ幾分ヲ助ケ、父兄ニモ此校ヲ管理スル者ヨリ生産ノ方法ヲ授ケ、合セテ学ニ従事スルヲ得セシメントス。其方法ノ如キハ地方ニ従テ種々ナルヘシ。故ニ略ス（未タ着手セス、聊《イササカ》意見ヲ述ルノミ）。（『第二年報』付録、一七四～一七五頁）

後者は意見という自由な発想によるためか、父子共々賃金を得られかつ生産学習が可能な学校を設置するという、この時期における進歩的な構想となっている。

4　高知県の場合

奈良県に見える生産学習学校の構想は、『第三年報』では高知県における勤労女子の就学策として、一層特徴的な表現「貧民女紅場」をもって示される。

貧民ノ子女ハ、姑《シバ》ラク無月謝ヲ以テ入校セシムル者トス。又常時一ツノ貧民女紅場ヲ設ケ、毎日二時間読書算術等ヲ学ハシメ、其他専ラ縫織ヲ教フルノ法ヲ設ク。（『第三年報』付録、三五〇頁）

5　無授業料代償としての親の労役

貧富別課金制を採用するとともに、親が学校労役に服することによって子の授業料を保障しようという策が、再び『第二年報』に戻って浜田県に見える。

課出金平均幾銭ト定ムト雖モ、貧富ニ応シ数等ニ分チ課ス。其等中ニ漏ル、者、真ノ貧民ニシテ、勿論無課無受業料。此等ノ者、薪炭鞋《ワラジ》縄等ヲ出サシメ、或ハ其父兄ヲ校用等ニ使役シ受業料ニ代フル等、聊《イササカ》恩恵ニ報ユル所以ナレハ適宜ニ任セ候得共、全体貧民而已《ノミ》ナラス学ニ就カサル者之レ有リ。之ヲ奨匡罷在貧民云々ノ法等、即今判然見込相立不申事。（『第二年報』付録、二四二～二四三頁）

終わりの部分の表現は難しいが、ここからは、未就学者は貧民だけではないので、匡（この場合就学）の奨めによって貧民たるを罷《や》む（立身）云々の法（学制）の実施ははっきりいって見込立たず、という正直な気持ちが感じ取れる。

第四章　仁恵学校（貧人小学）の設置

一　石川県の仁恵学校

1　県の教育状況

『第二年報　明治七年』の中の「督学局年報」に「処務概旨」があり、そこに「文部省八等出仕加納久宜、十三等出仕櫻井忠徳ヘ第二大学区巡視可致旨命セラル」（附録、三三頁）とある。彼ら両人は石川県に赴き「第二大学区巡視状況、石川県」の教育状況を次のように記述している。

学校。現今小学ノ数二百五十余校、其類ヲ分チテ七種トナセリ。其区別左ノ如シ。公立小学。大区中ノ民費ヲ以テ設立シ委托金ノ配当ヲ受クルモノ。公立村落小学。教科全ク行ハレサル歟《カ》、或ハ未タ良教員ヲ得サル等ノ事ニ因テ村落ノ二字ヲ冠ス。是亦民立ノ学校ニシテ、公学校ヨリ扶助金ノ分配ヲ受クルコトヲ得。他日教員已ニ備ハリ、教科全ク行ハルヽヲ待テ尋常公学ノ部ニ加フ可キモノ。私立学校。有志者ノ結社シテ設立セシモノ。家塾小学。独力ヲ以テ開塾シ普通ノ小学科ヲ教授スルモノ。読書家塾、習字家塾、算術家塾。其営業ハ家塾小学ト一般ナレトモ、唯三科ノ全備セサルモノ。（附録、四五頁）

2　石川県学事年報の記事

実際に設置されている仁恵学校についての『年報』初出となる記事がある。見出し「民心向学ノ状況」の中から直接関係する部分を摘記する。

金沢ノ首《シュ》タル所以ノ者ハ、戸口稠密、北地ノ通邑、旧藩来施行ノ事タル先ツ此地ニ於テセサルナシ。故ニ民心稍《ヤヤ》方今ノ事情ヲ知リ、漸ク旧守株ヲ破ル。剰《アマッサ》へ夙《ツト》ニ小学ノ着手アリシヨリ、勧奨ノ声、説諭ノ詞久シク耳ニ慣レ、将ニ誤認ヲ解カントス。是ニ於テ新教則ヲ発行シ其旨趣ヲ諭スニ当タリ、小区聯合即時ニ十余校ヲ開キ、士ハ子弟ヲ学事ニ駆リ、平民亦少シク学アルヲ知ルニ至レリ。然レトモ村落隘巷《アイコウ》ノ如キ、従来一校ヲ見サルノ地ニ於テ、追次小学ヲ興ス者ニ比セハ却テ猶劣レル者ノ如シ。是ニ於テ同年六月、深ク之ヲ管下ニ諭シ、臨時就学ノ調査ヲ遂ケシヨリ一層生徒ヲ増員ス。且有志者アリテ仁恵学校ヲ創立シ、或ハ区内ヲ作興シテ教育ニ階梯セシヲ以テナリ。（附録、一三四頁）。

3　仁恵学校設立の趣旨

そして「貧民ノ子女ヲ学ニ就カシムルノ法」において、石川県当局は仁恵学校設立の趣旨を次のように明示する。そして一校の例すなわち全校共通の通則ではないが、高く評価できる「仁恵小学設立大意」を掲げている。

自産ノ力ナク、徒ニ人ノ使役ヲ待テ漸ク今日ノ糊口ヲナス貧民ニ至テハ、村落ニ少ク都邑ニ多シ。県下ノ貧民ヲ計ルニ金沢ヲ以テ最トシ、大聖寺、小松ノ如キ之ニ次クト雖、其数甚少シ。其子女ヲシテ早ク就学ノ道ヲ得セシメント欲セハ、其法ヲ設ケサルヘカラスト雖、県下目今ノ情態、民費日ニ額ヲ増シ、人民其煩ニ堪ヘサラントス。仮令之カ法ヲ設ルモ、更ニ費ヲ一般ニ課賦スル甚タ難シ。然レトモ今ヤ教育拡充ノ時、如何ソ独リ此輩ヲシテ就学ノ道ヲ得セシメサルヘケンヤ。是ニ於テ県民其理ヲ解スル者、明治六年来往々義社ヲ結ヒ、先ツ貧民居多ノ地ヲ撰ミ、追次仁恵学校ヲ興スニ至ル。同年中金沢町ニ八校、能登国三階村ニ一校ヲ建設セリ。此校概《オオム》ネ至貧学費ヲ払フ能ハサル者ヲ入ラシム。且土地ノ情態ニヨリ貧窶《ヒンル》ノ者ハ尋常小学ニ入校シ、受業料ヲ省ク者アリ。是学制第九十四章ニヨリ、区戸長之ヲ証シ、学区取締ヲ経テ出願許可ヲ得ル者トス。

右設為スル仁恵学校ニ於テハ私立ノ体、方法各校設立人ノ適宜ニ任シ、未タ一定ノ法アラスト雖、其一例ヲ掲クル左ノ如シ

仁恵小学設立大意

従来負郭陋巷ノ細民、自己ノ名称ヲ読ムコトヲ得ス。九々ノ数ヲ不知者、比々《シバシバ》皆然リ。今ヤ文化日ニ進ミ月ニ盛ニシテ、細民ノ如キ東走西奔終日生計ニ暇ナク、或ハ貧窶ニシテ聊《イササカ》紙毫ノ資ヲ辨スルニ難ク、当今ノ際尚学ニ就クコト不能者往々コレアリ。今般有志ノ輩之カ為メニ仁恵小学ヲ起サント欲ス。故ニ前件学ニ就クコト不能者、庶幾《コイネガワク》ハ有志仁恤《ジンジュツ》ノ至情ヲ体シ、速ニ来集シ切磋勉励セハ、他日日用生活ノ便利ヲ得ルノミニアラス。産ヲ治メ業ヲ昌《サカン》ニシ安富ノ域ニ入ランコトヲ、之レ社中共ニ期望スル所ナリ。（附録、一三六～一三七頁）

4 『第三年報』における仁恵学校関連記事

翌年の『第三年報』には教育振興策が述べられている。ここには、仁恵学校に関連する二つの項目の記事を摘記する。


将来教育進歩ニ付須要ノ件。其四、貧民子女就学方法ヲ一定スル事。学事創始ノ際、貧民居多ノ地ニ就キ、先ツ私立義社ヲ設ケテ、之カ子女ヲ就学セシムト雖、是暫ク端緒ヲ開ク而已ニシテ、其法各校設立人ノ適宜ニ任シ、未タ一定ノ則ナシ。今ヤ稍《ヤヤ》民心ノ帰向ヲ忖度《ソンタク》シ、追テ一般ノ方法ヲ確定施行セン事ヲ計ル（費用ハ県税ヲ以テ其幾分ニ充テ、適宜募金方法ヲ設ケテ不足ヲ補フノ目的トス）。

其五、貧民学校教則ヲ定ムル事。前条記載ノ貧人就学方法ヲ一定スル時ニ至テハ、猶又小学教則ヲ取捨シ、一層貧人ノ暁《サト》リ易ク、且日常ノ活用ヲ旨トシ、別ニ貧民学校教則ヲ適宜頒布センコトヲ要ス。（附録、二三七～二三八

頁〕

5　統計表における学校名称など項目記事

『第二年報』から『第五年報』に至る統計表を参考とすると、項目に記載される内容から、各学校の名称その他を知ることができる。四年間にわたるうち、三年分を各年度の表（表1〜3）とする。ただし、最後の年度分は前年度との重複が多いので、変更分のみを摘記する。

なお、石川県において仁恵学校（うち一校仁恵小学校を含む）の名称で掲載されるものは、「明治七年府県私立小学校統計表」（『第二年報』付録、七四三〜七四四頁）では九校である。

また作表にあたって「教員」と「生徒」の欄には女子の実数がないので、表では「女子」の欄を抜いている。さらにこの表では、普通校に仁恵学校が併設されたものと推測できる三事例、仁恵学校四校がある。これを示すために、その主者名（校主）を同一とする関連学校をも併載する。

ここで九校という数にこだわったのは、既掲の「貧民ノ子女ヲ学ニ就カシムルノ法」の記事中に「金沢町ニ八校、能登国三階村ニ一校ヲ建設セリ」という内容から来ている。福井県が設けられる以前の旧石川県における数値である。そして、この数は仁恵学校を最初に紹介した土屋忠雄の記述「七校が算えられるのみ」(1)という数値との差ともなっている。理由は、彼が依拠したものが『第四年報』の「附録、第二」であり、「明治九年私立小学校一覧表」（附録第二、一〇五七頁、一〇五九頁）の中では、加賀国の分は七校である。能登国の分には仁恵学校はない。つまり、表1（明治七年）に掲載されている能登国鹿島郡三階村の仁恵小学校は未掲載（廃校となったのか）となる。そこで、石川県のこの七校分は改めて表3（明治九年）として掲載する。

ここで表1から表3へと説明が飛ぶのは、表2（明治八年）として『第三年報』の「附録第二」の「明治八年私立

表1　明治7年(1874)石川県の仁恵学校（文部省第二年報より作成）

	名　称	学科	位　　置	設立	教員男	生徒男	主　者
1	仁恵　学校	変則	石川県石川郡野町	明治6年	1	39	吉田温一郎
2	仁恵　学校	変則	同　川上新町	同	1	58	斎藤　為政
3	椿原　小学	変則	同　柿木町	明治7年	下共10	150	中村俊次郎
	仁恵　学校	変則	同　同	同		40	
	仁恵　学校	変則	同　百々女木町	同	1	15	
4	並木　小学	尋常	同　並木町	明治6年	3	72	成瀬鎌三郎
	仁恵　学校	尋常	同　同	同	2	4	
5	宝船路小学	尋常	同　宝船路町	同	4	95	長尾　助信
	仁恵　学校	尋常	同　三構同	同	1	36	
6	仁恵　学校	尋常	同　横安江町	同	3	18	津田　近三
7	仁恵　学校	尋常	同　河北郡中牧町	同	3	53	三田村温久
8	仁恵小学校	尋常	同　鹿島郡三階村	明治7年	1	25	北村　勝三

表2　明治8年(1875)石川県の仁恵学校（文部省第三年報より作成）

	名　称	地　　名	設立年	教員男	生徒男	学校主
1	仁恵小学校	加賀国野町	明治6年		31	林　定則
2	仁恵小学校	同　川上新町	同	4	85	野村　寛
3	仁恵小学校	同　上野町	明治7年		25	瓜生　匀
4	仁恵小学校	同　柿木町	同		12	同
5	仁恵小学校	同　三構	同	2	26	中川忠良
6	仁恵小学校	同　横安江町	明治6年		10	畠山義比
7	仁恵小学校	同　中牧町	同	3	51	上坂千景

表3　明治9年(1876)石川県の仁恵学校（文部省第四年報より作成）

	名　　称	地　　名	設立年	教員男	生徒男	生徒女	学校主
1	闡明仁恵小学校	加賀国金沢馬場一番町	明治6年	1	23		森　可参
2	柿木町仁恵小学校	同　柿木町	明治7年	1	35		逸見真澄
3	竜峰仁恵小学校	同　上石引町	同	1	20		同
4	川上新町仁恵小学校	同　川上新町	明治6年	1	29		宮村祐春
5	長町仁恵小学校	同　長町五番町	明治7年	1	17		河村敬典
6	野町仁恵小学校	同　野町六丁目	明治6年	1	32		加藤鉄吉
7	自立仁恵小学校	石川郡中村	明治9年	1	20	5	橋　渓吉

小学校一覧表」（附録第二、九八四〜九八五頁）に掲載される加賀国の七仁恵小学校を挿入し、年度順に紹介するためである。能登国三階村の仁恵小学校は、すでにこの年度には未掲載となっている。

全国の小学校一覧表への掲載は、『第五年報　明治十年』「附録第二」における「明治十年私立小学校一覧表」をもって終わる。この最終年度の石川県仁恵学校の記事（附録第二、九八四〜九八五頁）の内容は、表3（明治九年）と比較して相違したところのみを摘記すると、次の通りである。

① 未掲載となるもの。自立仁恵小学校（理由不明。廃校か）。
② 校主の変更。川上新町仁恵小学校の学校本主が矢部成章に。
③ 教員男子数と生徒男子数の変更。闡明仁恵小学校2と49へ、柿木町仁恵小学校2と52へ、竜峰仁恵小学校3と32へ、川上新町仁恵小学校3と76へ、長町仁恵小学校1と27へ、そして野町仁恵小学校2と37へ。

二　岩手県の公立貧民小学

1　年報における公立貧民学校記事

『第二年報　明治七年』から『第四年報　明治九年』にいたる「岩手県学事報告」の「貧民ノ子女ヲ学ニ就シムルノ法」中には、次のような貧民学校の記事が見える。まず説明を抜いて記事分を掲載する。なお『第五年報　明治十年』以降には見当たらない。

・**『第二年報』の記事**

富有ノモノヨリ差出候寄附金等ノ内ヨリ、貧人ノ生徒ヲ教育シ、且此等ノ受業料ハ一月金五銭ノ目途ヲ以テ漸次学ニ就カシメ、尤当今学資金利子ヲ以テ貧民学校四ケ所設立有之。此外三ケ所モ、前同様利子ヲ以テ設立取計候見込ニ候事。（附録、三五〇頁）

・『第三年報』の記事

此儀本県地方ノ如キハ、尋常ノ説喩ノミニテハ学ニ就シムルコト容易ナラス。之ニ因テ右等ノ向ハ兼テ伺ノ通リ、六年以降明治九年六月マテ扶助金ノ内ニテ追々各学校ヘ配与シ、其外官員寄附金等合計当時金一万一千円ノ金額ニ取結ヒ、身元ノ者ニ貸付ケ置キ、一ケ月一分二厘五毛ノ割合ニテ利子ヲ徴収シ、之ヲ以テ月々教員給料等ヲ扶助シ校費ヲ維持セシムル者、已ニ三十余校。或ハ設立ノ際、一時若干金ヲ付与スル者モ亦少カラス。聊カ右様ノ方法ヲ設ケ、貧民ノ子女ヲ学ニ就カシム。尤此等ノ向ハ、都《スベ》テ受業料ヲ納レサル事。（附録、四九一頁）

・『第四年報』の記事

貧区ニシテ学校設立ノ力ナキモノ、子女ヲシテ学ニ就カシムル方法ハ、予テ経伺ノ通、官員寄附等ヘ委托金ノ内幾分ヲ加ヘ之ヲ貸付シ、方今一万四千八百円ノ資額ニ至ル。其利子ノ内ヲ以テ貧民学校（現在五十余校、前ニ掲クル公学数ニ算入ス）一ケ月金三円内外ツヽ、或ハ一時二三十円ヲ下与シ、之レカ補助ノ方法トス。（附録、三一〇頁）

2　純然たる仁恵学校か否かの問題

わが国の学界に初めて仁恵学校を紹介した土屋忠雄は、前述のように「純然たる貧人小学、すなわち、富裕者の寄進によると思われるものは、〔中略〕石川県に〔校名略〕七校が数えられるのみである。これらは私立〔中略〕。公立小学校で、〔中略〕秋田県に飽田仁恵学校一校の名を見ることができる」とする。彼は第一に私立をもって「純然たる」に相応しいと考えているように思われる。この意味では、公立という理由で飽田仁恵学校は純然たるものではなくなるが、秋田の場合も純然たる性質を持つもので、このことについては後に詳述する。

問題は岩手の場合である。上に見た通り『文部省年報』には「貧民学校」と書かれている。土屋も指摘するように、これらの学校は校名に「仁恵」とも「貧人」とも冠していない。それが「当初は僅に数校に過ぎなかったが、辺地の開校と共に次第にその数を増して数十校に及ぶ」学校群である。彼の著書には仁恵学校設立の嘆願書も掲載してあり、この県における貧人教育振興の動機とみて「仁恵小学校設立を勧奨し、官民合作によって設立、維持して行ったことが窺われ」(2)るとし、これらの学校は仁恵学校として扱われている。彼の上に挙げた数値は『第四年報　明治九年』の記事に加えて、『岩手県教育史資料　第三集』(3)に掲載される資料をも参照している。

そして軽部勝一郎の論文「明治前期岩手県における仁恵学校の特質」(4)では、他の事例をも考究しているが、これらをすべて仁恵学校として扱っている。

この両者の扱いについて、著者は別の見解を持つ。確かにこれらの事例は、積極的な貧民対策学校づくりである。けれども、これらを学制にいう貧人小学（仁恵学校）とするのは、あまりにも広義の捉え方となり過ぎる。学制の表現では、篤志家の「仁恵ノ心ヨリ組立ル」点に加えて、貧人子弟の就学に限る独立校が貧人小学（仁恵学校）である。

これらの学校づくりが「小学委托金を大幅に配付し、それと、地方有志者の寄附金を基金として、この種の学校の設立、運営を行ったものと見られる」(5)は、実は財政貧困な村が、村内の全子弟を入学対象者とする一般校設立の便宜策であったと思われる。

三　三瀦県の会社共立貧人小学

三瀦《みずま》県の「学事年報」は、本県が福岡県に吸収合併となるため『第三年報　明治八年』限りである。ただし、同年報中の「督学局年報　二」に「第四第五大学区巡視功程」があり、そこでは早くも「旧三潴県」という表現が含まれている。

さて、三潴県「学事年報」の「貧民ノ子女ヲ学ニ就シムルノ法」には次の記事がある。なお三潴県を吸収以後の新福岡県「学事年報」中に関係記事は現れない。

一定ノ法ナシ。寄附金或ハ人民協議ノ上有志ノ者拠金ヲナシ其学費ノ幾分ヲ扶ケ、或ハ無謝生トシテ月謝ヲ収入セシメス。総テ其地ニ因テ其ノ方法ヲ異ニス。即今定則ヲ設ルニ至ラス。独リ第九中学区内通町ニ貧人小学アリ。此校ハ会社ノ共立ニ係ル。生徒三十名ヲ限リ入校セシメ。筆墨紙石盤書籍類一切之ヲ支給ス。是即チ過日中督学ノ目撃セラルル所ナリ。尚又富有ノ者ヲ募リ、此法ヲ拡張スルノ目途ナリ。(附録第一、四〇〇頁)

この記事以外に、われわれが目にするものがない。したがって、この県の貧人小学に関する詳細は不詳である。

四　青森県の私立仁恵学舎

1 「貧民ノ子女ヲ学ニ就シムルノ法」の仁恵学校不記載

青森県の『第二年報』には「貧民ノ子女ヲ学ニ就シムルノ法」という項目はない。そして翌年の『第三年報』には、「貧民ノ子女ヲ学ニ就シムルノ法」が他の四項目と併記されるものの、その内容は「右五条ハ明治八年四月中、七年分開申ノ節進達ノ通」(附録第一、四八七頁)とある。しかし、上述の次第で「七年分開申ノ節進達」の中味は不明である。

さらに、『第四年報』での「貧民ノ子女ヲ学ニ就シムルノ法」の記事は次の通りで、仁恵学校についてはまったく触れていない。以後の『年報』においても同様である。

受業料ヲ収入セス。校中所有ノ書籍石盤等ヲ貸与シ、紙筆等ノ如キハ之ヲ支給ス。其費用ハ有志者ノ出金。若《モシ》無之区ニ於テハ、其校費ヲ以テス。（附録第一、三〇四頁）

2　私立小学校一覧表に現れる仁恵学舎

ところが、「貧民ノ子女ヲ学ニ就シムルノ法」の中で仁恵学校にまったく触れていないにもかかわらず、『第四年報』「附録第二」の「明治九年私立小学校一覧表」の中に、前年（一八七五）に三戸郡中居林村（現八戸市）に設立された由の仁恵学舎が、次のように表示されている。表中で教員女と生徒女とは空欄であり、これを除いて紹介する。

〔名称〕仁恵学舎〔地名〕陸奥国三戸郡中居林村〔設立年〕明治八年〔教員男〕一〔生徒男〕四〔学校主〕小幡茂周（附録第二、一〇八五頁）

この仁恵学舎は、翌「明治十年私立小学校一覧表」（『第五年報』附録第二、一一二二頁）では、「〔生徒男〕七」の数値のみが替えられている。

3　仁恵学校としての検討

既述のように、『第六年報　明治十一年』以降には小学校一覧表がなくなる。このため、十年まで少なくとも三年間は続いている本校の、その後は未詳である。

ところで、本校は私立であり、生徒数が四名あるいは七名という僅少員数である。彼らからの授業料では、教員の給料一つをとってみても、一般的な学校経営は困難である。それでも行われる理由としては、仁恵学舎は仁恵学校（貧人小学）だからと推量したい。しかしながら、その上でなお慎重に捉えれば、この学舎に仁恵という文字が付いているから仁恵学校に違いない、と即断してよいかどうか。なお検討が必要である。

五　愛媛県の仁恵学校

1　宗教心と関わる設立動機

この県の『第三年報　明治八年』における「貧民ノ子女ヲ学ニ就シムルノ法」では、次のように「貧児校」設立の困難を訴えている。

貧民ノ子女ヲ学ニ就カシムルハ現今尤モ難ンスル所ナリ。其故ハ之ヲ行フノ法、先ス彼ガ《ママ》学費ヲ支給スルカ、或ハ特別ノ貧児校ヲ設クルニ在テ、皆資金ニ需《マ》ツコトアルモノナレハナリ。（『第三年報』附録第一、三八八頁）

ところが、このように明言される事態が、翌年に変化の兆候を見せる。それは次の『第四年報』の「貧民子女就学ノ法」に記されている。特に関係する部分を摘記する。ここには宗教と関わる者の、すなわち、少なくとも広義の宗教的動機によると思われる仁恵学校設立計画の立ち上げを報じている。

今ヤ通常ノ小学スラ未タ全ク整備ヲ致サス、将タ《ハ》何ノ余力アリテカ更ニ貧児ノ教育ニ及ハン。（中略。受業料免・書器貸与・夜学開設記事）到底特別ノ貧児校ヲ立ルカ如キハ、尚今日ニ発言シ能ハサルナリ。近日松山町ニ於テ、真宗教会ノ信者、一箇ノ仁恵学校ヲ設ケ、以テ貧民子女ヲ教養セント企テリ。（『第四年報』附録第一、二三八頁）

2　会社を設けての仁恵学校

前年の企ては実を結ぶ。翌『第五年報　明治十年』の「貧民ノ子女ヲ学ニ就カシムル法」には、次の記事を見る。

明治十年五月、伊予国松山ニ一会社ヲ設ケ、仁恵学校ヲ設立シタリ。其法タル各社員生徒幾人ヲ受持タントノ約ヲ結ヒ、其人員ニ応シテ書器等一切ノ学費ヲ代償シ、以テ貧民子女ヲ教養スル者ナリ。然レトモ社員、捐《エン》金ニ定額アルヲ以テ、生徒ノ数モ自ラ制限ナキ能ハス。目今ハ五十人ヲ以テ定員トシ、其三分ノ一ハ既ニ下等第七級ニ上リタリ。此外各地方ニ在テハ、適宜夜学ヲ開キ、或ハ書器ヲ貸与シ、受業料ヲ免スル等ヲ以テ、之ヲ誘導スルニ過キス。（附録第一、一二八七頁）

ここに表現されている会社とは、今日の用語としての営利事業を営む企業体ではなく、仁恵学校設立・維持を目的とした複数篤志家たちの結社、今日の社会福祉法人相当を指すものである。そして本記事では、生徒定員五〇名の三分の一が、小学最下級の下等第八級という、制度上では、少なくとも半年間を要する修業を卒えた上級の第七級に進級して在籍中である。

ただし、「私立学校一覧表」の中には該当校を見出せない。このため、学校名称をはじめとして、学校主名や教師・生徒員数などを知ることはできない。

3　険しい仁恵学校の普及

さて、翌『第六年報　明治十一年』の「貧民ノ子女ヲ学ニ就カシムル法」では、前年発足の仁恵学校の存在に触れて、次のような普及の限度に言及している。

温泉郡松山ニ、人民結社設置ノ仁恵学校一所アルノ外ハ、特別ニ貧児ヲ待ツノ方法ヲ設クル者ナシ。畢竟《ヒッキョウ》公立小学ノ大半ハ皆無謝ヲ以テ生徒ヲ教授シ、或ハ授業料アルモ随テ免除ノ例アレハ貧児ト雖トモ学ニ就クノ難キヲ見ス。故ニ此法ノ如キハ、目今甚タ講究セサル所ナリ。（附録第一、一二二八頁）

つまり、公立小学においての貧民子女就学対策である無月謝制の導入により、行政としての仁恵学校「講究」の要なしである。県行政の姿勢が今後の仁恵学校普及、すなわち増加について消極的であることを示している。

六　秋田県の飽田仁恵学校

ここには、『第二年報　明治七年』以降『第七年報　明治十二年』に至る間の学事報告中の「貧民ノ子女ヲ学ニ就シムルノ法」記事を掲載する。この見出しによる仁恵学校記事は、『第八年報　明治十三年』以降にはなくなる。なお、本校については、公立であるのになぜ「純然たる」ものとして扱うのか、また設立の背景などは第二部において詳述する。本節では、以下各項ごとの説明はつけず、記事のみを紹介する。

1　『第二年報　明治七年』学事報告の記事

貧民子女ハ受業料ヲ収入セス。且書籍器械等ハ学校備品ヲ貸附ス。尤モ人家稠密ノ場所ハ有志ノ者ヲ説諭シ、貧人学校ヲ設立セシメント近頃商議中ニ有之。八年三月ヨリ、仮ニ県下秋田町ヘ一校ヲ設立シ、積金相立候迄、当分県官及大平学校教員、雑務掛其他有志ノ輩ヨリ、毎月出金之カ費用ニ充ツ。右校生徒凡《オヨ》ソ百余名。尚他区ヘモ追々着手ノ見込ニ有之候事。（附録、三四一頁）

2　『第三年報　明治八年』学事報告の記事

生徒試験ノ法、貧民ノ子女ヲ学ニ就カシムル法、受業料収入ノ法、学費賦課ノ法、右四ケ条ハ明治八年上申ノ通ニテ、爾後変革無之。但明治七年中、学費賦課スル者、管内凡《オヨソ》五分ノ一ニアリ、明治八年十二月ニ至リテハ、其賦課ニ及ハサル者ハ管内四分ノ一トス。（附録第一、四八四頁）

3　『第四年報　明治九年』学事報告の記事

貧人学校ハ第十中学区内ニ飽田仁恵学校ト称スル者一ケ所アリ。尚各中学区便宜ノ地ニ開設スヘキ見込ナレトモ、目下尋常小学ノ普及ヲ要スルニ付、姑《シバラク》現在ノ各校ニ就テ、授業料減除及ヒ米、麦、力役換納等ノ手続ヲ為セリ。且ツ、追テ書器貸与ノ法ヲ設ケ、其便ヲ計ラント欲ス。其方法ハ他日調成ノ上、更ニ具申スヘシ。（附録第一、二九四～二九五頁）

4 『第五年報　明治十年』学事報告の記事

未タ一定ノ法ヲ設ケスト雖モ、庁下仁恵学校ナルモノヲ設立シ、其授業料ヲ収入セス。猶各町村ノ適宜ニ任セ、授業料減除等ノ方法ニ拠リ就学セシム。（附録第一、三六四頁）

5 『第六年報　明治十一年』学事報告の記事

貧民ノ子女ヲ学ニ就カシムルノ法。飽田仁恵学校ナルモノアリ。授業料ヲ収入セス。猶各町村適宜ニ任セ、各学校ニ於テ其生計上ヲ量リ、授業料減除等ノ方法ヲ設クル等、曩《サキ》ニ申稟セシ如シ。（附録、二九五頁）

6 『第七年報　明治十二年』学事報告の記事

貧民ノ子女ヲ学ニ就カシムルノ法。飽田仁恵学校ナルモノアリ。以テ貧民ヲ就学セシムル等、前年申稟ノ如ニシテ更ニ変更スルナシ。（附録、二三七～二三八頁）

上記した通り、『第八年報　明治十三年』以降の学事報告には関連記事はない。すなわち、以上をもって「貧民ノ子女ヲ学ニ就カシムル法」の記事は終わる。

第一部のまとめ

学制に規定される貧人小学（仁恵学校）は、数は少ないものの、現実に生まれている。それを、学制期の貧民子女就学策の一つとして捉えるため、『文部省年報』中の府県学事報告の一項目「貧民ノ子女ヲ学ニ就シムル法」を主資料とした。この試みでは、府県を単位とする貧民子女就学策を、全国的展望の上で見ることができた。

もちろん、日本の学校づくりは尋常小学を中心に展開する。そして、この普通学校の設立さえ困難な状況の中にある。愛媛県の『第四年報』中の記事を援用すれば、「今ヤ通常ノ小学スラ未タ全ク整備ヲ致サス。将《ハ》タ何ノ余力アリテカ更ニ貧児ノ教育ニ及ハン」という認識であるが、これは全国の学事担当官に共通する想いだろう。

そのような中で、文部省は、改まった形で「貧民ノ子女ヲ学ニ就カシムル法」はどうなっているのか、と尋ねる。府県の学事担当官らは、いわば否応なしに何らかの回答を迫られる体である。回答の主な内容は、今日のわれわれにも常識的に理解可能なもので、貧民の子女には授業料の免除や書器（教科書や石盤・石筆など）を給付や貸与する方法によって、「通常ノ小学」に就学させる方策を、主に採用している。

ただし、この場合の方策が、府県内の全学区にわたり一律に行われているとはいい難い。同一府県内にあっても、学区（土地）の事情を反映して学校設立や経営に差異を生じて当然である。

また、岩手県の事例に似た、学区の富者たちの醵金によって造成される学校基金、それを貸付けて得る利金、府県を通じての小学扶助金の交付額などをもって、一部生徒ないし全生徒を対象に授業料を免除する学校づくりは、随所に生じているのではないか、と推量される。(6)

それにしても、慈善学校としての貧人小学（仁恵学校）が設立される事例は、僅少である。つい昨日までの「百姓に学問はいらぬ」という前近代の教育観が残っている頃である。これを克服する文明開化の浸透、その一つの制度的表現「学制施行」には時間を要して当然ではある。西欧の慈善学校発生にキリスト教的愛が絡んだこととの対比でいうと、日本仏教の慈悲観に絡むものが愛媛県の仁恵学校の例をみるに過ぎず、一般的な発露までには至っていない。先取していえば、これには明治中期にいたるまでの時間を必要とするのである。

ともあれ、世界、西欧先進国と日本とを史的に結ぶ一事例の展開である。そして、本書が次の部以降で紹介する、飽田仁恵学校および福田小学校の設立は、具体的にそれがいかに地域において展開するかを示す事例であり、第一部はこれに対する序の役割を果たしている。

第二部　飽田仁恵学校

第一章　貧人小学の設立構想

本章では、秋田における学制でいう貧人小学の設立構想の発端から、学校設立伺を文部省に提出して認可をえるまでの間の、特に設立資金形成の構想と実際の寄付金徴収の開始を含めて述べる。

一　貧人小学の設立建言

1　設立構想の発端

秋田県における貧人小学の構想が明らかになるのは、明治七年（一八七四）十一月である。秋田県学務掛から権令・参事宛に「貧人学校設立方法」と付題した文書の提出年月がこれである。日付はない。そして、この文書には、別に学務掛で行う浄書前の起案原書がある。(1)この原書に付記された年月付も同じく「明治七年十一月」である。両方に日付がないので、どのくらいの時間を設立構想案作成のために要しているのか不明である。ともあれ、この頃より県立教員養成学校である太平学校および県庁内において、飽田仁恵学校は設立へ向けて具体的な歩みを始めている。

2　「貧人学校設立方法」の概略

この「貧人学校設立方法」は、本文において貧人小学を作ろうという意図すなわち目的や意義および寄付等経費に触れた設立方法を略述していて、それに後掲する寄付予定者名簿を内容とする「別紙」を添えている。

本文の要旨は、状況の説明とそれを踏まえた提案に始まる。すなわち、県内の就学状況は進展しているが、授業料負担があり就学できない子弟がいる。そして、プロシャなど泰西強国には官による救済法があり、学校教育は盛大であり国勢も振るっている。これを模範として、本県にも一校設置しよう、というのである。

また、設立方法については、県長官以下が資金を寄付し、不足するなら県立学校の備金を運用（貸付）して得る利子で補うこととしよう、と述べている。具体的な寄付者の氏名等は「別紙」として添えられ、現実的な資金計画が明示されている。このような県官・校官（県校官）による模範的行為に感じて、県内遠近に貧民学校が広まるだろう、という期待をも付記している。

3　別称「建言書」

ところで、この文書の付題名は「貧人学校設立方法」である。それが大正版『秋田県史』[2]では「建言書」という別称で用いられている。それはこの文書の本文の結びに「此段奉建言候頓首頓首」とある表現から採っている。

この別称は文書の性質を示しているので、以後本書においても用いる。そして本文のみを指す狭義だけでなく、支障のない場合には別紙をも含める文書全体を指す広義としても用いる。

4　建言書の本文

これまでのところ、前掲『秋田県史』に建言書本文のみが翻刻掲載されている。しかし、ここに改めて直接原文から取材し、読み仮名と句読点を補って翻刻する。

貧人学校設立方法

伏して惟《オモン》みるに、方今県内の小学の設立、遐邇《カジ》に遍《アマネ》く、人民の学に嚮《ムカ》ふ、日一日より衆《オオ》く、父兄は其子弟を勤め、子弟は其朋友に競《キツ》ひ、理義を研磨し、開明を昌大にし、陋習《ロウシユウ》随《シタガツ》て一変するが如し。

然るに爰《ココ》に私憂するところのもの一あり。何ぞや。貧窶《ヒンル》人民、学校に出で淬励《サイレイ》の心ありと雖、授業の資、得て納《イ》る無く、其父兄は之が為に飲泣し、子弟は之が為に自棄する者亦少なからず。これ開明昌大に殆《アヤウ》くして、未だ至らざる所以、即ち私憂なるものこれなり。

且つ夫れ惟みるに、普魯士《プロシャ》を始め、泰西強盛の国、貧民窮氓《キュウボウ》の為め、官府、方法を設け、以て授業の資に充て、貧窮の民をして其資を納れしめず、以て鼓舞振奮の道を尽し、夫《カ》の飲泣の民をして感泣に変じ、自棄の童をして自立に至らしめ、以て学の盛大を極めて、国勢亦之に随ふと。

故に伏して願はくは、今や擬して法《ノット》り、県下に一校を設け、当分閣下を始とし、当掛は勿論、学官に至るまで、其地位に応じ、資金を其校に寄附し、足らざるは学校備金幾分の利子を以て之を補ひ、以て無資の貧民を其校に学ばしめ、以て表準を掲げ示さば、かの守銭虜、戚々《セキセキ》として金を出し人を済《ナ》すに念なき者も、亦感化して多少の貧民学校を遐邇に遍うする、亦期すべし。

伏して冀《コイネガワ》くは、此方法を允許《インキョ》、迅速施行に至らむことを。依て別紙収入費出の精算相添へ、此段奉建言候、頓首々々。

明治七年十一月　　学務掛

権令国司仙吉殿

参事加藤祖一殿

5　貧人学校と貧民学校

綴り込み文書の付題は「貧人学校設立方法」とされているのに、建言書本文の終わりに近い箇所では「貧民学校」と書かれている。ともに、学制での貧人小学という表現とは相違している。しかし、これらの理由を詮索するための資料は見当たらない。著者には、この用語の相違に積極的な意味があるとは考え難い。

二　学校設立伺の提出

1　貧人学校設立方法の裁可

「貧人学校設立方法」とは、建言書正文表紙の左側終わりから第二行目に書かれた付題である。そしてこの表紙には、初めと第二行目とに分けて「明治七年十二月　御聞届相成」との記載がある。建言書の裁可はこの通りの年月である。御聞届相成の下に金子・頓野・渡邊の順による朱の捺印がある。

なお、起案書と正文書共に日付の記載はない。この月は、国司権令の休職入りの時期に当たる。また、後掲する十一月の起案原書には、頓野馬彦の名は記入されていないのに、ここには捺印がある。彼が金子の下僚として着任した時期によるものと思われる。

この後の学務掛は、文部省認可を得るための「学校設立伺」の調製執務となる。

2　飽田仁恵学校の命名

建言書にいう貧人学校は、法規上では貧人小学であり別称仁恵学校である。したがって、県庁内での文部省へ提出する学校設立伺調製の過程において、飽田仁恵学校という呼称が生まれたと推察できる。しかし既述のように、なぜわざわざ飽田の文字を用い、そして何らかの意味を持たせたのかどうかや、命名者がだれかはともに不明である。

3　学校設立伺の調整

指摘したいのは、県政の長官・副長官である権令・参事に裁可された県の方針に基づく「公立学校」として、所定の「公立学校設立伺」文例(3)により設立伺が整えられることである。学区における公立学校設立とは事情を異にする。また、建言書段階での「別紙」は、設立伺では「別冊」と訂正され、「飽田仁恵学校月々寄附金人調」と付題されている。そして、この別冊の内容に関連して二つの疑問が生じる。

一つは寄附者を私人と見てよいのに、なぜ私立学校としないのかであり、二つは寄付者の中にどうして県官・校官以外の民間人を入れなかったのかである。この疑問への見解は後述する。

4　学校設立伺の文部省提出と認可

明治八年（一八七五）五月十二日付で、県は上記伺を文部省に提出する。これに対して文部省は、朱書「伺之通明治八年五月二十三日印」と認可している。僅か一一日間という短期をもっての裁可である。

5　学校設立伺主文の内容

伺の主文を次に掲載する。この中での校名・学科等は、庁内におけるデスクワークで書くことができる。しかし、学校位置は校舎（ないし土地を含めて）を探し求め、これが決まらなければ書けない項目である。これらのため、前年十二月からこの五月までの間は、様々な設立下準備に当てられている。これらの中の幾つかについては章を改めて述べる。

学校設立伺はいわば設立構想を集大成するものである。ここにはまず一部改行を省略した主文を掲げ、次節では寄付に関わる別冊の内容を掲げる。

公立学校設立伺(4)

一　学校位置　第七大学区第十番中学区内秋田県管下第一大区二小区羽後国秋田郡秋田町

一　学校名称　飽田仁恵学校　一　学科　尋常小学

一　教則　　太平学校教則ニ拠ル　一　校則　本県太平学校校則ニ拠ル

一　教員履歴　本県士族　小栗新太郎　一　本県士族　杉山茂光

右二名、本県太平学校ヱ入学、下等小学卒業仮免状ヲ受ク

一　教員給料　一ケ年金九十六円　一ケ月金八円。但、内一人五円、一人三円

一　生徒員数　百二十人

一　学校費用

書籍器械入費　　一ケ年金　十二円　一ケ月金一円

営繕入費並諸雑費　　一ケ年金二十四円　一ケ月金二円

家賃　　一ケ年金二十四円　一ケ月金二円

小者給料　　一ケ年金十八円　一ケ月金一円五十銭

右入費並教員給料総計　一ケ年金百七十四円　一ケ月金十四円五十銭之処　別冊ノ通　県官校官月集金十一円十銭　差引三円四十銭不足分ハ太平学校積金利子ノ内ヨリ仕払候

左追々人民説諭ノ上　資本金備為致候積　夫迄ノ処　県官校官並太平学校積金利子ノ内ヨリ寄附致置候事

右之通設立支度　此段奉伺候也

明治八年五月十二日　　秋田県権令　国司仙吉[印]

文部大輔　田中不二麿殿

三　設立資金の形成

1　設立資金の寄付者

貧人学校の設立資金を寄付した者は、建言書の中に「当分閣下を始とし」云々と書かれた者で、単独の慈善家ではない。設立伺の主文中では「県官校官」と表現された多数の者であり、おそらく権令・参事を除く他は、県庁内学務掛と庁外の県立太平学校に属する全員である。彼らの職名・氏名・寄付額は、次の学校設立伺別冊「飽田仁恵学校月々寄附金人別調」によって判明する（句読点著者）。

飽田仁恵学校月々寄附人別調

金三円　権令国司仙吉、金二円　参事加藤祖一、金一円　九等出仕金子精一、金五十五銭　十一等出仕頓野馬彦、金四十五銭　少属渡邊賤郎、金二十七銭五厘　十四等出仕西宮籐長、金二十七銭五厘　十四等出仕石井新蔵、金十銭　等外二等出仕小野崎通雄。

金一円　太平学校教員飯沼長蔵、金六十銭　同大橋淡、金三十銭　同川路弥作、金十七銭　同服部立海、金十五銭　同新庄官吾、金十五銭　同荒川謙吉、金十五銭　同川崎鎌五郎、金十五銭　同吉田修吉、金十五銭　同安井醇一。

金十二銭　太平学校雑務掛島田金太郎。

金十二銭　太平学校教員江間宇平治、金十銭　太平学校雇黒澤宗明、金八銭　太平学校教員片岡政平、金七銭　太平学校雑務掛伊藤祐孚、金七銭　太平学校教員川井忠方、金七銭　同川尻兵治。

合金十一円拾銭

2　民間寄付者の不在

この寄付者の中に、民間人は一人も含まれていない。これは大きな特徴である。県庁や太平学校御用として出入りする商人たちの中に、資産家がいないはずはない。彼らは、学制第二十四章の「ソノ費用ハ富者ノ寄進金ヲ以テス」という富者に、最もよく該当する者たちである。この意味で捉えれば、富者としての民間資産家を一人も誘わずに、県官校官のみを寄進者とする一線が堅持されている。

この理由は何であろうか。建言書の主旨で明らかなように、官吏の醵金行為を模範として、民間の「守銭虜」たちに影響を与えようとの意図からのみであろうか。著者は、この点に関係する当時の一社会事情が背景にある、と考える。

秋田は、藩政時代から感恩講という慈善救貧組織を持ち、この活動は顕著であり、田中実が「日本における公益活動のルーツ(5)」と、高く評価するほどの風土である。つまり、多くの資産家が慈善事業に理解を持つ土地である。問題は時期にある。幕藩体制崩壊に伴い、幾多の藩有財産が政府によって没収される。感恩講の基本財産は、彼らの寄付によって築かれたものであるが、藩有財産と見做されてすべて没収されてしまう。藩有財産というのは形式上であって、講の管理・運営の一切は那波氏を筆頭とする御用達商人が行ってきている。たまたま、この時期に、実質民間結社の財産であることを主張し、基本財産没収の不当を訴える運動中である。やがて、これが結実して政府下賜金があり、感恩講が再整備されるのは、建言書が提出される翌年の明治九年（一八七六）になってからである(6)。

つまり、この間の彼らは、県を通じて政府に働きかけの最中である。県は、感恩講に加えての新たな仁恵学校設立のための寄付呼びかけをできかねる、と判断したものということができる。そこで、次善の策として、後述する群馬県方式の成功を参考にして、毎月給料を確実に入手できる官吏や教官たちに限定する寄付金集めとなったのであろう。

3　寄付金額の大差

寄付額は、最高三円から最低七銭までという四〇倍を上回る大きな格差を見せている。この寄付額は月給の百分の一に定めているから、月給の大差の反映である。

そして、この名簿登載者の人数は県外より赴任した者が多く、また彼らの寄付額も大きい。寄付者は二四名のうち地元秋田出身者は、県官では西宮・石井・小野崎の三名、校官では江間・黒澤・片岡・伊藤・川井・川尻の六名、合計九名である。彼らと県外からの赴任者一五名との間には、一見して寄付額に大差がある。すなわち、給料における県外赴任者優遇を反映する大差である。

なお、寄付者については、当初の「別紙」からこの「別冊」に浄書されるまでの間に、人名や金額等に若干の訂正がある。人事異動や昇給などのためと思われる。たとえば、渡邊賤郎は三十五銭から四十五銭への増額となっている。

4　寄付集金の開始

寄付金の徴集は八年一月分からである。貧人学校を設立しようという構想を実現する上で、最も肝心な点は、資金が構想通りに集まるかどうかである。前年十二月の県庁内における裁可後、直ちに集金活動開始となり、資金作りの寄付は年明けの一月分月給から実施されている。

第二章　飽田仁恵学校の発足

本章では、設立伺の記載事項に準じて、本校の発足に至る経過について述べる。

一　学校位置の選定

1　設置位置の選定

飽田仁恵学校の位置について、学校設立伺には「秋田県管下第一大区二小区羽後国秋田郡秋田町」とだけ記載されている。これから次の事柄が判る。

明治六年（一八七三）、秋田県は管内を七大区四十八小区に整理した(1)。第一大区は、平成の合併前のおよそ南秋田郡から河辺郡にかけて、十一小区で構成される。このうち秋田町は一および二小区よりなり、前者は東根小屋町（現秋田市中通の一部）をはじめとする内町《うちまち》といわれる五六町村の旧武士居住区域である。そして、後者の二小区は通町《とおりまち》から横町《よこまち》をはじめとする、いわゆる外町《とまち》四七町の旧町人居住区域である。

したがって、二小区に本校が置かれるということは、秋田町の中での旧士族町ではなく、商工を主にしていた旧町人居住区が選ばれたことを意味する。

2　旧町人居住区内の選定

では、旧町人居住区の中のどこか。鉄砲町である。これは『文部省第三年報　明治八年』所載の「秋田県公立小学校表」に照らして判明する。

本校のこの位置は、閉校となるまで途中での移転もなく変更していない。

3　現在における地点

本校が置かれた地点は、現在の秋田市大町六丁目五番五一号あたりと推定する。この位置についての最も詳細な記述は、秋田市役所編『秋田市史　下』の中に見える。そこには「〇仁恵学校　位置　町《ママ》鐵砲町、現在の永井氏屋敷附近　校主　鮑（飽?）田仁恵」(2)と書いてある。現存の永井氏宅在所からの推定が上記位置である。

4　誤り「校主　鮑田仁恵」

ところで、「校主　鮑（飽?）田仁恵」という表現は不可解である。市史が「企画されたのは昭和十五年で、それが発刊されたのは戦後の二十四年のこと」(3)という。掲載されている教育統計等は明治三十六年（一九〇三）頃までで、しかも欠年次を含んでいる。つまり、今日からすると全体として精緻さに欠けている。

その一つに当たるのが「校主　鮑（飽?）田仁恵」云々である。執筆者は、「鮑」を「飽」に「?」を付けて正しているが、飽田仁恵を人名と誤認して「校主」名としている。この市史には、明治初年以来市内に設立された学校が、簡単な記事として列記されている。その中には、篠田三省を校主とする三省学校（俗に篠田学校）とか、児玉サダ校主の児玉女学校とかと、確かに教師の氏名にちなむ学校名が含まれている。(4)市史の執筆者は、おそらくこの例に倣って過ったのである。

市史の執筆期は、本校が閉校してから約六〇年ばかり後である。この時間の経過にして、飽田仁恵学校という慈善学校は、はや市史編纂者にさえ正確に捉えられていない。しかもこの過ちは、ある地名辞典の鉄砲町についての説明に援用され「明治に入って、成立は不明だが明治13年の第3回勧業博覧会に出品しているので、その頃から仁恵学校があった（校主飽田仁恵）」[5]と、明らかにこの市史参照の誤りが伝染している。当然、正されなければならない。

5　内町と外町の特徴

明治以降今日までの間に、幾度かの行政区域の合併があり、文章による説明が困難になってきているので明治初年秋田町略図（図1）を掲げる。この町の明治以後における最初の地図は、十三年から翌年の間に作成されたとされる市街図[6]である。本校が閉校する時期に当たっている。

これを見ると、秋田町の市街は旭川によって大きく二つに分断される。一小区は川の東（右）側の旧秋田城郭を含む方面を主な部分とし、これに加え川の西側中の北部保戸野《ほどの》を含む。藩政期には、城郭近辺に高禄の士が住み、次第に城より遠ざかる南の方に向って下級武士の居住区となる。保戸野も下級武士の居住区である。

城郭に近い内町には、かつては藩立学校や私塾などがある。廃藩置県後、藩校の跡地に伝習学校（太平学校、次いで師範学校と変遷）が置かれる。また付近には、県庁や裁判所などがあって官庁街を形成し、県政の中心地となっている。

これに対して、二小区は通町の南側一帯に町割りされた区域が主である。西側の町外れには寺院が連なり一線を画す。また、外町は南北に細長いが、ほぼ横町の線を境に略図での上方（北）の通町まではおおむね商人町、下方（南）は職人の多い町にと大別もできる。

幕末期に、商人町の「本町四丁目にあった赤津家の屋舎は、間口四間奥行二十五間許《バカ》りの二階建（中略）。弟子の数はその最も盛時に於いて男児四百余、女子五十余、合計四百五十余人が毎日通学していた。大部分は外町の子弟で、極く稀には村落の子弟もいたが、士族の子弟は皆無であった」[7]という大規模寺子屋があり、これは二年（一八六九）

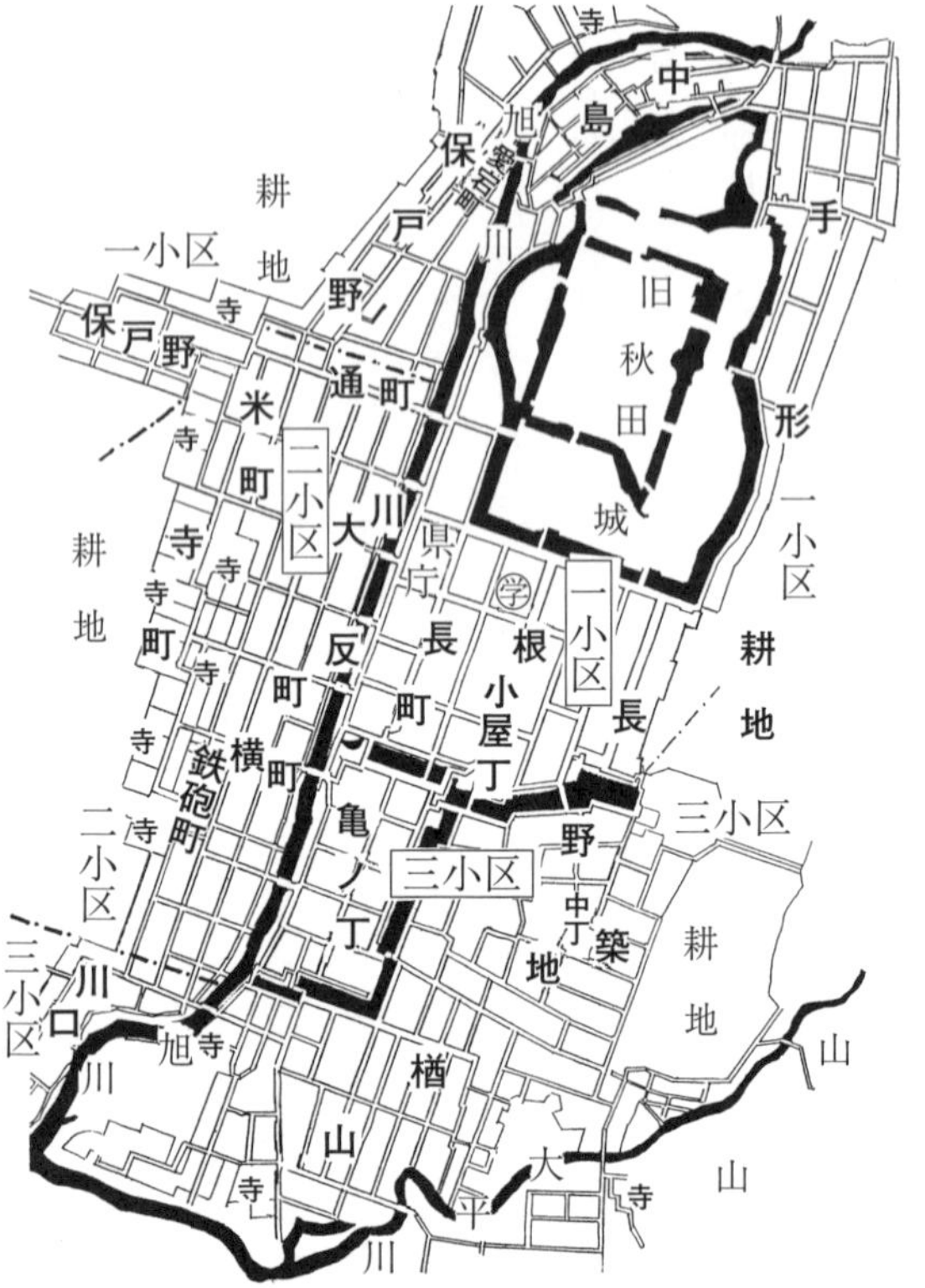

図１　明治初年秋田町略図

ごろ閉じている。

秋田県の学制に基づく学校づくりは、変則小学の設置から始まる。まず、六年二月、内町の東根小屋町に仮一番小学校（日新学校）が設立される。これに対して、外町には翌三月、仮二番小学校（広業学校）の設置となる。その場所は赤津寺子屋近辺の大町五丁目である。[8]

さて、飽田仁恵学校の置かれる鉄砲町は、鉄砲鍛冶がいたと考えられるところから名づけられる職人町の一つである。[9] そして、外町のほぼ中央、寺院側寄りに位置する。したがって本校は、藩政期以来これまで就学の機会に恵まれない近辺の子弟にとってみれば、比較的通学しやすい場所である。このような位置を選定したことには意義がある。

二　教場の準備計画

1　教場の選定

貧人小学の起案＝建言書の提出に先立って、下調べがなされている。それは民家の借用について必要であった。校舎・教室については、『文部省第三年報　明治八年』の「公立小学校表」に記載欄がある。それによれば、「旧民家」を「借用」している。この教場は、位置とともに閉校時まで変わらない。

この民家を借用する経緯の一部について、『貧人学校設立方法』の起案書によると、「貧人学校費用概略」の項に「学校ニ用ユヘキ家屋モ頗ル説喩ヲ加ヘ　減省セシムルコト容易ナルベシ　故ニ凡《オヨソ》二円ト定ム」とある。明らかに家主との事前折衝がなされている。

2　文部省との事前折衝

いつからなのか日時は不明だが、文部省との事前折衝がある。これを証明する文書は『学務掛事務簿』中にあり、太平学校用箋に記された「明治八年三月廿日」付の「学務懸」金子・頓野両名の捺印で発し、宛先「権令」の「クニシ」捺印で承認された文書である。これに「先般伺済ニ相成候貧人学校場処云々　左ニ而《テ》別紙之通文部省へ御伺ニ相成候様　再度此段相伺候」とある。文部省との折衝が事前になされていることは明らかである。

そして、この文書には「但　別紙中別紙云々者《ハ》　先般相伺候縣学校支出金見込」とあり、文部省との折衝では、県立学校に関わる経理問題の事前了承を図っていることが推察できる。

3　借家の修理

教場として借用する民家はそのままでは使用出来ず、手入れを必要とする。これが塾や寺子屋などの旧学校なら、畳敷きに座卓で師匠からの個別指導を受けるために、手入れをしないでもよいだろうが、こちらは一斉教授法を導入して授業をする予定の新しい学校である。相応しい教場環境を整えるためには、それなりの手入れを要する。どんな学校となったのかは後述する。

教場環境のうち、建物について『学務掛事務簿』の「明治八年三月廿九日」付文書は、「貧人学校　追々修繕者《ハ》整《トトノイ》不日開校ノ見込ニ御座候」と記している。借用民家の修繕は整いと、手入れをしていることを示している。

4　校舎の規模

校舎となる民家の大きさは不明である。ただし、『文部省第五年報　明治十年』には「教場　四」とあるから、付属した台所、洗面所・トイレなどをも考慮すれば、決して小さい家屋ではない。

授業に当たる教員は、次節で触れるように二人である。特別教室を設ける時代には至っていないから、最低二教室あれば間に合うはずである。この構想段階では、将来の教員増を予測した準備なのか、あるいは職員室や教具置き場を用意して、これで準備は完結としたのか、そこまでは詳らかではない。

三　教員の採用と学級編制計画

1　教員の選任

教員は学校設立伺に記載された小栗新太郎と杉山茂光の両名と思われる。彼らは、伝習学校卒業仮免状を持つ。仮免状というが当時の正規教員有資格者である。

建言書の別冊「貧人学校費用概略」には、「一金五円　教員一名　一金三円　助教員一名　但雑務懸ヲ兼ヌ」という記事がある。後者の「教員」という文字の右肩に小さく「助」が付加されて「助教員」であるが、しかし学校設立伺には「一教員給料　一ケ月金八円　但内一人五円　一人三円」とされ、助教員とは表現されていない。正教員二名の選任である。

2　教員二名の学校運営

この当時は、もし学校設立伺に記載される生徒数のとおりに一二〇人となっても、彼らの授業を教員二人で担当することは無理とは考えられていない。すなわち、学校運営は可能である。

県内一般を見ると「八〇パーセント以上の学校が、全校生六十人まで[10]」あり、八六パーセント以上の学校が教員一人である[11]。同じ年齢児を同一学年生とする単式学級に編制することが標準[12]となっている今日の時代とは隔たっている。

しかも、この教員数二名は次のような算定方針に基づいて構想されたものである。すなわち、上掲「貧人学校費用概略」の中で、「貧人学校生徒凡百弐十名　之ヲ午前午後ニ分テ半数ツヽ教授ス　故ニ二名ニテ足ルヘシ」と、生徒数が多数であっても二部教授を実施するから教員二名を是とする、というのである。この背景には、寄付金の集り具合による人件費支出などの確保問題が考えられる。

ただ結果として、後に掲示するように、閉校時にいたるまで生徒数の著しい増加は見られず、二部教授制は実施されていない。

3　複式教授の学級

異なる進級度の生徒を同一の教室において授業を行うが、今日の複式学級そのものとはいえない。入学者については後に詳しく述べるが、その学級編制は今日の留年のない同年齢の者が同学年となり、学年別に異なる教材（教科書）を使用する標準とは異なっているからである。

本校の設立三年目となる明治十年（一八七七）九月に、文部権大書記官中島永元の巡視がある。彼の報告[13]では、全生徒九〇人が下等第六級二三人（うち女子二）と第八級六七人（同九）の二学級に分けられている[14]。学校教育は下等小学第八級に始まり、半年毎に進級の可能な学制である。この通りの進級であれば、これは設立第二年目の前期に相当する学級編制である。けれども、教員二人による二学級編制に視点を置くと、前の二年間に全体として進級が遅延しているというよりも、むしろ進級者全員の組（六～四級生の複式学級）と留年者を含む新入生の組（八～七級生の複式学級）とする編制とも考えられる。

4　教員の質

これは、一般校に遜色のない教員選任である。これを判断する根拠は、彼らの月給である。前述の通り小栗が五円で杉山が三円である。この金額から、彼らの卒業仮免状の等級＝正教員としての採用資格が判る。すなわち、県は七年十二月に「小学教師月給旅費日当表[15]」を制定していて、これに照らしてみると、小栗の等級は下等小学第三級、杉山のそれは同第六級となる。これは伝習学校（後身太平学校）でまったく同一の教場・時間・教師・教材で学んだ上で、同一の大試業＝卒業試験問題が課せられ、この成績＝得点によって、卒業仮免状の等級に振り分けられ、ひいては月給の額にスライドされたので、判断できるのである。

では、小栗と杉山の等級（成績）は全体の中のどんな相対的位置にあったのか。これを見るために、同年に県が発

表4　明治7年(1874)秋田県伝習(太平)学校卒業成績分布（下等小学等級）

区　分		一級	二級	三級	四級	五級	六級	七級	八級	計
5月25日	辞令	1	3	14	15	27	27	18	4	109
8月28日	辞令案		4	5	13	13	16	13	1	65
9月3日	三撰生		3	9	7	16	6	2	2	45
10月	横手三撰生		2	2	4	7	10	9	3	37
10月24日	四撰生	1	7	17	7	8	6			46
11月15〜20日	辞令		2	9	11	19	8	9	4	62
計		2	21	56	57	90	73	51	14	364
比率（%）		0.5	5.8	15.7	15.7	24.7	20.0	14.0	3.8	100

令した辞令および太平学校卒業成績を資料とする分布表（表4）を掲げる。

この表で三級以上を上位成績者とすれば、小栗は上位二二パーセントの中に属し、また杉山は中位成績者グループに入る。これからすれば、彼らの力量は優れていて採用されたのである。

5　給料の支給

本校の教員給料の支給は、学区立の他校に比べると安定して支払われたと考える。なぜこのようなことを取り上げるのか。前述の県が制定した「小学教師月給旅費日当表」は、全県にわたり適用されるもので、これに基づき給料は支払われるはずである。ところが、学区の実情は必ずしも表示通りの支給とはなっていないのである。

その一例は、本校に近い第一大区三小区の学校に生じている。この地区は、前掲の図1で示すと、築地・亀ノ丁・楢山《ならやま》およびこの他に略図外の川尻である。仁恵学校のある二小区からみると、旭川の対岸一小区の南側（図の下方部）にあたる。つまり、秋田町を構成する三つの小区のうちであり、県都の同じ町内である。

八年二月に、この小区の学区取締として安東半助が就任する。彼は在職中『学校諸事記 幷《ナラビ》ニ諸事記』を記録している。この職務日誌の最初の記事は、彼が所管する学校についてのメモである。この中に「亀郭学校、教員　人見正吉、四級六円此ノ四一、一円五十銭。遠山彌三郎、五級五円同、一円二十五銭」[16]とある。これは、県が制定した額の四分の一を、実際支給額としていることを示す。彼が所管する他校についても、同一の割合の減額支給を記している。

要するに、県都の学区においてさえ、財政基盤が脆弱なために行った措置に違いない。五月になって、安東は「生徒百五人ニ教場四ツ。一教場教員定メ一人ツヽテ、本教員弐人、手傅弐人、都合四人教員ノ定メ（中略）。一、五月ヨリ十月マデ受業料、八銭ニ極メル。一、十一月ヨリ四月マテ、十銭ニ極メル」[17]と追記している。正規教員のみとしないで、低い給料の学校限りの雇いである手伝教師によって代用することにしている。この結果、月々の教員給料は四名分の合計三円七五銭ですむことになる。そしてまた、夏期授業料の収入として八円四〇銭の確保を計ろうとしている。苦しい学校経営ぶりが窺える。

こういう近辺学校の収支の窮屈な事情を見ると、飽田仁恵学校の教員についても標準の満額支給をしたのかどうかを検討すべき余地は残す。しかしながら、いやしくも県政の中枢が関わって設立し維持する学校である。また、月給表を制定した県の面目にかけても、きちんと給料は支払われたとみる。

四　開　校

1　実際の開校日

本校が法制的に認可された日付は、明治八年（一八七五）年五月二十三日である。けれども実際には、この日より以前の四月十九日から開業している。これを示すものが、太平学校用箋を使用した文書で、それは金子と頓野の捺印のある学務懸発、権令・参事あて届書で、参事の方のみに「祖一」の（承認）捺印がある。ここに「明治八年四月十八日」の日付があり、次行から「先般伺《ウカガイ》済《ズミ》ニ相成候飽田仁恵学校　明十九日開業相成候條　此段御届申上候」とある。

補足すると、学校設立伺はもともと計画書であるから、これに記載される事項がすべてそのままの事実とはならない。県内の各学校においても、それぞれの記録に基づく『学校沿革誌』の中に記載される開校日と照合してみると、文部省の認可日より早く開校している事例が見えるし、もちろん認可当日の開校や後日の開校もある(18)。本校の場合は『学校沿革誌』を欠くが、上記の文書により開業日を特定できる稀な例である。ただし、開業即授業開始といえるかは不詳である。というのは、教員の採用が文部省の認可日より早く、早速勤務が開始されるとしても、彼らが授業を始めるためには、かなりの生徒が集まっていなければならない。その生徒集めをだれが担当しているのか、学務掛員かそれとも採用後の教員なのか不詳である。

2　最初の入学者数

本校の開校に伴う入学者の数は二七人と推定される。ただし、この数値がいつの時点のものか正確には分らない。これが判明すれば、前項の開業即授業開始か否かの答えも生じるが、不詳である。

各校の学校設立伺に記載される生徒数は、実際の就学者数との間にかなりの開きがある。本校の場合では、学校設立伺での記載数は「一二〇名」であるが、実際にはスタート時において三〇名に満たない。この数の根拠は、『学務掛事務簿』の中の全罫紙四葉に綴られるリスト「飽田仁恵学校入学人名」の員数である。彼らが最初の入学者と考えられ、その数は男二五人、女二人の計二七人である。

3　開校初年の文部省への報告就学者数

本校の関係記事が『文部省年報』に初めて掲載されるのは、『第三年報　明治八年』中の「秋田県公立小学校表」

表5　明治10年(1877)中島永元巡視時の第一大区二小区等級別生徒数

区　分		下等八級	七級	六級	五級	四級	三級	二級	一級	計	日々出席平均数
五巷学校	男	92	18	21			48			198	188.3
室閭学校	男	14	7	12	19		1			43	41.5
寺町学校	男	112	22	26	49	29	13	17	6	274	242.3
田中女学校	女	100	30	3	29	30				192	127.0
仁恵学校	男	58		22							
	女	9		1							
	計	67		23						90	69.0
逞邇女学校	女							24	36	60	58.5
銃街学校	男	46	60			13				119	
	女	12	7							19	
	計	58	67			13				138	135.0

資料　『文部省第五年報』33〜34頁．中島永元の「秋田県内巡視学校表」による．

においてである。この表示での就学者数は男三五人、女四人、計三九人である。

前項に示した開校当初、すなわち四、五月頃の二七人との差は、年報の数値が年末に近い時点での取材による員数[19]のためである。いずれにしても、学校設立伺に記載された「一二〇人」との比較では大差がある。

4　就学者数の推移

就学者は徐々に増えるものの、当初の構想「一二〇名」までには伸びない。まず『第四年報　明治九年』では「男四二名、女五名」の計四七人である。次いで十年であるが、この年の数値にはかなりの差のある二つがある。

一つは、この年の文部権大書記官中島永元の「第七大学区内秋田県、第六大学区内山形県巡視功程」の附録が、表5に示すような彼の訪問先学校の一部として含む「秋田県内巡視学校表」に掲載した数値である。本校を訪れた時期は、行程からの推定で九月半ば過ぎとなるが、表5の中にあるように、その時の就学者数は「第六級　男二二　女一、第八級　男五八　女九、総計九〇」で、なお「日々出席平均数　六九・〇[20]」である。前年末の四七人に比して、ほとんど倍増である。

ところが、『第五年報　明治十年』に掲載された数値、表6を参照(十年末)すると、生徒数は「男五八名　女六名」の計六四人である。九月から年末までの間に二六人もの減員である。これを不可解とみれば、推定理由として、中島の視察に備えての入学動員があり、臨時的な生徒増の結果に伴うものである。なお、これが文部省年報に掲載される本校生徒数の最後である。このため、翌十一年と翌々十二年の本校就学生徒数は不詳である。

表6　飽田仁恵学校生徒数の推移

区分	生徒数			出所
	計	男	女	
明治8年(1875)5月	120			学校設立伺
8年(1875)4月	27	25	2	学務掛事務簿
年末	39	35	4	文部省第三年報
9年(1876)年末	47	42	5	第四年報
10年(1877)9月	90	80	10	第五年報
年末	64	58	6	同上
13年(1880)7月	47	38	9	学務掛事務簿

5　閉校時の生徒数

ここで、まだ触れていない十三年の本校閉校時に飛んで、この時の生徒数のみを先取して挙げる。その数は男三八人、女九人の計四七人である。秋田県当局は、この閉校時の生徒全員の氏名を記録して遺した。それは『明治十三年　学務課勧学掛事務簿　学校廃置之部　二番』に綴り込まれる「仁恵学校廃止ニ付上申　明治十三年七月」の中においてである。

この記録により、前二年間の就学数不詳が休・廃校によるものではなく、引き続き開校をしていた証明ともなっている。

6　就学継続の意義

本校の十三年までに及ぶ継続は、それなりの意義がある。すなわち、建言書に記した設立目的を一応達していること、そして次のような普及上の問題点を明白にしていることである。

表5に見るように、ほぼ足掛け六年間におよぶ本校開校中の、当初三年と

閉校時の就学生徒数の推移をたどってみて明らかな一つは、学校設立伺に記載された生徒数「一二〇名」に、ついに達していないことである。これは県民に模範を示し、後続する設立を望んだ普及目的に照らして見れば、遅々たる歩みであり物足りない。

けれども、二人の教員で果たす教育施設の機能として見れば、開校当初の生徒数二七人から閉校時の四七人への推移は、効果的にしかも充実した教育をもって就学者確保に努力した結果であり、教員の努力の証明である。

そして、特記しなければならない問題点がある。女子の就学者が極めて僅かなことである。これは全国・全県的に共通する問題点であるだけに、本校でこそ多数の女子の就学実績を見せて、文明開化の時代が到来したとの模範を示して欲しいところであった。だが秋田の社会が、女子の差別なき就学を伴う近代化への遅滞が許されないことを訴えるまでには達していないことを示している。

五　教育内容

1　特殊学校での教育

学校設立伺に書かれた表現に関する限り、本校が貧民の子弟のみを対象として教育する学校だから特殊な教育内容、という差別（粗末さ）は見えない。学科・教則・校則は、他の県内すべての学校と同じ記載である。これは学校設立伺が、共通の文例[21]に基づいて書かれたからである。

では、形式は別として実際にはどうなのか。これを明らかに示す記録は見当たらない。前述のように、教員の力量をとってみれば、本校は県立学校の格式に相応しい優れた教員を雇っての教育である、と誇れるくらいである。

2　県の教育内容

教育内容は、尋常小学の課程である。秋田県が文部省へ提出する最初の学校設立伺は「伝習学校設立伺」である。この学校は明治七年（一八七四）年五月二十二日に校名が変更され、伴って以後の各校学校設立伺文例では「伝習学校」の部分が「太平学校」と改められる。すなわち、「一　学科　尋常小学。一　教則　本県太平学校教則ニ拠ル。一　校則　本県太平学校校則ニ拠ル」のごとくである。飽田仁恵学校の場合も他校と同様であり、尋常小学として設立されている。

3　教則の改正

教則は改正もある。したがって、上記の太平学校教則あるいは校則とは、書式上の抽象的表現となる。実際の教則は、学制の期間中に改正もあり、各校の準拠する太平学校教則の内容は必ずしも同一とはならない。この点は後にやや詳細に触れるが、飽田仁恵学校は八年五月四日の「改正秋田県下等小学教則[22]」に拠る。

問題点は、一般に貧民学校に見られがちな簡易化や変則化という粗末な扱いを受けることがないかである。つまり、定めの教則あるいは校則通りに、十分な教育がなされていたかどうかであるが、詳細な見極めは不能である。

六　学校経費

1　学校経費の試算

当初の設立原案での学校経費試算は、学校設立伺を調整する間に修正されている。まず、建言書の中には「貧人学校費用概略」で、教員給料に続いて「一金一円　小者一人、一金二円　借家料、一金三円　薪炭諸雑費、合十四円之ヲ壱月ノ費トス」とあり、学校設立伺に書かれた費目とは、表記や金額に若干の相違がある。

すでに触れたものの他に「小者ハ生徒中ヨリ撰《エラ》ミ之ニ命スレハ　或ハ給料一円以下モ給スレハ十分ナラム」と意図している。また、学校設立伺では書籍器械入費が月一円という低額であるが、これで間に合う理由がある。「其他即今椅子テーブル等ハ　病院地等ノ内売払代　凡四十円ヲ以テ之ニ充ツ」とか、「生徒石盤書籍類ハ御委托金ニテ買上タル者《ママ》ヲ貸渡スコト」とし、こうすれば新規に購入すべき経費を抑制・節減し、多額を計上せずに済ませるわけである。

また、学校設立伺に書かれる「営繕入費　幷《ナラビニ》　諸雑費月二円」は、原案「薪費諸雑費三円」を減額修正したものであるが、当初の説明では「薪炭諸雑費凡三円ハ見込ミ　是レ学校備金ノ内　三百円貸付ケ利子月一分ニテ足ルヘシ」という試算によっている。

2　学校積金

学校設立伺で「太平学校積金」と記載されているものは学校備金である。この財源については、幾つかが考えられる。その中の一つが次である。

学区立の学校設立伺の中に、ほぼ共通して見える表現に学校資本金がある。後で詳述するが、簡単にいえば、五年度産米において実施する減税の一部を県に献金させ、県立病院と県立学校の設置費にしようとする政策に基づく。ところが、「学校病院資本金人民ヨリ徴集高ノ内　下《サ》ケ戻金《モドシキン》引去リ」が「明治七年秋田県歳入出会計決算表　第四歳入ノ部」にあるように、県にて保留しようとした以上の余剰があり、これは学校設立のための「下ケ戻金」として学区に還元された(23)。

本校の場合は、この学校資本金が配分される立場にないが、県立学校（伝習学校）設立経費として配分される分にも余剰が生じ、これが学校備金として伝習学校の後身太平学校に引継がれていた、と考えられる。

3　県官・校官寄付金の積金化

県官・校官たちの寄付は、明治八年（一八七五）年一月分から開始される。この一部も積金とされたと思われる。

既述のように、本校の学校設立伺提出は五月であり、これが文部省によって認可される時点では、当然、学校は維持運営のための財政基盤を確立する見通しを持っているはずである。これまでの記述で分かるように、まず県官・校官への寄付呼び掛けは七年の暮れごろからとなる。借家を校舎とするための修理費など、開校諸準備のために必要な費用を考えると、担当者としてはできるだけ早くから集金して、これを積金として置きたいところである。

これを示す関係文書の一通は、太平学校全罫紙用箋一葉の末尾に「明治八年　学務懸　金子精一　頓野馬彦　渡邊賤郎〔発〕　校官御中」という、太平学校教職員一同あての回覧文書である。この書面の一節に「御資本トテモ致《イタシ》タク　願クハ御互ニ一月ヨリ開校ト見做シ　同月ヨリ之分ヲ纏度《マトメタキ》所存」とある。そして、一同の同意を示す「御検印」を得ている。文書の回覧開始は「明治八年」とあるだけで月日不明であるが、一月中から次の月日付き文書の発送日三月二十九日までの間である。

この一通も、同じく太平学校全罫紙用箋の半葉に書かれていて、末尾に「明治八年三月廿九日　学務掛〔金子の〕㊞〔頓野の〕㊞〔発〕　国司権令殿　加藤参事殿」とある。この書状の文面中に「費用月集金ノ義　当一月ヨリ一般積立来《キシ》候ニ付　兼テ申上候御寄附金ノ義モ　同様一月分ヨリ御下附上ケ奉リ度」とある。間違いなく一月分給料から徴集し始め、設立に向けて金銭面での積立を始めている。

4　県の歳出学校費の積金化

県歳出中の学校費の一部も積金になっていると思われる。すでに県が手中にする学校病院資本金の総額は二万四一一七円余である。このうち、伝習学校＝太平学校費としての歳出（配分）は五六四三円余である。これを「財政上の余力であり（中略）伝習学校の積金を構成する原資の一部となったのではないか」と推察する。[24]

前項の県官と校官からの寄付による「月集金ハ　学校教員ハ給料百分一ヲ収メシム」もので、月合計一一円一〇銭と見積もられる。必要な経費との差では三円四〇銭不足である。この不足を補填するために、差当り学校備金三〇〇円の運用利子を寄付して充てるという。この三〇〇円という金額に、開校前の県官・校官寄付分総額は達しない。仮に一月から四月までの四か月分の全額を当てたとしても、四四円余に過ぎない。したがって、他に多額の準備金が用意されていた、と考えざるをえない。とすれば、県を通じて配分された学校資本金の残金があり、これが太平学校積金にされている、と考えることができる。

5　藩立学校の資産配分

旧藩立学校の資産は処分される。この処分金は八年に、藩立学校所在の近辺小区内学校に配分されている。秋田県内の旧藩立学校は、藩校と郷校を合わせて一一校である。このうち一〇校が八件に分けられ、処分後残金に諸機器売却の増加分の計三九五五円余が配分額となった。このことを同年五月三十日の「秋田県庁日誌」が記している。

この「日誌」によると、藩校明徳館関係分は一〇三〇円四五銭五厘九毛であり、一大区一、二、三小区に配分されている。既述のように太平学校はこの中の一小区に属し、そして設立認可後間もない飽田仁恵学校は二小区に含まれる。上記の額のうちどれほどが、各校ごとの配分となるかは不詳であるが、幾分の配分はあるはずである。[25]

6　小学扶助委托金

学制第九十九章に規定される小学扶助委托金は、太平学校積金のうちでも当初における重要な一部になったと推定できる。六年中に国庫からその一部、第一期委托金の半額が交付されるが、県はこれを変則中学である洋学校設立経費として費消している。しかし後に、これは小学校設立のためという本来の目的に反すると正し、小学普及の趣旨に適うように教員養成を目的とする伝習学校（太平学校）経費に充てる(26)。

つまり、各学区で設置する学校に直接配分はしていない。県立学校のためのみの経費としてもっぱら使用できるのは、別途に学区ごとの学校資本金調達が進行しているからである。

7 委託金の学区への配分

委託金が学区へ直接配分されるようになるのは、秋田県では八年以後である。県内全体としてみると、未詳部分があるが、『第三年報　明治八年』の中の「秋田県公立小学校表」に、初めて扶助金配付金額が記載されている。ただし、各校別にはなっていない。関係するところを記すと、飽田仁恵学校と五巷・菊街・室閭・柳巷・田中女の各校、計六学校分を一緒にした一三九円九銭二厘が配付額である(27)。

また、安東半助『学校諸事記幷諸事記』の四月七日の記事には「一、此度文部省ヨリ各小区学校エ御扶助金（中略）但　三小区中へ　一ケ月分ニ付十一円三十一銭七厘也」とあり、そして関連記事として十五日に「一、太平学校エ罷《マカリ》出《イデ》　文部省配当ノ御扶助金三月分請取候事　但一月二月三月分也(28)」云々と記されている。

8 学校経費の安定性

県内の各学校において、学校経費が安定して確保されいるのかと問えば、長期的には不詳であるが、八年に限れば、安東半助の所管学区への配分十二か月分を計算すると、一三五円八〇銭四厘となる。この金額は『文部省第三年報』に記載されている額と一致する。このように小学扶助委託金が、確実に、相当の金額で、そして継続的になされるならば、学校経営を安定させる大きな要素となる。しかし、この経理の実際は不詳であり、確としたことはいえない。ひるがえって、もしこのような安定要素が継続するならば、飽田仁恵学校経費の主体となる県官・校官個人の寄付金と、この文部省扶助金のみで学校経費は足りるようになるだろうし、ひいては太平学校積金利子への依存から脱却できるかもしれない。扶助金額いかんでは、さらに進んで県官・校官の寄付を不必要ないし額の軽減化などに反映したであろうが、その記録は見あたらない。

ともあれ、寄付や扶助金が確実に継続し、その上に、独自の飽田仁恵学校所蔵の積金（動産）があれば、この運用利子を得ることもでき、学校の経営的基盤は強化される。しかし、この実際がどうなのかを証明する資料は見ていない。

第三章　最初の入学者

本章では、飽田仁恵学校の設置に伴う最初の生徒たちについて取り上げる。ここに挙げる彼らは、日本における慈善学校の開設があって、初めて就学の機会を得た向上心の旺盛な者として紹介する。

一　開校時の入学者

1　入学者の記録

本校が開校した際に入学した生徒については、秋田県立公文書館が所蔵する『明治八年　第五課学務掛事務簿　学校廃置之部二』に綴り込まれた「飽田仁恵学校入学人名」の中に明らかである。

この名簿が県庁という学校外に残っている理由としては、県が文部省との事前折衝に際して「このような生徒たちが入学予定者である」と、具体的な説明資料として用意したもので、したがって、県の文書として綴り込まれたと判断される。

また、入学者勧誘には、既述の仁恵学校教員のほかに県職員なども加わった、その成果の記録でもある。

2　記載内容

この名簿は全罫紙四葉に記されていて、記載項目は住所、戸主の職業・氏名・生徒との続柄、生徒名・年齢で、二七名の連記である。一部改行を省略して掲げる。

飽田仁恵学校入学人名

第一大区二小区鉄砲町千三百七十八番地
　工　鈴木清兵衛長孫　鈴木政吉　年十二歳十一ケ月
第一大区二小区下肴町千百七十三番屋敷同居
　工　能登谷テヱ長男　能登谷為吉　同十歳八ケ月
　　同人次男　能登谷里吉　同八歳三ケ月
第一大区二小区四十間堀町千四百八十番屋敷
　商　照井長治長男　照井正太郎　同九歳七ケ月
第一大区二小区下米町四百三番屋敷
　商　伊藤久太郎五男　伊藤豊吉　十二才《ママ》六ケ月
第一大区二小区寺町千八百二十番地
　工　五十嵐弟吉次男　五十嵐徳治　八才六ケ月
第一大区二小区鉄砲町千三百七十番地
　工　鈴木清兵衛次孫　鈴木吉之助　八才二ケ月
第一大区二小区本町五丁目千百六番内借地
　工　兼則忠吉長孫男　兼則泰治　七才十一ケ月
第一大区二小区上米町四百二十七番地
　日雇渡世　米澤谷仁兵衛　十三才五ケ月

第一大区二小区四十間堀川端千六百四十五番地
商　近藤永蔵長男　近藤勇吉　八才十一ケ月
第一大区二小区城町千五百二十七番地
商　木屋久助長孫男　木屋勇吉　十才九ケ月
第一大区二小区下米町一丁目三百六十二番地
工　小野弥助次男　小野治助　九才七ケ月
第一大区二小区下肴町千二百十四番屋敷
高橋政吉江同居　疋田作治　七才
第一大区二小区下米町三百七十二番屋敷
工　小玉仁三郎次男　小玉勇吉　九才二ケ月
第一大区二小区舟大工町千二百三十二番地同居
工　宮越金太郎　八才八ケ月
第一大区二小区鉄砲町千三百六十九番内借地
日雇渡世　鈴木清五郎長男　鈴木常松　九才七ケ月
第一大区二小区下鍛治町千七百十七番地
工　川口ミヨ長孫女　川口スワ　七才五ケ月
第一大区二小区新大工町千三百九十七番内借地
日雇渡世　加賀屋八十郎三男　加賀屋福松　九才

第一大区二小区鉄砲町千三百六十九番内借地
日雇渡世　鈴木清五郎長女　鈴木セツ　七才四ケ月
第一大区二小区本町五丁目千百七番内借地
日雇渡世　光随甚之助次男　光随千代松　十才二ケ月
第一大区二小区下米町一丁目三百五十四番内借地
工　川村金蔵長男　川村亀之助　七才七ケ月
第一大区二小区新大工町千三百九十七番内借地
日雇渡世　加賀屋八十郎次男　加賀屋松之助　十才八ケ月
第一大区二小区寺町千三百九十二番内借地
日雇渡世　風間吉太郎次男　風間八五郎　十才十ケ月
第一大区二小区誓願寺門前町千四百五十三番地
工　菊地新郎長男　菊地新五郎　九才十一ケ月
第一大区二小区酒田町千七百四十六番地
工　長谷川仁三郎長男　長谷川民蔵　六才
第一大区二小区十八人衆町
盲人　中村文友長男　中村勇治郎　五才八ケ月
第一大区二小区下米町一町目三百二十六番内借地
日雇渡世　金子甚助長男　金子政五郎　六才五ケ月

二　入学者の通学範囲

1　入学者の通学区域

前節の生徒名簿における保護者の住所から考えると、生徒たちの住居分布は、学校が置かれる第一大区二小区の町内居住地に限られている。つまり、秋田町の三分の一を占める区域に当たっている。県立学校並だからと、通学区域を全県域に拡大しているわけではない。

ところで、この第一大区二小区内には四つの小学校、五巷学校（本町五丁目、六年〈一八七三〉設立）・菊街学校（茶町菊ノ町、七年）・室閭学校（秋田室町、同）・柳巷学校（寺町、同）がすでにある。そして明治八年（一八七五）には、田中女学校（田中町）と飽田仁恵学校（鉄砲町）が加わって、計六校となる。[1]

したがって、本校の通学区域は、広域通学区域の田中女学校とともに本小区の四尋常小学の学区と重なる。

2　通学上の問題

冬季や強い風雨の日を除く普通の日では、著者が約八〇〇メートル離れた小学校への徒歩による通学の体験から判断して、本校生徒たちにおいても通学距離上の問題は考えられない。なぜなら、最も遠い新大工町から通う生徒にとっても、学校までは六〇〇メートル余の距離である。

けれども、今日の住宅が密集する街並みの中を通学する感覚で、当時の通学の難易を推し量ることはできない。雨具・履物・防寒具のどれをとっても不十分な時代である上に、これらを入手することに難儀な貧窮家庭の生徒たちである。抽象的な言い方であるが、目と鼻の先の学校が必要である。特に降雪の日には、低い建物の上に人家がまばら

表7　通学距離別入学生徒　（ ）は女子生徒数で内数

距　離	町　名	生徒人数
学校所在町	鉄砲町	4(1)
学校隣接町	寺町・下肴町・十人衆町・誓願寺門前町・四十間堀町	8
学校近傍町	本町五丁目・四十間堀川端町・城町・舟大工町・下鍛治町・酒田町	7(1)
やや離れた町	新大工町・下米町一丁目・同二丁目・上米町二丁目	8

な街路は、地吹雪による吹き溜まりも生じ、たかが六〇〇《メートル》といえない、子どもにとって困難な通学距離と化してしまう。通学区域を拡大しない＝入学勧誘区域の限度の考慮には、自然的条件も含まれたかと推察する。(2)

二人の女子生徒のうち一人は、学校の所在する町に、他の一人も近くの町に居住していて、通学困難の問題は軽減されている。問題があるとすれば、男子生徒についてである。いま、全生徒二七人を大雑把な分類ではあるが、通学距離を念頭において分けてみる。表7はこれを示している。また図2は通学区域略図である。学校のある鉄砲町に四人、境界を接する隣町（寺町・下肴町・十人衆町・誓願寺門前町・四十間堀町）に八人、近傍（本町五丁目・四十間堀川端町・城町・舟大工町・下鍛治町・酒田町）に七人、そしてやや離れた所（新大工町・下米町・上米町）に八人となっている。

3　通学区域の特徴

この通学区域には、職人の居住が比較的多いように見える。学校所在地自体は、既述のように職人の町である。したがって、この近辺からの入学者が多いことは、目と鼻の先にある学校へということで容易に理解できる。

けれども、二小区全体をとってみると、真ん中の商人町がすっぽりと抜けて、ここからは一人の入学者も見ない。そして、その先の新大工町や上米町・下米町からの入学者になっている。学務掛員あるいは教員が、どのような意図を持って入学勧誘の対象を選んだのか、不詳であるものの推測できる余地がある。

まず、同じ住民といっても、二小区内で五巷学校（本町五丁目）や菊街学校（茶町菊ノ町）を持つ商人層と比較すれば、相対的に昔から就学無縁が職人層である。これを意識しての勧誘ではないか。また貧窮とはいえ、農民の場合と比較すれば、都市部に居住する職人層は、子弟の実学（読・書・算）習得に理解を示し易い層と捉えたと思われる。

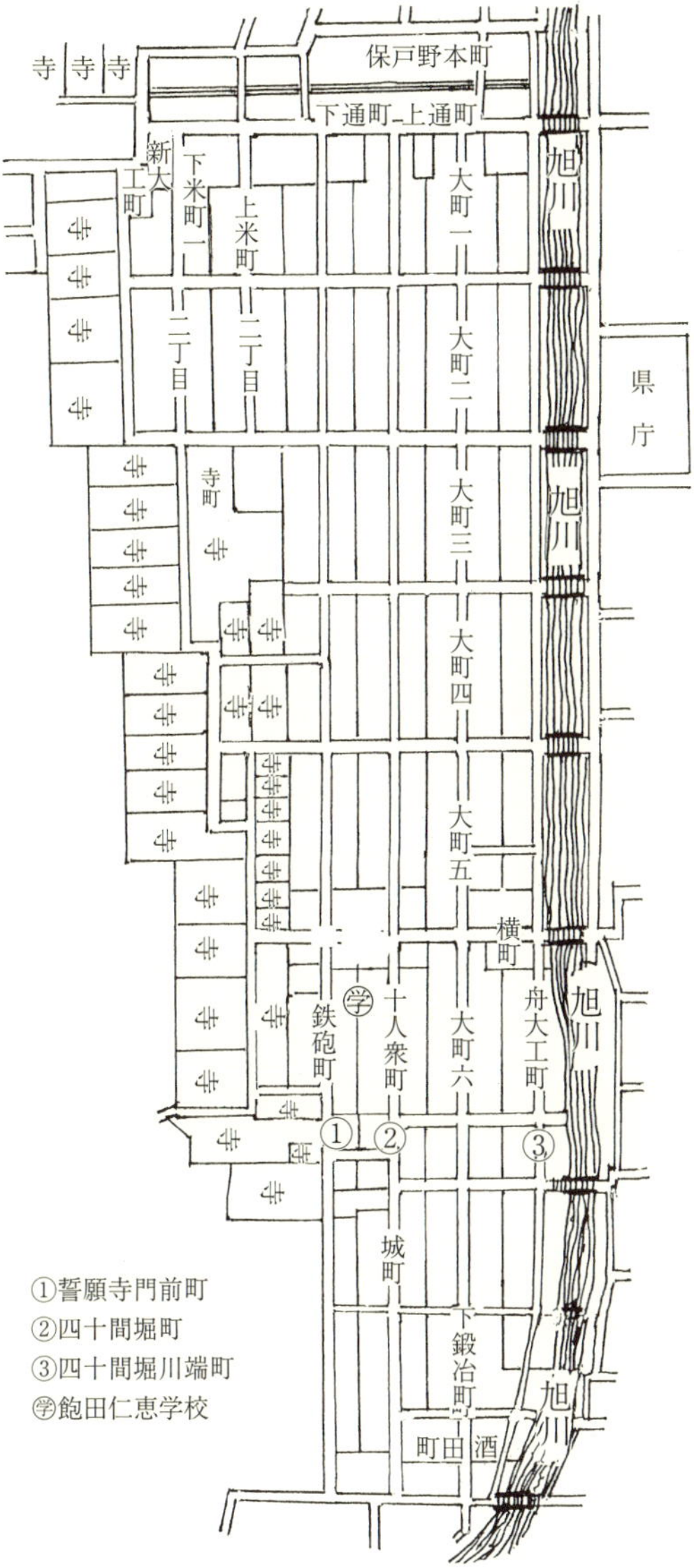

図２　飽田仁恵学校通学区域略図

三　保護者の続柄

1　保護者の続柄

入学した生徒たちは、それぞれの保護者とどんな続柄にあるのか。表8は入学者から見た続柄を示している。当然だが父が多い。

2　保護者からの生徒続柄

保護者の人数は二三人であるのに、生徒数は二七人である。生徒数が多いのは、入学者の中に同胞と一緒の者がいるためである。同胞の組合せは長孫と次孫、長男と次男、次男と三男さらに長男と長女という四組である。

他の入学者は一人ずつで、長男七人、次男五人、五男一人、長孫男二人、長孫女一人、そして不明三人となっている。これを整理したものが表9である。

表8　入学者からの保護者続柄

続柄	人数	生徒数
父	14	16
母	1	2
祖父	3	4
祖母	1	1
不明	4	4
計	23	27

表9　保護者からの入学者続柄

続柄	生徒数
長男	9
次男	7
三男	1
五男	1
長女	1
長孫男	3
次孫男	1
長孫女	1
不明	3
計	27

四　入学者の年齢

1　就学年齢

生徒の就学時の年齢を見てみる。大まかに捉えると、一人を除き学齢内の生徒である。学制第二十七章は「尋常小学ヲ分テ上下二等トス。此二等ハ男女共必ス卒業スヘキモノトス」とし、また「下等小学ハ六歳ヨリ九歳マテ、上等小学ハ十歳ヨリ十三歳マテニ卒業セシムルヲ法則トス」ということを原則としている。だが、新しい制度がスタートしたばかりの時で、法令の規程通りに運ばないのが実情である。ここには、規程を反映する項目区分により表10とする。前掲の表9とともにこの表を見たい。

まず、全国一般にいえることであるが、これまで就学の機会に恵まれないため識字力のない者が、年齢を問わず多いから、学制の機会を利しての学齢超過者の入学が見える。彼らが学齢外入学者といわれる者の大部分である。明治八年における秋田県のそれは、満十四歳以上の者が男四六六人と女五人、計四七一人であり、また六歳未満児もいて、男八七人と女一九人、計一〇六人である。

表10　入学者年齢

区　分	年齢(歳)	生徒数
学齢外	5	1
学齢内A	6	2
	7	5
	8	5
	9	6
学齢内B	10	5
	11	0
	12	2
	13	1
計		27

飽田仁恵学校に入学した者の場合、学齢超過者は一人も見ないが、学齢に未達の五歳児一人を見ている。後者は、親の教育への積極的関心を示す好例である。

2　就学と就労との関係

就学者の年齢を問題にする一つの理由がある。それは若年就労の反映があると思うのである。というのは、十歳を境にして入学者は僅少になってしまう。表9によると、続柄が次男や三男などがいる。これは当時の年齢差があまりない同胞が多くいることを考えると、彼らにも就学歴のない学齢十四歳以内の同胞がいることを推測させる。にもかかわらず、十歳を越える年齢児の就学が少ないことは、彼らを就労年齢に達した、と親が考えるための未就学であろう。特に女子の就労は早目である。

このことは、年少労働からの解放なくしては就学の機会が保障されない、ということを物語る。

五　保護者の職業

1　保護者の属籍

入学者名簿をみると、明治四年（一八七一）の戸籍法による華族・士族・平民に分類すれば、華族と士族に属する者は一人もいない。

2　職種の特徴

そして、職業の職種は表11に見るように、工・商に属する者が主である。この職種の特徴として、日銭《ひぜに》を稼げる点を指摘できる。表11の区分は、人名簿によるために充分な職種分類とはならないが、それを承知の上で述べたい。

まず、工に属する者が半数近くいる。これは職人が主だろう。次いで、日雇を渡世とする者が三分の一である。彼らが手間賃を稼ぐ職場としては、職人の働く工事場や商家の荷物の搬入・搬送・整理などが考えられる。

残りは商人と盲人であるが、盲人の職として按摩（マッサージ）を考えると、商人の場合もそうであるが、ともに日銭を入手できる職である。要するに、この表に掲載されている者に共通するのは、日銭を手にすることの出来そうな者たちといえる。

3　士族や農民の子弟の不在

士族や農民の子弟はなぜ入学していないのか。これには理由が二つ考えられる。一つは、士族に属する者にも貧困者がいるはずであるが、内町と外町に住み分けた名残が残り、二小区内にまだ士族が移住せず、町人との混住が進んでいないためと思われる。彼らが仁恵学校の近くに住むようになれば、身分の溝を越えて子弟の就学が見られるはずである。(3)

二つは、町の周辺は耕地であり、学校の近辺に農民が居住しているはずである。しかし、彼らの子弟は一人も入学していない。この理由として、教育の需要意識の乏しさとともに挙げたいのは、現金を所持し難いためと判断する。容易に考えられるように、授業料が無償だけで就学が可能となるわけではない。学校から学用品類が支給ないし貸与されるとしても、なお、通学するためには多少なりとも身なりを整え、履物なども必要である。当時の水呑といわれる百姓の子たちは、日常生活において裸足はもちろんのこと、碌な衣類をも纏っていない。こういう家庭の子にこそ、仁恵学校で学ぶ機会が与えられるべきであろうが。

ひるがえって、日銭の入る商・工に従事する家庭の子弟は、就学条件を整える有利さを持つことが鮮明である。

表11　保護者の職

区分	延べ人数	実人数
工	13	11
商	4	4
日雇	8	6
盲人	1	1
不明	1	1
計	27	23

第四章　教育条件の整備と教育活動

本章では、飽田仁恵学校において行われた教育活動の実際を明らかにする。本校の施設・設備あるいは指導内容を、『文部省年報』および秋田県公文書館蔵『明治十三年自七月至十二月　学務課勧学掛事務簿　学校廃置ノ部　二番』(以下特記しないものは本簿冊)に綴り込まれる文書が資料として使用される。そして、本校の教育活動が一般学校との間において、差別されていないかをみるため、他校の学校沿革誌などにより実情の比較をも示す。

一　同じ通学区域内の状況

1　第一大区二小区の旧学校

この地区住民の属籍は、平民が主である。飽田仁恵学校が存続する五年間における同校の生徒は、判明する限りでは二人を除いて、第一大区二小区の住民の子弟である。ここは、藩政時代における町人居住区であり、既述のように寺子四五〇人を擁する赤津寺子屋や、同じく二〇〇人の道川清兵衛の広要堂など、全国的に見ても大規模といえる寺子屋があって、庶民教育の盛んな地域である。(1)

2　新学校の設立

このような前史もあり、既述のとおり明治六年(一八七三)二月に内町に置かれた日新学校に続いて、翌月には県内二番目に当たる広業学校が開校している。そしてその後も、公認小学校が着実に数を増している。この状況を『文部省年報』から取材して示すと表12となる。

3　女子教育の先駆

この中で補足説明したい特色の一つは、士族居住地の一小区や三小区にはみない女子小学の存在である。田中女学校は単に二小区の特色であるばかりではない。校主の児玉サダは『秋田女子師範学校第一回年報』の「本県女子教育沿革概略、自明治七年三月至明治十四年四月」という冒頭記事において、「明治七年五月中、始メテ女子三名伝習科へ入学。人名左ノ如シ。南秋田郡、児玉サタ、南秋田郡田中学校教員。同、進藤キヤウ、南秋田郡私立湊女学校教員。同、田名部チエ[2]」と記される女子教育の先達である。

表12　秋田県第一大区二小区学校の設立状況

校　名	所在地	設置年	教場	受業料
五巷	本町五丁目	1873	10旧民家	有
菊街	茶町菊ノ丁	1874	——	有
室閭	室町	1874	旧民家	有
柳巷(寺町)	寺町	1874	11同	有
田中女	田中町	1875	7同	有
仁恵	鉄砲町	1875	4同	無
遐邇女	鍛治町川端	1876	3新築	有
銃街	鉄砲町	1877	7——	有

そして、女子教育の普及の点からみれば、八年に設置される秋田県内の女学校は僅かに二校[3]である。この状況は、田中女学校には裕福な家の子女が入学したであろうことを推量させる。一般平民の子女には、手の届きかねる学校である。

4　学校の変動

なおこの時期には、早くも学校の廃止や校名の改称がみえる。上掲の表12に照らしていえば、廃止の年月は明確でないが菊街学校が九年の文部省年報に掲載されず、室閭学校は翌年の同年報において消え、柳巷学校は同年に寺町学校と改称している。

これら学校の変動には、それなりの理由があるはずであるが不詳である。学制

に基づく小学校が、まだ安定着していないことを示している

二　教場の整備

1　教場数

飽田仁恵学校は、概して見るところ、第一大区二小区内の他校と比較して決して劣らない。本校は前述のように、かつて庶民教育の盛んな地域の中に設けられている。それだけに学校整備に差別のあるなしは気になる。これを、まず教場数で見てみる。

前掲の表12に掲示された区内各校の教場数から窺われるのは、比較的人口の多い町部としての教場数（学校規模の一指標）を示している。秋田県全体を学校設立伺からみると、一人の教師が生徒三〇～六〇人程度を教える旧寺子屋的規模が多く、一教場で間に合っている。ところが、この小区では女子小学でさえ三教場を持ち、本校は四教場の規模として整えられ、旧寺子屋的規模から完全に脱している。

2　教場数と生徒数

本校に関しては、教場数と生徒数との間に著しいアンバランスは見ないが、他の学校においては、大きなアンバランスがあると感じるところもある。学校設立伺に記載される生徒数は見込数であるから、一般に多目となっている。そのため実際に就学する生徒数が見込数に達しないとき、この実数から割り出すと教場数が余分となる状態もみえる。

いま、前掲表12とここに掲載する表13を併せてみると、五巷学校は七年に一〇教場を用意している。ところが、就学者は男子一一一名と女子五名に過ぎないから、五名の教員の配置は多いくらいであるし、当然教場は余剰となる。

同校は九年になると生徒数は増えて、男子のみ一三三人であるが、教員は二人に整理されている。

このケースは極端かもしれないが、これと比較すれば飽田仁恵学校の場合は、就学者が徐々に増えて、四教場数との著しいアンバランスとはなっていない。

表13　第一大区一小区の教員と生徒数

区分		明治7年(1874)	明治8年(1875)	明治9年(1876)	明治10年(1877)
五巷学校	教員　男	5	4	2	4
	生徒　男	111	112	133	246
	女	5			
菊街学校	教員　男	3	3		
	生徒　男	111	135		
	女	5	6		
室閭学校	教員　男	2	3	2	
	生徒　男	60	76	64	
	女	3			
柳巷学校(寺町)	教員　男	7	4	4	5
	生徒　男	111	143	235	250
	女	8			
田中女学校	教員男女		男2女1	男1女1	男1女1
	生徒　女		143	116	191
仁恵学校	教員　男		2	2	2
	生徒　男		35	42	58
	女		4	5	6
遐邇女学校	教員　女			1	2
	生徒　女			36	65
銃街学校	教員男女				男7女1
	生徒　男				163
	女				18

資料　文部省年報各当該年

三　学校備品の整備

1　学校備品の種別

本校の教育を進める上で必要な教科書をはじめ諸教具などが、学校備品として整えられる。それがどのようなものかを示す県の文書は、本校廃止の際に作られる備品リストである。廃止時であるから開校時に用意されたものとに相違はあろうが、内容は十分参考になる。

このリスト文書は、明治十三年（一八八〇）八月二日付の二種の調書である。はじめに関係のより深い「第一号」によって、備品の種目を見る。一部改行の代りに読点を付して掲載する。

第一号　飽田仁恵学校廃止ニ付諸物取調書　八月二日

一単語壱之巻　四拾四冊、一同弐之巻　弐拾八冊、一同三之巻　拾九冊
一小学読本一　拾四冊、一同弐之巻　九冊、一同三之巻　九冊、一同四之巻八冊
一日本地誌略一之巻　壱冊、一同弐之巻　壱冊、一同四之巻　壱冊
一秋田県地誌略　七冊、一地理初歩　拾四冊
一筆之梯《カケハシ》　壱号　三拾八冊、一同弐号　拾弐冊、一同三号　拾弐冊、一同四号　拾壱冊、一同五号之上　拾冊
一形体線度略解　壱冊、一小学色図解　壱冊、一秋田県地図解　壱冊
一人体問答解　壱冊、一日本地誌略字引、弐冊　一日本暗射符号解　壱冊
一作文捷経前後両篇　六冊全、一口授要説　壱冊全、一地球儀　壱筒

一椅子　壱脚、一教場机　弐拾壱箇、一同腰掛　拾七脚、一黒板　四枚

図物之部

一乗法九々図　壱枚、一単語図　拾九枚、一連語図　四枚

一形体線度図　弐枚、一色図　壱枚、一人体図　弐幅

一秋田県地図　壱幅、一日本暗射地図　壱幅

雑品調

一大火鉢　弐箇、一小火鉢　四箇、一□□〔銅壺か〕壱箇
一黒板拭　三箇、一硯《スズリ》箱　壱箇、一状箱　壱箇、一印箱　壱箇
一薬缶《ヤカン》　壱箇、一五徳　壱箇、一当布　一本、一水桶　一擔、一火箸　壱通

前書之通相違無御座候也

仁恵学校擔当　戸長　高崎内之助　印

明治十三年八月二日　南秋田郡長小助川光敦殿

2　学校備品と校舎の内部

以上に掲げた諸備品により、校舎の内部の様子をかなり推量できる。教室は板敷きとなり、寺子屋時代の畳敷きから脱却する。教卓の有無は判明しないが、生徒の机・椅子が並べられている。

教場数は四と用意されるが、教員数二から割り出すと教室用に二室が使われ、他の二室は職員室と備品置き場と推量できる。なぜなら、黒板が四枚あるのに黒板拭三箇というのは、これらが二教室と職員室に各一箇置かれ、残った黒板一枚は生徒への連絡板用であると思われる。

教室の中は正面に黒板があり、その両側には授業に応じて「乗法九々図」や「単語図」など各種の掛図が掲げられる。上級組の教室では、「日本暗射地図」や「秋田県地図」だけでなく、「地球儀」が持ち込まれた授業も推量できる。冬季の暖房用には、小火鉢四箇という数から推して、初めのうち小火鉢が各室で用いられ、厳冬になると、二教室用には大火鉢一個ずつが置かれる。職員室の火鉢には、五徳に載せられた薬缶とともに銅壺《どうこ》で湯を沸かす。お茶用に、そして酒の燗付けに利用可能である。

四　教育の内容と方法

1　教科の内容

教科の基準は、明治八年（一八七五）五月八日の「改正秋田県下等小学教則」に始まり、翌九年九月八日の「改正秋田県下等小学教則凡例」を経て、十二年二月改正「秋田県小学教則」(4)に則している。

このうち確実に証明できるのは、廃校の時点での教科である。それは最後者の「秋田県小学教則」に則するものである。この教則は、以前のものに比し大きな改革がある。これまでの上等小学と下等小学に分ける二教則から、県内の学校の置かれる実情に照らして、高等小学・尋常小学・村落小学に分ける三教則に改められている。

これに応じて、本校は下等小学第八級から第一級への四学年教則から、尋常小学下等第六級から第一級への三学年教則へと替る。ただし、慈善学校だからといって、大きな簡易化となる村落学校教則の適用はしていない。

2　慈善学校としての配慮

本校では教科用図書の貸出しが行なわれる。そもそも仁恵学校特有の特徴は、授業料を徴集しないことであるが、それにプラスする第一である。

備品リストの中に、たとえば第六級（教則の第一年第一期、以下同じ）の教科「書取」用教科書として「単語壱之巻」が四四冊、そして第五級（第一年第二期）教科「読物」用教科書としては、教則が示す東京師範学校編集「小学読本一」が一四冊備えられている。明らかに授業では、これらの書籍を貸出して用いるのである。

以下同様に、第一年第六・五級「習字《テナラヒ》」用に楷書習字帖「筆之梯　一号」に始まり、進級に対応して二号〜三号（行書）・四号〜五号（草書）が貸出され、第四級（第二年第一期）の教科「読物」用教科書に「小学読本巻ノ二」とともに、東京師範学校編集「地理初歩」が加えられ、授業では「兼テ地球儀ヲ示ス」ための地球儀が備品として用意されている。

さらに、第三級（第二学年後期）の「読物」用には「小学読本巻ノ三」と「秋田県地誌略」が配されて、「兼テ秋田県地図ヲ示ス」という教則に対応する準備がなされている。

3　教則に見合う教師用書と教具

また、教則に見合う教師用図書や教具も本校には揃っている。たとえば、教師用書として、第六級から各級の「問答。実物或ハ模形《ママ》等ニ就テ、其性質用法ノ概略ヲ問答ス」の時間や、「口授《サトシ》。物品談。実物或ハ模形等ニ就テ、其性質用法ノ大略ヲ説示ス。修身談。小学修身、教訓、勧懲雑話、其他諸書ニ拠リテ勧善懲悪ノ大旨ヲ説示ス」の時間に対応して、「人体問答解」とか説話参考書「口授要説」があり、第三級「作文」のためには「作文捷径《チカミチ》」が用意されている。

この他に、第四級「算術《サンヨウ》」で「筆算加法減法及ヒ珠算加法ヲ授ケ、次ニ乗法九々図ヲ授ク」に対応して「乗法九々図」がある。これらの備品の存在は、本学校において行ったであろう授業の方法を示している。

五　生徒の家庭学習の可能性

1　借用教科書等の自宅への持ち帰り

生徒は学校からの借用教科書や教材などを、自宅へ持ち帰ることが許されている。これを証明する文書が、本校廃止の際の調製になるもう一つの備品リスト「第二号」である。内容は上級から下級への順となっている。ただし、第三級生を欠いているが理由は不詳である。一部改行を読点で代用して次に掲載する。

第二号　飽田仁恵学校各生徒へ書籍幷ニ諸器械貸下調

尋常小学下等一級生

南秋田郡川端一丁目　□之□　次男　北村多吉、日本地誌略三四弐冊、算盤壱面、硯《スズリ》壱面
同誓願寺門前町　□□□　長男　松村多一郎、同
同鉄砲町　長吉　長女　鈴木リヱ、同
同五丁目川端中小路　佐藤金之助、同

同　二級生

南秋田郡築地中町　定吉長男　川上末吉、日本地誌略一二弐冊、算盤壱面、硯壱面
同下米町一丁目　□□　次男　齋藤佐吉、日本地誌略一二弐冊、石盤壱面、算盤壱面、硯壱面
同下米町　□□　長男　佐藤久蔵、日本地誌略一二弐冊、算盤壱面、硯壱面
同下肴町　□□□　長男　山田鉄五郎、日本地誌略一二弐冊、算盤壱面、石盤　一面、硯壱面

同鉄砲町　武治　長男　安部米蔵、日本地誌略一二弐冊
同町　惣吉　三男　佐々木善蔵、日本地誌略一二弐冊
同町　　四男　佐々木定吉、日本地誌略一二弐冊、算盤壱面、外ニ小学読書三壱冊、秋田県地誌略壱冊、蛍之梯四号壱冊
同川端一丁目　亀蔵四男　児玉定吉、日本地誌略一二弐冊、石盤壱枚、算盤壱面、硯壱面、外ニ小学読書三壱冊、秋田県地誌略壱冊、筆之梯四号壱冊
同下肴町　弁蔵次男　小坂庫吉、日本地誌略一二弐冊、算盤壱面、硯壱面、外ニ小学読書三壱冊、筆之梯四号壱冊
同豊嶋町　孫四郎長男　山田松蔵、日本地誌略一二弐冊、石盤壱枚、算盤壱面、硯壱面、外ニ筆之梯四号壱冊
同鉄砲町　多吉次男　石田谷蔵、無借卒

　　同　　　四級生

同鉄砲町　　木村熊五郎、小学読本二壱冊、地理初歩壱冊、孝子禄三号壱冊、石盤壱枚、算盤壱面、硯壱面
同豊嶋町　□七次男　荒川久太郎、小学読本二壱冊、地理初歩壱冊、孝子禄三号壱冊、算盤壱面
同五丁目川端中小路　甚之助三女　光随さた、小学読本二壱冊、地理初歩壱冊、硯壱面、筆之梯三号壱冊
同八日町　大助長男　士族綱木宇市、小学読本弐壱冊、地理初歩壱冊、石盤壱枚、算盤壱面、筆之梯三号壱冊
同酒田町　仁三郎長男　長谷川民蔵、小学読本弐壱冊、地理初歩壱冊、石盤壱枚、算盤壱面紛失、硯壱面、筆之梯三号壱冊
同新寺町　助市長男　阿久津嘉一郎、小学読本弐壱冊、筆之梯四号壱冊、硯壱面、算盤壱面、石盤壱枚

同鉄砲町　善右衛門次女　鈴木きく、小学読本弐壱冊、地理初歩壱冊、筆之梯三号壱冊、石盤壱枚、算盤壱面、硯壱面
同下亀ノ丁　久米蔵次男　佐藤久吉、小学読本弐壱冊、地理初歩壱冊、筆之梯三号壱冊、石盤壱枚、算盤壱面、硯壱面
同豊嶋町　儀三郎長男　貝塚亀治、小学読本二壱冊、地理初歩壱冊、筆之梯三号壱冊、算盤壱面、硯壱面
同下米町一丁目　藤松長男　吉川富五郎、小学読本弐壱冊、地理初歩壱冊
同本町四丁目　佐藤喜蔵、小学読本弐壱冊、地理初歩壱冊、筆之梯三号壱冊、石盤壱枚、硯壱面

同　五級生

同誓願寺門前町　加藤徳蔵、石盤壱枚
同町　欽蔵長男　加々屋小太郎、硯壱面、筆之梯弐号壱冊
同新寺町　与助甥　児玉谷治、小学読本壱壱冊、筆之梯弐号壱冊
同保戸野愛宕町西町　万左衛門長男　伊藤直吉、小学読本一壱冊、硯壱面、筆之梯弐号壱冊
同鉄砲町　惣吉長女　佐々木ヱシ、小学読本一壱冊、硯壱面、石盤壱枚、筆之梯弐号壱冊
同　清山長女　高橋タカ、小学読本一壱冊、筆之梯弐号壱冊、硯壱面、石盤壱枚
同八日町　欽蔵弐男　加々屋末吉、小学読本一壱冊、筆之梯弐号壱冊、石盤壱枚、硯壱面
同豊嶋町　永蔵弐男　福田永郎、筆之梯弐号壱冊、石盤壱枚、硯壱面
同新寺町　万蔵長男　鍋屋□治、小学読本一壱冊、筆之梯弐号壱冊、硯壱面
同新大工町　儀助長女　有坂ヨシ、小学読本一壱冊、筆之梯弐号壱冊、硯壱面、石盤壱枚

同本町五丁目　松之助次男　加藤徳次郎、小学読本一壱冊、硯壱面、石盤一面、筆之梯弐号壱冊

同　　六級生

同五丁目川端　コノ長孫男　大和熊吉、無借卒

同誓願寺門前町　三之丞長男　小熊政吉、同

同鉄砲町　長吉次女　鈴木キク、同

同城町　ミセ次男　川口徳治、石盤壱枚、筆之梯壱号壱冊、硯壱面

同誓願寺門前町　林蔵次女　松村キヨ、石盤壱枚

同鉄砲町　惣吉五男　佐々木力蔵、石盤壱枚

同寺町四丁目□□□　佐藤彦三郎、無借卒

同城町　多助長女　黒澤ヨシ、同

上鍛治町　□□□　宮越忠助、同

同下亀ノ町　イサ長男　塚本岩太郎、同

以上のように、教科書や「孝子禄三号」のような読物、そして他の主要なものとして、反復練習を是とする算盤・硯、さらに今日のノートの前身である石盤が多数の生徒の手元に置かれている。これらは上級生に借用物数が多く、入学して間もない六級生一〇名では、「無借卒」が七名、また借用者の三名（原級留置きの者か）の借用物数も少ない。

2　家庭学習の条件

前項から容易に推定できるのは、本校生徒は他校生と同様に、学校だけでなく家庭においても予習や復習をすることが可能である。教科内容から、予復習をより必要とする上級生に借用が多く、予復習の要求が比較的少ない新入生

に「無借」が多い。

けれども、手元に教科書や学用品が置かれているからといって、これで家庭学習の条件が整ったわけではない。家庭学習が行われるためには、本人に学習意欲があるとともに家庭環境として、何よりも、生徒に学習のための時間が与えられなければならない。

そうすると学校から帰れば、家事・子守など親から当てにされている手伝が予想される家庭環境では、実際の家庭学習は困難である。したがって、これら家庭労働からの解放が家庭学習を可能にする前提となる。この前提条件を確保することは、昭和初期の北方教育が対象とした児童たちになっても、依然として厳しいままであった。(5) いわんや明治の初期においては、いっそう厳しかったといえるであろう。

とはいえ、本校に学ぶ者はその保護者ともども教育に熱心な者たちである。家庭学習にとって厳しい環境ではあるが、これを積極的に打開していったのであろう。

第五章　飽田仁恵学校の廃止

本章では、廃止に関わる秋田県公文書の記録を主な資料として、廃校にいたる理由や事後の処置、この中には閉校時に在籍する生徒の就学を継続させるための関係事項を含めて取り上げる。

なお、明治十一年（一八七八）七月二十二日の郡区町村編制法によって、大小区制は廃されて郡制の確立に伴い、以前の秋田郡は南秋田郡と北秋田郡とに分かれる。本校は南秋田郡下となる。

さらに、十二年九月、学制が廃されて教育令が公布される。この前後に、勧学を巡る国の政策に伴う時流の転換が見える。

一　廃校についての上申書

1　廃校に関連する記録

本校の廃校に関係する文書は、秋田県公文書館が所蔵する『明治十三年　学務課勧学掛事務簿　学校廃置之部　二番』（以下特記しない限り本簿冊文書）に綴り込まれている。「はじめに」の中に書いたように、長い間気づかれないままの一記録が、二〇〇〇年に秋田市編・発行『秋田市史　第十一巻　近代史料編上』中の「仁恵学校廃止ニ付上申」に採録された。これを機縁として他の記録の探査を行い、第二部を整えることができた。

上記の上申書は、県より南秋田郡長あての文書「達　丙第三百三十八号」に対する回答であるが、この「達」は見当たらない。しかし幸いなことに、この文書の主点は上申書の中に記述されている。

この「達」の内容に触れて書き出す上申書は、廃止とせざるを得ない理由と経緯を主文とし、廃校に伴う在学生徒の事後措置を別紙の「在籍生徒調」として添えている。では、本文部分を掲載し、次項以降にこの内容を考えてみる。

2　上申書の内容

仁恵学校廃止ニ付上申

本年丙第三百三十八号ヲ以《モツテ》御達ニ相成候　郡下飽田仁恵学校費用　従来秋田師範学校ヨリ御支消ニ候処　御都
合有之支出難相成　就而《ツイテハ》郡内協議ヲ遂ケ　来八月一日ヨリ引継維持可致《イタスベキ》御達之旨　謹　承《ツツシンデウケタマワリ》　致候　依テ該校ニ
就キ　経費之概略　生徒ノ景況ヲ視察スルニ　壱ヶ年費額ハ大凡《オオヨソ》金百八拾余円ニテ　家屋器械之破損モ不少　生
徒四十七名ニシテ村落之通学一人モ無之　多クハ該校近傍之町々ニ付　差向キ市街負担タル哉ニ相見候間　戸長
学務委員ヲ集会シ　斯之如《カクノゴト》キ輻輳之地ハ不可欠要件ニモ有之ニ付　一般公義務ヲ慮《オモンバカ》リ　如何様トモ維持之途ヲ
設クヘキ旨ヲ主トシ　懇《ネンゴロニ》　会協議ヲ究《キワメ》候得共　方今民間難渋之際ニテ　従来各町之受持学校モ連年校費之渋滞
ニハ困難ヲ極メ候景状ナレハ　何分協議出費ニ　難　致　趣《イタシガタキオモムキ》　ヲ申立候　抑《ソモソモ》　明治七年以来御仁恵之御所置ヲ親敷《シタシク》見
聞セシ町ニ於テモ　猶《ナオ》斯ノ如クニ候得者《ソウラエバ》　遠隔之人民ニ議スルモ其結果ヲ得ルハ萬々　難及《オヨビガタキ》儀ニ可有之ニ付　来
八月一日ヨリ当郡内ニ於テ可引継様無之　遺憾至極ニ候得共不得止《ヤムヲエズ》同日ヨリ右仁恵学校相廃申候　尤《モツトモ》　就学之者
ヲシテ俄《ニワカ》ニ休業セシムルハ深ク憂慮スル所ニ付　該校生徒中貧困之軽重ヲ淘汰シ　或ハ自費教育ヲ其父兄ニ懇諭
シ　或ハ実際今日ニ迫ルモノハ各学校ニ分配シテ教授可為受《ウケナスベキ》積リニ候間　事情御汲量《オンクミハカリ》　前段御聴許相　蒙《コウム》リ度
別紙生徒調書相添　此旨及上申候也

明治十三年七月三十一日

県南秋田郡長　小助川光敦代理

県南秋田郡書記　齋藤義章　印

秋田県令　石田英吉　殿

3　廃校を導く直接の契機

文面に見える通り、県の提案は、経費を負担する設置母体を、師範学校（県）から南秋田郡へと移管しようと計っている。では、移管を許らざるを得なくなる事情とはなにか。

上申書には、その主旨が「郡下に位置する飽田仁恵学校の費用は従来秋田師範学校より支出されていた。ところが、都合により出来難くなった。ついては、郡内にて協議し、八月一日より引継いで維持せよ、という旨の達しを、謹んで承りました」とあるように、問題の根源は経費負担に耐え難い師範学校側に生じている。郡にとっては、郡制開始に伴い県の下部機関として機能し始めているものの、実情を無視した一方的な押し付けの面がある。

確かに、師範学校に生じた不都合があることは、『創立百年史　秋田大学教育学部』(1)を参照してみると推量することができる。目に付く第一は、これより少し前の明治十年（一八七七）一月に、太平学校校舎を全焼失している。早速復旧に着手し、翌十一年四月に再築がなり、校名を秋田県師範学校と改称し、さらに同年十二月に秋田師範学校と再改称している。加えて、翌十三年五月には、県費によって新築した校舎で、男子とは独立しての秋田女子師範学校の開校がある。要するに、短期間に教員養成に関わる制度的整備に多額の県費を支出し費消している。もとより県財政にゆとりがあるわけではない。

そして、十二年九月のいわゆる自由教育令とも称される新法の公布の中で、就学勧奨における強制＝秋田では漢学塾・寺子屋を悉皆《しつかい》廃止して開化新学校のみへの就学強制をした時代が終わる。(2)特に、国の大きな教育方針転換の一表現として、教育令に貧人小学（仁恵学校）の法文をみないことは、県官・校官が飽田仁恵学校創設以来抱いてきた、この仁恵学校による貧民子女への積極的勧学の基盤喪失となった。県・師範学校当局の本校維持継続への関心は、一転して重荷感となってしまった背景である。

4　郡における協議

郡は、上級機関からの達を事実上の命令として、仁恵学校運営の移管を迫られている。しかし、上申書の内容から判断できるように、郡独自の教育経費の基盤は脆弱ないし未確立である。そこで、郡は差当り本校への就学生徒の居住する市街地の戸長と学務委員を集めて協議するが、その結果は、参集者当方も移管に伴う新しい経費負担増を難渋とする。また、就学生徒の居住地も分散していて、どの町でどれだけの経費負担を分かち合うのかの区分を特定することも難しい。これらは容易に考えられる問題であり、これが根底にあって費用支出に難点があるとしている。郡制を利して、広域学区の特殊学校＝仁恵学校とする郡立への移行の機は、まったく熟していない。

結局、「該校の経費を取り上げれば、年凡そ百八十円余と、加えて校舎や教具の破損も多く、その修繕費をも考慮せざるを得ない」という具体的な経費問題が、協議の焦点となる。そして、四七人の生徒は村落部からの通学はなく、仁恵学校近傍の町部に偏っている。それゆえ、差向き町部の負担で引継ぐことは可能か否かを懇ろに協議したが、このところの民間＝学区を構成する町財政自体も難渋で、従来からの各町受持ち学校の校費すら渋滞のありさまで、協議の上の出費は出来難いという申立となった。

5　県・郡の自治能力の限界

このようにして、郡立仁恵学校への移管はできない。郡を構成するのは中央の市街部だけではない。形式的には郡を構成する他の町村との協議も必要であるが、そもそも初めから仁恵の処置を親しく見聞してきた庁下の町においてさえ難渋なので、遠隔の人々に協議してもらっても移管引き受けの結果を得るのは難しいと、郡長はこう判断して拡大メンバーによる協議はしていない。

そして、郡長としては「来八月一日より当郡内に於いて引継ぎはなし」と決断し、専決処分をしている。つまり、遺憾至極ではあるが、止むを得ず同日より右仁恵学校は廃止と致しますと、廃校の断定を郡長が行っている。ここには最終決定を県に戻して、県が私立経営による存続を図るための尽力をすべき余地をまったく考慮していない。

市街部の戸長・学務委員の協議の中での「方今民間難渋之際ニテ」の広義は、民間＝学区の経費を支える一般住民にとって、授業料等負担の困難な状況を差すものと思われる。そして狭義として、慈善篤志家を確保することとしても、これを期待するには状況は困難であり、したがって私立経営での引継ぎもない、という意味となる。

そもそも仁恵学校創立は、県庁内部の発意によるものであって、なんら地元関係者との協議がないという経緯からしても、いまさら民間関係者の間から熱心な存続維持論が生まれるわけがなくて当然である。

6　就学者の事後措置

廃校に伴い生じる生徒の事後措置については、手際よく考えられている。原則的には貧困の軽重を選別し、あるいは一般就学生の実際に近い生徒を、各学校に分配して教育をする計画である。このため、本校在学者の全員が廃校に伴い即時未就学となる最悪の事態を避けている。

この手立てを示すのが、別紙として添えられた「生徒調書」である。この内容は節を改めて紹介するが、未就学となる者も生じることを記しておく。

7　飽田仁恵学校の廃校報道

飽田仁恵学校の存続は十三年七月三十一日までである。上申書は末尾で「事情お汲量り前段御聴き許しを」願う「この旨上申に及び候なり」と結んでいる。この書状が郡長代理から県令あてに提出される期日は「明治十三年七月三十一日」で、移管を望まれる八月一日の前日である。そして当日は、夏休み前日という生徒指導上区切りのよい日でもある。

同校の廃止を地元紙『秋田遐邇新聞』八月二十五日号は、次のように報じる[3]（句読点を入れたが、ルビ平仮名はそのまま）。

○是は之れ今日の歎息新聞、庁下鉄砲町の飽田仁恵学黌は到底永続の目途《もくと》なきより、本月一日限にて廃校となり、該書籍《がいしよじやく》及器械等《きかいとう》は悉く入札払《にうさつはらい》となりしと申す事

二　生徒調書の内容

1　「仁恵学校生徒調」の内容

別紙として付けられる「仁恵学校生徒調」には、就学している四七人の生徒の性別ごとの人数を最初に掲げ、併せてその内訳として居住区別と廃校後の意向別に分け、さらに後者では、再内訳として転校先決定分が掲載されている。次に別紙全文を掲載する。

飽田仁恵学校生徒調

一、就学生徒　四拾七名、男　三拾八人、女　九人

内
三拾九人　鉄砲町並隣町近傍之子弟
六人　川反一丁目、上通町、下米町一町目、新大工町、下亀ノ町之子弟
弐人　市街外築地中町及保戸野愛宕町西町之子弟
内
弐拾四人　貧困之実況取調之上、父兄ニ説諭ヲ遂ケ向後トモ廃業不致分
九人　年齢長シ候者ニ付他ヘ奉公ニ遣度或ハ不得止事情有之退学願之分
拾四人　学ニ志アリト雖トモ貧困今日ニ迫リ候者ニ付、組元学校ニ於テ之ヲ引請ケ教授スヘキ旨各学校承諾分
内
五人　久成私学校
六人　寺町学校
弐人　三省学校
壱人　保戸野学校
右之通ニ候也。

2　就学者の人数・性別

閉校時に就学している生徒四七人は、開校時の二七人と比べれば、絶対数ではさほど多くないものの、比率では一・七四倍へと増加している。また、この中の女子の就学者九人は、二人からの比率で示せば四・五倍への増である。このように絶対数の上では問題にできないものの、それでもこの当時における就学普及の進行ぶりを示すかのよう

である。

3　就学者の通学範囲

廃校時に就学する生徒の通学区域を見てみる。すると第三章の表7に示した内容に比べて区域が拡大し、新しい遠距離通学者が現れている。

上申書別紙では生徒の居住地を三区分している。このうちで人数の最も多い第一区分「隣町近傍」は既掲の表7に掲載する同範囲に対応するものと見做すことができる。

そして、第二区分は表7の「やや離れた町」に対応するところである。このたびは川反一丁目・上通町・下亀ノ町からの初出があるいっぽう、下米町二丁目や上米町二丁目からの生徒は不在である。新大工町と下米町一丁目からは、引続いて就学生徒がいる。

第三区分となる「市街外築地中町及び保戸野愛宕町西町」からの就学者が、閉校時の就学区域拡大の特徴を示す。人数こそ二人に過ぎないが、この両町の位置は既掲載の図1を見ると、藩政期に下級武士の居住する区域、すなわち旧一小区の旭川西側と三小区である。したがって、士族に属する者の子弟ではないかと推量できる。

三　廃校後の転校先

1　廃校後の教育の保障

廃校後にも就学者の教育の機会は保障されるのか。これは一部の者に止まり、全員とはならない。上申書は、これについても、三区分して示している。

第一に、廃校によって完全に教育を受ける機会を失う事例は、「年齢長じ候者につき他へ奉公に遣りたく〔および〕あるいは止むを得ざる事情これ有り退学願の分」である。彼らは、本校が存続していれば引続き就学していけるが、その機会を失い就労するか未就学となる者で九人（一九パーセント）である。

第二には、幸い教育の機会を持続できる者たちである。彼らは居住する学区（組元）の学校より、「学に志あるが貧困切迫の者」と認められ、授業料の免除等を受けられる一四人（三〇パーセント）である。

第三は、たぶん比較的年少の者で、学業継続について「向後共、廃業致さざる」義務があるため、貧困の実情に基づいて、父兄への就学を促す説諭を必要とする者である。説諭の理解を得られなければ、たちまち未就学となりかねない二四人（五一パーセント）で最も人数が多い。

2 組元学校

本校閉校後の生徒引受け先き学校について、組元学校という表現は説明の必要がある。字義でいえば、今日の組合立学校である。当時の自治体の状況は十一年の町村編制法によって、ほぼ旧藩時代の集落的小規模の町村が復活して間もない。大正版『秋田県史　県治部一　第四冊』の表現では、「大小区ノ組織ヲ解キ、郡ヲ以テ町村ヲ統《ス》ブルコトトナリ、隣接ノ村里櫛比《シッピ》ノ市街ハ、合同シテ一町村役場ヲ置クコトトナレリ」(4)と、町村合併に近い能率的行政機能の整備を伴っている。

学校設置に関しても、設置単位としての規模が小さく、個々の町村単独による学校設置・維持が不適当である場合、現実的には既存学校の維持を旧学区内に含まれる複数の町村が組んで引継いでいる。これが組元学校である。

3 久成私学校の沿革

飽田仁恵学校閉校後の生徒転校先として、四校すなわち久成私学校・寺町学校・三省学校・保戸野学校の名が挙げられている。これらの学校にも、教育令公布ないしそれにいたるプロセスで、改革の影響が及んでいる。このため飽田仁恵学校と教育内容の方針を異にする学校への転入学となる例も生じる。

四校の中で、典型的な改革の見えるものは私立の久成私学校である。この学校の沿革は複雑である。秋田市役所編『秋田市史　下』の記述によれば、前身は六年に、本町五丁目に私立として創設される五巷学校であり、創立にあたっては同年三月の県令告文の主意「皇漢洋の学何れの道にも其好所に従事し、奮発せんこと我輩深く希む所なり(5)」という意図、旧教育の内容による秋田町でも学制施行後最も早くスタートする一学校である。「旧藩時代の学問所である明徳館に祭られた孔子の神位、並に詣種〔諸種か〕の祭器を五巷学校に下付された所以も、かかる理由によると思はれる(6)」といわれる漢学塾の系譜を継ぐ学校である。

ところが直後に、県は漢学系私立学校不認可政策に転じる。このため、同校は公立学校化を図らざるをえず、文部省認可をうける県内最初のグループの一校として、翌七年四月二十五日付をもって公認される。

4　漢学塾化への復帰

学制末期の秋田県では、私学への干渉の緩和が始まり、また教育令が公布されるや、自由教育令の自由の意味が全国一般と異なり、自由民権の自由という開化性よりは、漢学私塾再興の自由へと後退して受けとめられる。太平学校を卒業して正教員免許状をえている旧漢学系教師たちが、私立学校を興す数が急増する。十二年には二〇校、翌年には最多の二二校である。久成私学校の設立も、その時流の中の一つである。

『秋田遐邇新聞』八月二十五日号は、このことを次のように報じている(7)。

○兼て有名なるハ生徒日に増加し、終に公立五巷学校を廃し、該校を以て其位置に移転せしか、教員及ひ校主も孜々《シシ》黽励《ビンレイ》するのて、生徒も即今五百有余名に至り益々盛大に相成りしハ、実に県事の一大面目と云ふへし。此こ

ろ郡長より左の達在りしと

南秋田郡本町五丁目　私立　久成学校

右本校之景状ヲ具申シ本県へ相伺候処、今般公益タルヲ認定候旨御指令相成候条、為心得此段申達候也

明治十三年八月十九日

南秋田郡長　小助川光敦

久成学校組合町学務委員中

公益学校というのは、教育令「第三十一条　私立小学校タリト雖モ　府知事県令ニ於テ其町村人民ノ公益タルコトヲ認ムルトキハ　補助金ヲ配布スルコトヲ得ヘシ」に基づく制度で、秋田県は明治十三年七月十二日「公益私立学校幹理心得」(8)を各郡役所に布達している。

同年四月の、公立五巷学校から私立久成学校への変更では、町総代の平岡清助他が校主として世話役を務め、校長を含め九名の教員による学校となる(9)。

このような大きな時代的背景を背負う学校への、飽田仁恵学校からの転校は、かなり異質の教育を受けることを意味する。そして、同年十二月二十八日の教育令改正に伴い、第三十一条が廃止となり補助金は打ち切りとなるので、本校からの転校生への授業料免除などにも影響しそうであるが、結果は不詳である。

5　市街部における学校の統廃合

補足する点がある。私立漢学系学校の許容は、短期間に終わる。久成私学校自体の学校沿革誌が見当たらないので、近隣の『沿革誌　旭尋常小学校』を参照すると、教育令期における狭い市街地域に「数校分置ノ不利益ソノ甚シキヲ感ジ、合併ノ議起リ依テ以テ」十八年一月には、久成私学校の後身は旭北校（田中町）と旭南校（城町）との新築二校に分割統合される(10)。

ところが、翌年四月に前者の校舎が罹災してしまい、上記二校は旭校（豊島町＝現大町五丁目五番一五号あたり）へと合併統合となる。そして、四十二年再び二校に分割する。馬口労町に建てられる新校舎の旭南小学校と、旭校を改称しての旭北小学校とである。

このような統合の経緯における『沿革誌　旭尋常小学校』がいう数校とは「寺町久成田中遢邇ノ四校」であるので、久成私学校は十八年の旭北校（田中町）他へ吸収されて、その歴史を閉じている。久成私学校は、およそ四年九か月の校史であった。

6　寺町学校

本校についての『秋田市史　下』の記述は、自信を欠いている。補うために「学校設立伺」の有無や『文部省年報』の記事を参照する。というのは、寺町学校の名の学校設立伺はなく、この校名では創立期を特定できない。寺町学校の名が文部省年報の「秋田県公立小学校表」に初めて見えるのは、『第四年報　明治九年』からである。そして、同年から寺町に所在していた柳巷学校の名が消えている。つまり、柳巷学校から寺町学校へと校名変更があったとみられる。

寺町学校の前身を柳巷学校と認めれば、『秋田市史　下』のように創立について「年月不明、五巷学校に続いて初期に創立せられたものと思われる」[11]と曖昧にしなくてすむ。柳巷学校についての学校設立伺によれば、文部省認可を七年四月二十五日に受けている。五巷学校と同日である。

問題は学校位置である。学校設立伺での柳巷学校の位置は「柳町」であり、柳巷という校名の拠ってくるところが明白である。そして、『秋田市史　下』の記事に「現在の西法寺の屋敷に戊辰役後徴兵稽古場が設けられたが、世が泰平になったので其所にあった建物を利用して家塾を開いたが始りで、学制頒布後改めて学校と称して居たものらしい[12]」とあり、この表現に意味を見出せる。

ところが、初めて「秋田県公立小学校表」が掲載される『文部省第二年報　明治七年』以降、柳巷学校の位置は二小区寺町となっている。なぜ柳町と表記されないで寺町なのか、は不詳である。ただ西法寺は、現在大町三丁目五番二六号にあり、隣の旭北寺町のような寺院が並立するところとは異なる市街区域にある。そこで推定では、当初西法寺屋敷内にあったが、間もなく寺町の「旧民家借用」（『第三年報　明治八年』以降に記載）に至るためである。

この学校は十年現在「教場一一、教員五、生徒二五〇」であり、当時としては比較的大きな学校である。十七年に旭北小学校へ統合された、と推定する。

7　三 省 学 校

『秋田市史　下』には「位置、旧旭北小学校中央階段屋敷。校主、篠田三省（俗に篠田学校と称した[13]）」とある。この文章以外には、学校設立伺にも文部省年報にも記事はない。前述の学制末期ないし教育令初期の流れの中の設立であろう。上記の「旧旭北小学校」の位置を豊島町とすれば、十七年に旭北小学校へ統合した、と推定する。

以上三校は、いずれも飽田仁恵学校の近傍にある。生徒にとっては、本来ならば学齢に達した際に、就学すべき学校として指定を受ける対象校でもある。

8　保戸野学校

本校は、七年八月二十日に文部省認可をえる愛宕学校を前身とする。保戸野愛宕町（現保戸野原ノ町二番あたり）に位置するので、この校名がある。創立当時は入学者「初日僅か十三名を算するのみ」であるが、九年には「増加して二百名に垂《ナンナ》んとするに至った」ので、「鷹匠町の西廓小学校と合し中町（現保戸野中町一六番あたり）に移転し（中略）保戸野小学校と改称した[14]」のである。

四　廃校に伴う就学義務

1　退学者の進路と教育の保障

飽田仁恵学校が廃校となるに伴い、九名の「不得止事情有之退学願の分」が生じる。廃校に伴い教育を受ける機会を失った対象者である。これまでの就学継続から考えて、廃校という事態が生じなければ、引続いての就学は間違いない。この意味では、折角の教育を受ける機会消失は残念である。だが、単なる残念に留まらない次の事態となる。退学の理由が「年齢長シ候者ニ付、他へ奉公ニ遺度」と、退学が即就労に結びついている。

そもそも学制の恩沢は、多数の学齢外就学者までを生むように[15]、従来教育を受ける機会に恵まれなかった十四歳以上の年長者にも及んでいる。このことは、いま問題にしている明治十三年（一八八〇）時点の就学状況を『文部省年報』で見ても、秋田県全体で「一四歳以上生徒（男）六〇五」におよぶ者への恩沢となっている。

本校の場合の事情は、開校した時の入学者に学齢超過者は一人もいないし、十歳を越える者は僅少である。このことから推して、ここで「年齢長シ」というのは十四歳以上ではなく、おそらく十歳以上という校内での比較的年長者という意味であろう。この年齢に達すれば「他ニ奉公ニ」と考えられている。

心身の未熟、適性の無視そして低報酬は、尊厳ある労働とは程遠い年少労働の特徴である。これからの解放なくして、安定した学齢児童の完全就学なしである。この視点に立つと、就労解放と就学保障の葛藤において、生徒有利の側にあった飽田仁恵学校の廃校は、歴史を後戻りする教育の機会喪失、という重い意味を持つ。

2　貧児への就学援助

閉校後に、在籍生徒の過半数二四人は、「貧困之実況取調之上、父兄ニ説諭ヲ遂ケ、向後トモ廃業不致分」とある。この内容については、学校管理者と生徒の保護者との双方から考えてみる必要がある。これは年少者グループ、十歳未満の子たちの問題である。

まず、仁恵学校と他の学校との決定的相違は、『文部省年報』の「公立小学校表」の一項目「受業料」欄で、他校の「有」に対して本校のみ「無」である（表12）。したがって、仁恵学校生を他校が引受けるに当たっては、第一に、この生徒の授業料を無償にできるか否かが検討される。

これについて、関連する点から指摘したいことがある。文部省の小学扶助金は十年二月に、小学補助金と改称[16]される。その使途費目中には「一　貧困ノ生徒受業料ヲ出ス能ハサル者ニ其幾分ヲ助クル事[17]」という項目が含まれている。この項目は八年以来変化していないから、学制期における積極的な勧学政策の一つの反映である。

ところが、十三年三月の秋田県達「文部省小学補助金配付規則[18]」の中には、使途費目を欠いてしまっている。学制期の勧学の主旨が生きているのか、それとも教育令となって、学校管理者に使途の自由判断を委ねたのか不明である。財政逼迫のみえる事情の中では、学校管理者は授業料免除枠を狭く、少なくしたいわけで、無条件免除とせず、すでに就学している生徒とのバランス上「貧困之実況取調之上」でなければ、引受けの可否を判断できないとしている。

とすると、これまで授業料無償である飽田仁恵学校の生徒保護者の理解は、授業料負担軽減に加えて、教科書や教具の貸与等の配慮、あるいは仁恵学校の通学時と同じ服装、履物、雨具などの支度でよいのかどうかなどに立っている。

そしてもう一つ、父兄にとっては、子弟が家の手伝いを許容され、家庭生活の一助になり得るか否かも、判断材料となるであろう。このような、従来と転校先の新就学の及ぼす家計への影響が、天秤に架けられる。

この辺が「貧困之実況取調」に基づく「父兄ニ説諭ヲ遂ケ」という実際の内容となる。管理者の目からは、学齢児一般並みに「向後共廃業不致分」と捉えても、就学継続には超えなければならない父兄の側のハードルは高い。

第六章　文明開化と慈善学校創設

仁恵学校を実際に設置した県は、既述のように全国的に希有である。それだけに、著者は歴史的壮挙と評価することの発案者を特定して顕彰したい。そこには本校創設に秋田が選ばれるための複合した要因があろうが、とりわけ発案者が県外から赴任した開明派県官・校官であることと、彼の執務を展開する秋田の歴史的環境、すなわち政治・経済・社会的特徴としての文明開化立ち後れが反映したであろうことは疑いえない。後者の特徴、換言すれば藩政期の漢学派権力の封建社会維持（反中央集権）体質については、拙著『秋田県学制史研究』において詳しいので略述した。注記もできるだけ省きたい。

したがって、本章は飽田仁恵学校発案者の特定を中心に論述する。

一　権力の全面的交替

1　旧藩政権力者の全面的排除

藩政末期の秋田は戊辰東北戦争に勤王藩の立場にたつ。いわば明治維新を成功に導いた功績を持つ藩である。したがって普通であれば、藩政を担った権力者たちの多くが新県政の中に横滑りし、高い地位を占めても当然である。しかし事実はそうならない。彼らのほとんどが排除されてしまう。

この理由は、簡単にいえば、彼らが維新政府の推進する近代化（中央集権）政策に抵抗して、近世体制（封建制）の存続を主張する反革命派＝抵抗勢力と目されたからである。

2　秋田における明治維新の権力交替

要するに旧藩のリーダーたちは、日本という規模での情勢を認識できず、狭い自藩の窮状打開のための利益を求めた。維新政府の近代化政策は、西欧列強が日本を取巻く形勢を背景に、政治的課題としては強力な中央集権国家の建設を、経済的課題としては原始的資本の蓄積を、そして社会文化的課題としては文明開化の推進を、緊急の中心的課題としている。この視点で見ると、維新前後の秋田藩の行動は、自藩の主張の正当性を薩長土肥政府に対する藩閥間の権益闘争程度にしか認識しておらず、これが中央政府に対する反革命造反に当たるとの歴史認識を欠いている。それで粛清の対象となってしまう。

このため新発足する県政担当者たちは旧藩外の出身者であり、従来とは異質の権力者となる。彼らは旧弊を引きずることなく、後述するような政策を成功させ県民の信用の上に立って改革を断行する。

3　旧藩における人材養成の限界

では、秋田では権力の全面交替がなぜなされなければならないのか。これを旧藩の教育＝藩政を担う人材の養成問題として捉えてみる。すると、秋田藩校における漢学中心の教学では、明治維新革命に対処するすなわち的確に国情を洞察し、その中での秋田の行くべき方向を見定める人材養成・輩出に事欠いたのである。

藩校を設置する時点における創設の目的に誤りはない。寛政元年（一七八九）の藩校開校に当り藩主佐竹義和《よしまさ》が述べた「学問之力之れ無く候ては時務に達し兼ね候儀も之れ有るべし(1)」という認識は、いわば時務をプラグマティックに対処できる有能な人材養成を目的とする方針として評価できよう。この方針を普及徹底するものとして寛政七年以後は、出仕に際して十六歳以上の者に武芸とともに学問をも吟味する改革が採られた(2)。

問題となるのは、ここでいう学問が『大学』『中庸』『論語』を主とする漢学に始まり、藩政末期には国学も加わるものの、結局漢学主流を超える改革・改善がないまま維新を迎える点にある。付言すれば、蘭学・洋学を加えることはなかったし、藩内にはそれらを学ぶ一つの私塾すらもなかった。

こうして藩政末期における移り変わる時務を、開明的展望において判断し執行できる人材を養成する側面は欠けた。秋田が教学刷新として西欧の学問を藩校に導入できない理由は、外様大名としての保身から幕府に疑われるような一切を避けるためといわれる。それが裏目となった。

4　藩校明徳館の建白書作成

とりわけ、秋田の運命を決する大変な時代錯誤に基づく失政が生じる。藩政末期から維新期にかけての藩政の実務担当者を見ると、藩校明徳館勤務の履歴を持つ者の名が目につく。そして彼らの判断と行為が秋田の運命を決したのは、版籍奉還直後の明治二年（一八六九）七月に封建制維持を主張する「建白書」(3)を提出したことである。

この草稿は、国元において、明徳館学士根本周助・同文学梅津定之丞・同副幹事狩野深蔵という藩校スタッフが書いている。さすがに文面の修辞は優れている。しかしこれは、維新政府が抱える政治的課題である中央集権制確立に真っ向から逆らう封建制存続（藩政＝分権維持）が内容である。これが尾を曳いて、明治四年に藩を代表する公議人の元明徳館教授初岡敬治が政府転覆事件の首魁として極刑（斬罪）に処される。

5　政府には獅子身中の虫

秋田の不明は建白書問題一つに止まらない。政府の経済的課題（資本の本源的蓄積）に対し、秋田藩はこの足を引っ張るごとき八坂丸外債事件、すなわち武士の商法の失敗から外国船を購入した際の外債を焦げ付かせ、その他をも含めると累計三一〇万五八九六円という巨額を国庫（中央政府）の支払いへと肩代わりさせている。

さらに政府が幣制統一によって経済安定基盤の確立を急いでいる最中に、戊辰東北戦争の戦費調達などに絡む藩の財政難乗切り策として、明治二年から翌年一月までの間に貨幣を鋳造し使用する。これは贋金事件として断罪されるが、責任を問われた佐藤時之助もまた明徳館直館という前歴を持っている。

政治・経済状況が安定していない維新政府にとって、秋田はまさに獅子身中の虫である。

6　スムーズな権力の交替

その秋田において、戊辰戦争後の藩の力の実態は「農民の半封建的機運の充満、自由の要求が恐れられており、それは民衆にとって『手近之様ニ相成』った新政権への認識—あるいは期待に支えられていたわけで、民心はもはや藩権力を通りこして『天朝』と結びつつあった(4)」という状況中にある。

天朝と民衆とが結びつく代表的な一例がある。雑税廃止という六年初頭の税制改革の導入は明らかな減税断行であり、民衆は明治維新＝支配者交替に伴う彼らの実利を感得する。政府から派遣される新支配者たちは排除されるどころか、強い権力と信用を十分に付与される。

飽田仁恵学校は、このような民衆による強い信用の置ける新権力支持を背景としてスムーズに設立されている。本校は御一新という新旧権力交替を効果的に示す一つの表現となる。

二　学校設立の経済的基盤

学制施行は、初等教育レベルにおいては尋常小学普及を理想に進めようとする点では秋田も例外ではない。その着実な進行中に以後について確実な見通しが持てたので、尋常小学の普及半ばではあるが貧人小学設立に手を染める。

では、この場合の将来にわたり各地に学校設立を約束できた条件とは、何であったか。それは各地（学区）が等しい方法で設立資金を形成できる有効な手だてを持ったことである。この資金の調達に上述減税が決定的役割を果たした。本節では簡単にこれに触れる。

1　小役銀廃止という減税

新県がスタートして間もなく、秋田の民衆は一揆を背景にして年貢・小役銀減税を要求する。政情は必ずしも平穏ではない中で、小役銀廃止は新県政が示す画期的な対応となる。

秋田藩禄制を見ると一〇石に付き現米六石五斗一升二合の納米（維新後の正租に当る）があり、この他に封建的庸役として小役《こやく》という「四季に亘り、人馬及び種々雑役を賦課」があり、これが銀納に代わり小役銀と呼ばれる。農民は銀を得るために結局米を売って調達するので、米価の変動は彼らの負担に大きく影響する。

この米価は明治三年（一八七〇）三月の石当り一〇円九〇銭の高値から、六年一月の三円九〇銭へと低落傾向となる。これを背景に五年十一月には由利郡で二千人の農民の一揆があり、年が明けた一月（暦法改正で翌月に当る）には仙北郡北浦地方での二千人余の一揆となる(5)。後者は強訴未遂となるが、それは農民の立場を理解した県が大蔵省との税制改革交渉の結果、小役銀のうち約四分の一を正租に組入れて廃止するという大幅減税を、一月十七日付の大蔵省指令として示したからである。

2　減税策で生じる余慶

これは県民の御一新実感を高め、新しい権力を信頼する大きな契機となる。なぜなら彼らは藩政期の小役銀漸増(6)＝お上の改革は藩民の負担増、という策に苦しんできているだけに、ここで初めて旧パターンを覆す負担減を手中としたからである。

加えてスピーディーな仕事ぶりにも接している。十一月二十九日の県令杉孫七郎より大蔵大輔井上馨に宛てた小役銀悉皆免除願書提出から、旧暦十二月三日が新暦元日に移行となるので、ほぼ一月半での一月十七日、上記の約四分の三減税を内容とする大蔵省指令となり、そして二旬後の二月八日には県が減税を布達するにいたって決着である。当時の通信交通事情の中では、従来のお役所仕事には見ない即刻の決断であり、県民には好感を持たれたであろう。こうして政情の危機は治まるが、これが県の施策の上に次項のような大きな余慶を生むことになる。

3　学校資本金の設定

上記二月八日の「小役銀一部免除についての布達」には「別紙　告諭」が添えられている。それは学校資本金献納告諭(7)である。負担軽減の沙汰だけでなく新たな献金という装いでの負担を求める諭しの抱き合わせである。しかし献金を差し引いても確かな減税であり、一回的なものである。

この告諭には、次のような注目すべき論理が展開されている。

1　この免除は朝廷の人民御撫愛の表現である。
2　人民の側からも朝廷への報恩が、そしてそれが同時に人民自身の幸福になる方法においてなされなければならない。
3　この良知は学校を建て病院を設けることである。この設立費は本来民費（自治体費）であり、県は戸別徴集金を考えていた。減税のうちの半額を献納することで県立の学校と病院の設立資金とするよい機会である。
4　県庁が運用に当り、民金（公費）ゆえ会計報告を歳末に行う。
5　貫属（県より給禄される士族）には準じた献納として減給がなされる。負担は平等である。
6　以上からして士民一同の協力によるべきで、これが朝廷への報恩の第一である。

7　各区戸長は管内の承諾が得られるように務め、請書を早速差し出すべきである。

以上の論理の特徴は、減税という朝廷の善政を打出し、この人民御撫愛に対する下からの報恩という倫理観をもって、学制施行の基金づくりを生むことである。

4　学校資本金形成の成功

この策は成功する。つまり県はこの献納金を得て、県立学校（伝習＝太平学校）と県立病院を設置するし、また学区は学校を新設する資本金をえる有効な働きにいたっている。

今ここで秋田の仁恵学校設立との関わりにおいてこの特徴を見れば、石川県の仁恵学校の場合は善意の私費による私立学校設立であり、岩手県の仁恵学校の場合は文部省委託金の活用による公（学区）立学校であるのに対して、秋田県の仁恵学校がなぜ公（県）立学校と目される設立となるのかの一解答となる。すなわち県は独自施策として仁恵学校設置のために補助的に使用できる財源、県独自の財政のゆとりを持てたのである。また学校資本金献納制（県立学校と病院設立費の余剰を各区に返還している）の活用によって、各地の学校設置財源（呼び水）としても機能する。県が管内の学校普及計画の確実な実現に自信を持った背景である。

繰り返していえば、この学校資本金という財源があって、尋常小学普及の半ばに特殊学校である貧人小学づくりを発想する余裕を生んでいる。

三　積極的学制実施と私学の防止圧迫

1　学制実施の歩み

秋田の学制施行は中央政府の方針に直結し、学制に照準を合わせながら進展する。この点での一つの特徴的施策が見える。県内に洋学私塾一つもない事情から、学制施行において洋学（開明）教師を得られない。このため一時的には、家塾の漢学系教師を用いることも生じている。しかし県立伝習学校において養成する者を正教員に位置づけ、彼らを配置した学校のみを正規の認可校とする方針が確立すると、以後は厳しい家塾廃止策の実施となっている。この背景に県政担当者として中央より赴任する開明派官僚の実権行使があることは論をまたない。

2　開明派教育政策のスタート

秋田県に文明開化の筋道を付けた長官は第二代の杉孫七郎である。彼は明治五年（一八七二）七月二十日から翌年五月十八日に至る一年にも満たない短期間の在任であるが、この間の成果としての県政の方向付けには見るべきものがある。その中での減税の実施と学校資本金献納による教育財政基盤の整備については前節で述べた通りである。

さらにもう一つを挙げれば六年二月（無日付。文部省指令は三月十三日付）の「学校之儀伺」の策定である。これは「中小学区之地画ヲ定ムル事・学区取締ヲ置ク事・学校規則概略・後来学校増加スヘキ目的等ノ事・学務専任ノ吏員ヲ置等ノ事」を内容としていて、いわば学制推進に関する教育行政全体計画に相当する。

杉の後、学校資本金献納を受け取り、また上記学制実施計画に沿って秋田の新制学校づくりを成功に導く長官は第三代の国司《くにし》仙吉である。両長官ともに速やかな秋田の学制実施を計るが、すべてが学制規定通りに厳密に、つまり理想的に進めるわけではない。ちょうど杉県政から国司県政への移行期に変則小学や洋学校設置などが見えるのは、学制実施上のもたつきである。これを克服して洋学系の新しい教養や価値観を伝習する教員養成がこの県の新学校設置に直結する歩みとなっている。

3　変則小学の限界

このもたつきについて少し触れる。県は六年二月十五日の布達で、仮一番小学（後に日新学校と呼称）を第一大区一小区東根小屋町、すなわち旧藩校が所在し廃藩置県後に県学校となる跡地に開設して、十八日から開校する旨を明らかにする。秋田における学制発布後の最初の新しい学校（ただし変則小学）の設置である。(8)

しかしここには、県学校の廃止の際に「洋学之儀は近来開学に相成候」と布達（いわば公約）をしている手前、いつまでも学校を空白にできない県のあせりがある。本校の教師名を明らかにできないが、旧藩校から県学校にいたる教師たちはそれぞれ家塾を持っていて門人たちの教育にあたっている。その家塾教師を用いて変則小学は開校へ踏み切ったものと推定できる。

なぜなら、本校のカリキュラム「変則小学略則」をみると、十三歳以下の学科として、綴字・書牘作文・書学・数学とともに「修身学　孝経論語等ノ義解」・「史学　王代一覧　国史略　万国史略　十八史略等ヲ読ムヘシ」があり、「本科学習ノ余時ヲ以テ外国語文典等ヲ学フモ妨ケス」と補われる。明らかに主要科目は従来の教師たちに任されるものだからである。

とりわけ「外国語文典等ヲ学フモ妨ケス」と補則するが、これを実施したくとも秋田には肝心の外国語教師はおらず、とりあえずの名目的表現に過ぎない。前年九月に県学校廃止を断行した御一新の理念からすれば、このような儒学教授の復活を含む学校の開校は筋の通らない話である。変則小学の設置は、革命理念である文明開化を棚上げにしたものになっている。

4　変則小学略則の影響

変則小学略則の民間家塾へ及ぼす影響は大きい。これまで藩校（県学校）の教師たちの家塾とともに、民間にも漢学教師たちの家塾や寺子屋が開かれているが、この中の幾つかは学校と呼称し、あるいは学校としての公認を希望する。県学校を廃止し洋学を導入しようとする県の方針、すなわち学制発布直後の県の「興学布達」は、家塾までも即時廃止することを強いるものではないが、漢学家塾主たちは自塾・寺子屋存続についての危機感を当然持っている。こういう中に変則小学略則が示されると、これは従来の家塾・寺子屋教育を公認するものと受け取られる。学校と呼称しあるいは役所に公認を希望する塾主が出現する。

5　五巷学校と四如堂の場合

前者の一例が県立変則小学の開校後翌三月に早くも見える、すなわち既述の五巷学校＝私立久成学校の前身校の発足である。『秋田市史　下』が「斎藤大助氏の稿によって示す」[9]として記す「五巷学校は、秋田市として最も早く設立された小学校と考察される」[10]ものであるが、「斎藤伊三郎（質屋古道具屋）といふ者あり家塾を開き徒弟を教育して居たが、之が五巷学校基礎をなしたものとの説もある」[11]に従えば、明らかに旧家塾・寺子屋の復活である。

また藩校明徳館文学という履歴を持つ西宮籐長は、六年八月、家塾四如堂の公認化を意図する学校設立伺文例による「私塾開設願」（下書き）を残している。この中には「一　学科　皇漢学ヲ専トシ洋書ハ訳本を学ハシムルノミ」とあり、続く下等小学教則の内容を見ると明らかに変則小学略則に準拠している。

以上の例のように六年の変則小学略則に拠る漢学系家塾から転じる変則小学、あるいは転じようとする私塾があるが、その数は不詳である。なお県は同年九月二十二日に仮二番小学が大町五丁目に開校されると布令[12]している。

6　新しい教員養成と新学校の普及

教員の速成養成機関である伝習学校は六年十一月に授業を開始する。本校は翌年五月二十二日に県触示で「伝習学校　洋学校　右名称ヲ廃シ　太平学校ト改定候」と学校名が変わる。ここに太平学校仮卒業免状取得生を正教員とし、彼らの配属される学校のみを公認学校とする学校設置が始まり軌道に乗る。その様子は県が文部省に送り認可を得る「公立学校設立伺」によると、翌七年度の学校数が一九九校に始まり、以降三二一校、三五一校、三八五（他に私立一）校、そして十一年度には四一九（他に私立二）校に達する着実な新学校設置の普及となっている。

7　家塾取調布令＝教育の文明開化宣言

伝習学校が授業を開始する前日、すなわち六年十一月四日、県は無届開業が不都合であり、改めて家塾取調の願書を提出するよう布令する。この布令は後掲する文中に読み取れるように、取調の名による適格審査によって事実上は旧私塾・寺子屋を全面的に廃絶し、新学校を扶植する目的以外の何者でもない。県学校廃止以後このときまで態度曖昧の県は、ここにいたって私塾・寺子屋廃止による文明開化を宣言している。

布令文は次のように書いている。「家塾之儀ニ付、兼テ相達置候処、于今《イマニオイテ》願モ不差出、依旧開業候者モ有之哉ニ相聞、不都合之事ニ候。右ハ取調ノ義有之候間十一月三十日ヲ限リ、無相違願可申出。若右期限申出無之者ハ一切開業差止候条、此旨布令候事」(13)と、既・新開業者に取調書提出を促し未提出者の開業を差止める内容である。

ここに至る経過を補うと、五年十月十五日の文部省布達は私学家塾開業申出文例を示し、これを受けて県は翌年一月七日管内に「私学家塾開業の者、右文例を以可申出、在来開塾の者は当月廿五日限同断取調可申出事」と復達している。今まで実際の執行を棚上げしてきたが、このたび改めて厳しく布令している。

8　取調＝適格審査の結果

上記布達は官許校塾の外は学校開設を認めないという原則を確立するものである。これを証明する事例がある。布令に応じて十二所町（現大館市）の塾主松下慶之助から権令宛提出の願書「書籍素読習字取立之儀ニ付御伺」の審査結果である。彼の願書は副戸長の奥印を得て、大館支庁を経由、本庁学務掛に送られる。主旨は「手狭之私宅ニ於而《オイテ》、四書五経之素読商売往来百姓往来習字等、私之覚候丈ケ教授罷在候迄ニ而、今文部省之教則 幷《ナラビニ》 当県之略則之習業仕候事ニ無御座候」ではあるが「全家塾開業杯（抔か）と申程之訳ニハ無御座候間、御障《オサワリ》モ無御座候て、是迄之通リ頼合ノ仁ニ相教可申候」[14]という穏やかに寺子屋の継続開業を求める伺書である。

これを受取るや学務掛は学務掛内から始めて、大館支庁・七等出仕・権参事から権令へと稟議し次の指令案とする。すなわち「書面伺之趣、官許校塾之外、生徒ヲ集メ教授候儀、差止候事」[15]と不承認である。ここに県政トップの承認の下に官許校塾外は不許可という鉄則が確定している。

9　家塾廃止策への抵抗

このような政策にはもちろん抵抗する者が現れる。一旦は変則小学教則によって家塾を学校に転換する家塾容認の気分が生じている後である。そもそも藩政時代に家塾は何らの統制を受けていない。届出も不要であり許可も馴染まない自由な開業である。県の上記復達も布令も、浸透する環境には整っていない。こうして公立学校新設という御一新との葛藤が生じる。ことはすべての家塾主達を新学校のうちに円満に、もっとも穏やかには正教員（伝習学校免状取得者）として発令する[16]とか、あるいは学校限り雇の手伝教師＝免状不取得者として取り込む[17]ことができない。こうなると生徒の奪い合いという新旧学校の競合をみせる。この一例が土崎学校（現秋田市）の場合である。

文部省吏加納久宣の八年「第七大学区巡視功程」の中に「又士族ニ至テハ大抵結髪佩刀ノ旧風ヲ墨守シ、彼ノ朱氏及本居ノ学派今尚ホ其糟粕ヲ存シ、嘖々小学ヲ非難シ、尋常小学ハ輙モスレハ家塾ノ為ニ圧倒セラレントスルノ勢アリ[18]」という形状である。

10　開明強硬派の主張

県の学務掛の中には河又秀苗などの開明強硬派がいて、触示「家塾廃止の事」の原義書で伺う文で「方今小学普及之機会、此時に乗ぜざる可からず。（中略）家塾廃止之機会今日に在るべし[19]」と主張して、七年四月三十日の触示決済を得ている。触示の中では当管内家塾が「依旧教導シ、書アレハ算ナク、筆アレハ書ナキノミナラス、空理虚談緩急順序ヲ失シ、却テ少年進歩ヲ渋滞スル不少、且間々小学ヲ謗議シ、人心ヲ蠱惑《コワク》スル者有之由、以之外之事ニ候」との理由で、「一日悉家塾ヲ廃止セシメ教則ヲ一定セムトス」との方針が示され、補いとして「尤従来文部省御教則ヲ相心得居候者ハ試撿之上可差許候[20]」と述べ、別紙「試撿法」を添えている。

この「尤」云々の補足部分は現実との整合性を欠いている。なぜなら伝習学校の教員が出題する問題を、テキストさえ入手困難の中で独学によって解答できるわけはない。そこでもし伝習学校に学んで免状を取得する道を選べるならば、これは正教員に採用されて経済的に安定する道であるから、由緒ある家塾を継承するとか[21]、県が指定する学校に赴任し難いなどの特殊な事情でもなければ、あえて家塾の開業に固執しなくてもよくなる。だが庁下では官の目をくぐってのもぐり開業もならず、今更の伝習学校入学もでき難い著名な家塾主が、最も厳しく家塾廃止の布令の影響を受けることになる。

11　漢学塾主の抵抗

この代表的な例が楢山本新町下丁（現秋田市）に私塾碧梧堂を開設している小松弘毅（号愚山）の場合である。結論を先取すれば開設認可は得られない。彼は上記の家塾廃止の触示に対して、県に『家塾ノ儀ニ付御説諭願』を提出する。その中で「漢学之儀ハ〔中略〕日用実行何モ不足之レナキ良善道ト仰ギ尊ビ仕マツリ候〔中略〕。且ツ今日御布告為サレ在リ候文字熟語ハ多分漢学ニテ、伝習学校之文字モ論語ヨリ出ツ」(22)などと述べて抵抗を顕わにする。けれども県の「家塾廃止之機会今日に在るべし」という方針は貫かれる。これが官許校塾の外は学校開設を認めない「私学防圧《ママ》主義」(23)と『秋田県史　県治部二　第五冊』に表現されている秋田の公立学校設置のみを意図する文明開化路線強行の姿である。

12　公立学校設置成功の確信

県吏たちは公立学校設置の成功に強い確信を持っている。前記の家塾廃止についての触示原義伺文は冒頭で「文運日に隆に、風教至らざる所なく、殊に当管内之如き、昨今小学興隆之命下るや、当任之区戸長頗る奮発御趣意を奉体し、説諭懇到人民を鼓舞勧奨し、纔《ワズカ》に半年を出ずして事業大いに興り、各小区一学之目的に候所、今已に其他を数ふるに至る。小学普及之基ここに定る」(24)と書いている。この時期の一般行政区は七大区に属する四八小区に分かれていて、県が文部省に初めて認可を求める「明治七年三月丗日」付の「官立学校設立窺」数は六〇校分（四月二十五日付認可）であり、すでに各小区一学の目的数四八を上回っている。また、この後六月に五八校分（八月二十日付認可）を送る見通しである。(25)

この結果七年の就学状況をみると、学齢内就学者数は一万三三三〇人で就学率では一三・四五パーセントである。全国のそれが三二・三〇パーセントであることと比較すると半分にも達していないが、これは遅れて学制施行を始めたせいでもある。しかし太平学校入学希望者は途切れる様子もなく、新教員を調達し派遣する施政の順調な進行が早くも見通せるのである。

13　社会文化的状況のまとめ

要するに順調な教員養成による新教員の供給と、実質的には教育目的税の学校資本金の徴集・活用により、小区中の複数学区それぞれに公立学校設置が満たされるだろうという確信に基づいて、家塾容認から廃止へという強攻策への転換の布令である。そして大きな抵抗にも遭遇せず、地域の新教育体制の整備と旧態からの脱皮、文明開化の一端が導かれていく。

県はこのような本県の文明開化を一層進展させる上に有効であろうとの楽天的判断によって、七年十一月「貧人学校設立方法」の採択へと歩み出していく。

四　民間の篤志家不参加の背景

学制第二十四章に貧人小学について「其費用ハ富者ノ寄進金ヲ以テス」とある。この主意は明らかに民間の篤志家の主導を意識している。すると、秋田では篤志家不在であろうか。飽田仁恵学校の設立にあたって民間人（たとえば県庁御用達の商人達）に寄付を求めない合理的背景は何か。

1　秋田は特に貧しいか

他県ないし他町村と比較して、秋田県なり秋田町が極度に貧しいと断定するのは妥当ではないだろう。なぜなら、当時の日本の産業・経済的状況や社会階級・階層的特徴を考慮すれば、どの県どの町村をとっても貧富の差を内包し、もし貧人小学があるならば、子弟の就学を勧めたい多数の貧窮家庭があるのであり、数値的比較には意味がない。つまり全国のどこであっても、貧人小学が設置できれば就学を勧める対象者に事欠かないのであって、秋田町だけを特別に公の着手の必要と貧窮者の多数を結び合わせる必然性を理由とするのは合理的ではない。

2　学校教育への要求

秋田の民衆レベルでの子弟について、学校で識字力を習得させる教育要求の有無を吟味すると、極めて低調であるとはいえる。秋田県の就学率不振について『学制八十年史』は、十年において「低位にあるものは三〇％に満たないものとして〔中略〕青森県・広島県・秋田県がある」(26)と名指しをしている。藩政時代の旧弊を引きずって、学制期となっても学校設立の遅れがあり、民衆の就学を当然としない意識が残っているから、学校教育への要求が盛んだとはいえない。

その対極の意識を持つ者が県外から赴任した開明的官僚たちである。彼らは旧支配層が持つ識字力の質を漢学中心のあまりにも時代錯誤とみ、また都市部の商人層を除く(27)民衆層の教育低度、とくに農・工層における無知に着目するとき、啓蒙としての教育改革を熱心・強力に掲げ推進していった。

3　篤志家の慈善事業

秋田では藩政期以来、全国的に見て模範となる篤志家の施米を主とする慈善事業が続いている。すなわち文政十二年（一八二九）に設置され、現在に続く感恩講がある。この事業体は形式上では藩の組織とされたが、実質はあくまで民間篤志家の献金と運営による。しかもこの慈善活動は維新期にも中断していない。

講とはいうが宗教性を持たず、また相互扶助的金融組織とは異なり、施米を主とする救恤・備荒を目的とした純然たる慈善組織である。既述のように田中實は「日本における公益活動のルーツ(28)」であると高い評価を与えている。けれども、当時の感恩講事業は施米中心で、貧児の教育事業については内部からもまったく考慮されない。また官としても慈善学校の設立を求めるような事業拡大を要求していない。要するに民間に立派な慈善事業はあるものの、講自体は慈善学校を事業の中に含めるまでには成熟していない（児童保育園を開設するのは三十八年[29]）。また官は講の現状を評価するが、あえて貧人小学設立のための寄付者メンバーには含めていない。

五　仁恵学校の発案者

「貧人学校設立方法」は飽田仁恵学校の設立企画書であり、日本の慈善学校史における稀有の意義を持つ史料である。それだけにだれがこれを発案したのかを明らかにしたい。現在、その名を特定するヒントとなる関連資料は一文書のみである。これには二名が記載されている。したがって踏み込みをせず、発案者を両名とすることもできるが、しかし一名に限定する試みには積極的な意味がある。すなわち他の府県に仁恵学校が設立を見ないなかで、秋田にそれが設けられる事情と絡むからである。

1　発案者の検討

最初に、「貧人学校」という呼称での設立構想者として一名のみを記載する文書は、管見の限り見当たらない。候補者として二人の名を挙げざるをえない。そして県庁学務掛内において「貧人学校設立方法」が起案され、後に権令・参事という県のトップ宛てにこれが建言される事実に注目したい。これは他の掛や上司の指示によるものではなく、学務掛内の者の発案を示している。その起案原書には起案者名が記入されているので、その者が発案者であると見てよい。記名順に挙げると、渡邊賤郎と金子精一である。

ところで権令・参事宛に提出される建言書は浄書した正文であり、これには建言者について既掲の通り「学務掛」とのみ書かれ特定の人名はない。そこで起案原文と正文とを対比すると、主文の内容は同じだが末尾部分に表記の相違がある。起案原文では「学務掛渡邊賤郎　学務掛金子精一」と併記されており、この文書の起案者であることを示している。正文とするにあたって、この十四文字中の初出の「学務掛」一つのみを朱丸囲みとし、また残る「渡邊賤郎　学務掛金子精一」一一文字を一緒に包むもう一つの朱丸囲みとしている。浄書に際して前者の丸囲みを残し後者の方は削除すべし、と指示する意味を持つ。このために正文には「学務掛」とのみ浄書されている。この経緯は、まず発案者候補を二名とする積極的な理由となる。

2　地元からの非発案

ことは地元の全民就学に関わる学校設置問題であるから、今日的な発想からすると地元からの要望があり、これに応じるものと考えられないかという問いが生じる。しかし当時の状況を伴わない。簡単にいえば、慈善学校設立を構想するには外国事情に通じていなければ発案できない点からである。建言書の中には「泰西強盛の国」云々などの表現が見られ、これは洋学系の教養を持つ者の発案であることを窺わせる。そうすると地元秋田の藩政期教学では外国事情に通じるための洋学教育が欠けており、また学務掛や太平学校に採用される県人[30]の中に洋学に明るい人材は混じっていない。庁内における洋学通といえる人材は県外からの赴任者である。

3　渡邊賤郎の洋学教養

上に候補者として名の挙がった渡邊と金子の両人はともに洋学の教養を持っている。まず渡邊について触れよう。彼は明治六年（一八七三）五月、県立洋学校開設要員として月給四〇円という当時の秋田では高給な「英学教師」の一員として招かれる[31]。ちなみにこの時における他の洋学教師たちの月給は六〇円・四〇円・三〇円である。

しかし同年秋に教員養成を目的とする伝習学校の開設となるや、彼ら全員が解雇される。そして月給一二円と六円の新しい教員達と入れ替わる[32]。こういう中で、渡邊一人が学務掛員として再採用される。伝習学校設立伺に添えられる別紙「飽田仁恵学校月々寄附金人調」に記載される毎月の寄附金額から推定すると、彼の月給は三五円である。渡邊の月給はこの後四五円になるが他の履歴については判明しない。[33] しかし英学教師の履歴は開明派吏員の一人と判断でき、最初の候補者の中に入れることができる。

4 金子精一の洋学教養

もう一人の候補者である金子精一（一八四七―一八八八）は相模国三浦郡（神奈川県）出身である。地理的位置からしておそらく青年期に黒船ショックを受けているだろうと推量できる。長崎に留学して舎蜜学（化学）などの洋学を学んでいる。この学歴は次に展開する経歴にと結実している。[34]

すなわち彼は、明治元年に前橋藩の兵学館教授に登用され、英学と洋算を教える。三年には中央に見出され、大学少助教兼中舎長に任ぜられて大阪理学所に勤め、翌年開成所に戻る。同年九月までの間、文部中教授あるいは文部少助教の身分に就いている。

廃藩置県があって、群馬県に赴くのは五年八月である。ここでは十月八日に学務掛となって、この県の学制実施に尽力する。『群馬県教育史』の中には「明治六年の前橋（厩橋）小学、教員伝習小学校、（中略）の設立伺書中の教員採用予定者履歴をみると、金子精一に洋算、英学を学んでいる者が多い[35]」と書かれている。

さらに秋田県には翌六年十月にみえ、庶務課学務掛へと迎えられる。渡邊と同じく「飽田仁恵学校月々寄附金人調」の寄付金額から推定すると月給百円という上級吏員である。ただちに県立教員養成学校（初め伝習学校、翌年太平学校に改称）の創設作業に加わり、この時に自らの教え子たちを教員に採用している。すなわち教員一〇人を採用する中で、県外からの者六人は全員が熊谷県（旧群馬県からの改称）出身者であり、しかもうち三名は金子直接の教え子である。[36]

なお秋田県の中等教育レベル（教員養成ないし中学科）の教科「化学」で使用される教科書『化学之始』[37]の著者である。このように彼が並みなみならぬ開明派学務掛吏員であることを示している。

5　金子の太平学校における地位

金子をただ一人の貧人学校（仁恵学校）発案者にと絞り込めるか。これを肯定する積極的理由が幾つかある。その一つは建言書の中に学校経費に関係して「足らざるは学校備金幾分の利子を以て之を補ひ」とある文言である。こういう表現は太平学校の運営に裁量できる地位にある者であって可能である。この時期まだ校長という職制は整わないために、金子は「太平学校事務管理者」という事実上の初代校長の地位にある。事務管理者として裁量の権限を持つから、この表現が選べるのである。この点彼の下僚の地位にある渡邊では発想し難い表現である。[38]

6　金子と県参事

また金子は秋田県に登用される経緯と知事部局の庶務課学務掛という権令（長官）・参事（副長官）に直属する職にあり、県政の中枢部に接する地位にある。時の県長官は国司仙吉権令、そして副長官は加藤祖一権参事（のち参事）である。加藤は秋田県の学制実施を進めるために、縁故のある金子を秋田に呼び寄せたと考えられる。両人は前任地旧群馬県において学制推進を担当したコンビであり、金子は加藤の側近である。

旧群馬県では、七等出仕加藤は五年九月「金子精一を学務専任に命じて、文部省に派遣し、学校設立の順序や教則・講習の方法等、新制度について詳細な指示を受けて〔受けさせ〕、同年十月帰県し『学制』にもとづく小学校の設立にとりかかった〔とりかからせた〕」のである。[39] このときの学校設立の方策は群馬県方式というべきユニークなもので成功している。この秋田県版が伝習学校（太平学校）における約三か月間にわたる開化教科書と一斉教授法とを教授（伝達講習）し、この速成卒業生＝有資格教員を必置する小学校の設置・普及である。

既述のように、杉孫七郎前県令の下ですでに学制実施のための教育行政全体計画「学校之儀伺」は策定され、文部省の指令をも得ている。これを継ぐ国司県政は学制実施路線を至急に推進する立場にある。加藤と金子は群馬県方式に準じる方策を用いて再び二人三脚の密接な関係において任務を遂行する。

7　金子の行政組織上の地位

金子は庶務課学務掛に配属された九等出仕、推定月給百円の上級吏員である。彼の在任中は、まだ学務担当の職制と行政組織の結びつきが整わない未分化の時期で、課長とか掛長とかの発令行為はない。しかし職務から見ると後日の掛長ないし課長以上に相当する役割を果たしている。この職務の中に前述の「太平学校事務管理者」という校長職相当も含まれる。

『創立百年史　秋田大学教育学部』に掲載される歴代学校長等一覧には、金子は八年二月まで「太平学校事務管理者として在任」とある。この後は職制も整うようで、彼の次席にある頓野馬彦が初代校長となり学務課長を兼務している。すなわちこの時期の県行政組織は六年八月の職務章程以降、八年一月の事務章程において庶務・聴訟・出納・租税の四課である。学務掛は初め庶務課に属しているが、同年五月に太平学校内に移された。そして同年六月に学務課として独立している。(40)このような機構整備があって、頓野が校長や課長兼務に発令されるのである。

頓野の上司金子は学務課が独立する以前の、庶務課長相当職者の下にあって学務掛と太平学校での最上席の地位にある。彼がこの職務や地位に就いていることは、加藤参事に対してのみならず権令など県政の中枢にも直接接し易い。建言書を起案するに当って、この裁可を現実化する根回し（事前の協議）も可能である。

8　加藤祖一の県政執行

なおこの時期、加藤参事は県政における最高実力者と見られる。長官の国司仙吉は六年八月十四日付で権令に発令され、同八年五月八日に依願免官となる(41)。このため建言書の発案から権令免官にかけての時期に、秋田県が文部省に提出する公立学校設立伺の一括提出者名に変化が見える。七年十一月提出分までは「秋田県権令　国司仙吉[印]」の記名捺印であるが、十二月からの提出分以降では「秋田県権令　国司仙吉代理　秋田県参事　加藤祖一[印]」となる。そして翌八年五月十二日付の飽田仁恵学校に関する単独「公立学校設立伺」提出分に限り、元の「秋田県権令　国司仙吉[印]」である。この日付は同月八日に免官となっている直後ではあるが、無事に同月二十三日付の文部省認可となる。これはあたかも国司県政学事最後の執務を示している。

この後、同八年六月二日の一括学校設立伺提出に際しての送り状は「秋田県参事　加藤祖一代理　秋田県九等出仕　深津无一㊞」となる。ただし括られた中身の各校別の学校設立伺は、各通ごとに五月十七日付の「秋田県参事　加藤祖一[印]」である(42)。

推測すれば、加藤は国司休職の間の代理、さらに国司が退任して五月十九日付で石田英吉権令の発令となるが、石田の秋田着任までの間は、加藤参事が県政責任者の職務を果たしたことを示している。その加藤が専任判事へと転任するのは同年十月三十日である(43)。

このような背景の中で、貧人学校（仁恵学校）建言書裁可後の学校設立準備期においては、金子は最高実力者加藤参事の理解の下にスムーズに設立準備の仕事を進め得ている。

9　決め手としての寄付法

発案を金子一人によるものと絞り込む決め手は寄付法である。これは群馬県方式にみえる学制実施の一方法である。それは学校設置の財源を捻出するとともに、上が民衆に模範を示す方法として採用されている。彼は群馬県において「在職の官吏の月給の五分の一ないし十分の一を官級に応じて出資させる旨の喩達《ママ》を出し、在職の官吏から学校設立の志気を振起させ、全県民に学校設立への積極的な態度を示した」(44)という方策をとっている。

これにまったく類似した文言が、建言書中に明示される。すなわち、「当分閣下を始とし、当掛は勿論、学官に至るまで、其地位に応じ、資金を其校に寄附し」云々といい、その影響は「かの守銭虜、戚々として金を出し人を済すに念なき者も、亦感化して多少の貧民学校を遐邇に遍うする、亦期すべし」との表現である。群馬におけるこの策の成功に直接関わる者は、ここには加藤祖一と金子精一の二人しかいない。このうち加藤参事は建言書を受取る側であり、提出する側は金子である。二人を並べて判断すれば、仮に予め協議しているとしても、初めの提案は金子からとするのが自然であろう。

以上のように見てくると、教養、行政実務・体験、地位の三者を兼ね備える者が金子精一である。もちろん庶務・経理の実務を処理する上で下僚の渡邊賤郎の手助けがあるだろうし、上司加藤祖一の理解は無視できないが、飽田仁恵学校創設を発案した者は金子精一である。

六　仁恵学校設立の意義

1　文明開化による新支配

既掲の「貧人学校設立方法」(建言書)の中に「県内の小学の設立」により「子弟は理義を研磨し、開明を昌大にし、陋習随て一変するが如し」とある。これに絡むのが飽田仁恵学校設立の政策意図である。

明瞭な事実として出現するのは、これまで士族や裕福な町民の子のみの就学であった秋田の世界に、教育内容がハイカラな開化教科書を使う一斉教授法の授業、しかも学ぶ者は一般の子女を越えての貧人子弟である。まさしく御一新の時代の到来を劇的に示している。ここに展開する権力誇示は武ではなく文である。

すなわち飽田仁恵学校の設立は、教育史としては学制に始まる全民就学への一里塚を意味するが、広く社会史としてみれば、藩政期の武力を基盤に置く支配から文明開化の一様相である教育による支配への体制転換を、民衆に納得させる意義を持つ。

2　開明官僚の秋田観

それゆえ中央政府から派遣される官僚たちは、いったい秋田をどんな目で見ていたのかを知りたい。この一例として、明治十年（一八七七）九月に秋田を巡視する文部権大書記官中島永元の記録「巡視行程」を採る。この巡視記録は『文部省第五年報　明治十年』中に八頁余を占める長文である。次はその中からの抄記である。

第七大学区内秋田県第六大学区内山形県巡視功程　秋田県（抄）

秋田県学事巡視ノ功程ヲ草スルニ際シ、先ツ其地勢ノ険夷民俗ノ開否如何ヲ略陳セサルヲ得ス。抑該地ノ形勢タル危峰峻嶺東北南ノ三面ヲ囲ミ、其西部ハ海水ニ浜シ、彊域《キヨウイキ》内一千余方里アリテ、渺乎《ビヨウコ》タル荒野数十里ニ亘リ、村里其間ニ星散シテ人烟　尤《モツトモ》稀疎ナリ。故ニ学区ヲ分劃スルニ方《アタ》リ、区内ニ丘陵ヲ挟マサレハ必ス河水ニ跨《マタガ》ラサルヲ得スシテ、実ニ学校ヲ設置スルニ至難ノ地理トス。加之道路険悪ニシテ舟車ノ便ナク、他方ト交通スルコト甚罕《シンカン》ナルヲ以テ人民尚旧套ヲ脱セス。

是ヲ以テ明治六年県官ノ小学ニ着手スルニ当リテヤ異論百出、士族ハ学制ヲ奉スルヲ拒ミ、農商ハ学資ヲ辨スルヲ嫌ヘリ。然レトモ遂ニ克ク之ヲ説破シ、現今既立ノ小学三百八十四、其分校亦三十アリテ、僻邑遐陬ノ子女ト雖、略就学ノ便ヲ得ルニ至リシハ地方官奨励ノ成績ト謂フ可キナリ（『第五年報　附録第二』一四頁）

これは、いわば秋田をほぼ未開の地として捉えている。そのゆえ地形の条件もあって学校の設立が困難である状況を活写している。そして学制に基づく学校設立に際して採用する政策についての見解を次のように述べる。

明治七年本県ニテ私学開設ヲ禁止セシ目的タルヤ、当時和漢学者流ノ守旧論ヲ唱ヘ小学創設ニ障碍ヲナスコト甚シキニ因リ、断然私学ノ門戸ヲ閉鎖セシメ、普ク公学校ヲ設ケテ、悉ク新教則ヲ遵奉セシメント欲スルニ在リキ。今日ヨリ之ヲ観レハ威力ヲ以テ教育ヲ束縛セシニ類似スレトモ、文化未開ノ当日ニ於テハ一時ノ便法タリシ乎モ亦未タ知ルヘカラス。然レトモ私学ヲ禁止セシ以来、学問ノ道一途ニ帰シ仮令新教則中ニ未タ盡サヽル所アルモ、之カ得失ヲ明言スル者ナキニ至リシハ、私学ヲ閉鎖ノ弊ヲ今日ニ現出セシト謂フモ可ナリ。県官モ亦此ニ見アリテ、業既ニ私学開設ノ禁ヲ解クト雖、今ヤ各地小学ノ設立普キカ故ニ復タ公然私立小学ヲ開設スル者無シ。但往時小学ノ創設ヲ障碍セシ学者流ノ公立小学生徒ニ正課外隠然和漢ノ書ヲ授クルモノアリテ、反テ小学生徒ノ学力ヲ培養シ、大ニ学事ヲ裨補スルコト無キニ非ス。（前書、一六頁）

中島の見解には「威力ヲ以テ教育ヲ束縛」云々の表現から、早くも自由教育への流れの先取がある。しかし少なくとも、学制初期の秋田の新学校づくりに際しての強硬策が「文化未開当日」の地ゆえにやむを得ないことと評価している。そして飽田仁恵学校については次の簡単な記述である。

貧困ノ子女ヲ就学セシムル規則ナシ。然レトモ既ニ秋田市街ニハ仁恵学校ノ設アリ。其他各中学区便宜ノ地ニ於テ貧民学校開設ノ企アレトモ、目今尋常小学ノ普及ヲ先務トスルヲ以テ、姑ク現在ノ小学校ニ於テ授業料ヲ減除シ、或ハ父兄ノ力役等ヲ以テ学資ニ換ヘ、簡易学ニ就シムルヲ以テ目途ト為セリ。（前書、一六頁）

ここに紹介した中島の巡視行程がすべてを言い尽くしているわけではないが、仁恵学校の置かれている環境については、当時の開明派官僚たちの秋田観を代弁しているとみることができる。

3　秋田の学校を生む政治、経済、社会・文化的土壌

さらに中島の秋田観は、詳細には詮索する余地があろうが、仁恵学校を生む政治、経済、社会・文化的基盤の本質を反映している。これをまとめてみる。

その一つは中央政府の秋田の士族不信視である。既述のように、廃藩置県＝中央集権の政府方針に反する「封建建白」をする秋田である。この地に初代県長官として島義勇を発令した人事ほど不可解なものはない。周知のように、彼は退官後の七年二月、江藤新平らと佐賀士族を糾合して暴動を起こし、佐賀の乱に拡大する。秋田は島と同質の封建＝地方分権を主張する藩論の地である。ただ置県直前に初岡敬治が処刑されることに象徴されるように、反乱のエネルギーは排除されているが、この地に島長官発令とは解せない。

島の長官解任のみにより秋田が政治的に安定したわけではない。それどころか県政は農民一揆に逢着する。これが大争乱とならずに収束するのは、中央政府と密接な人物杉孫七郎を二代長官に登用した成功である。彼はこの事態を民衆宣撫の効果的役割を果たす英断、小役銀廃止すなわち減税によって治める。これは士族（貫属）には臨時的にせよ俸給を削減するもので、彼らの不満を助長する策であるが、もはやそれを恐れていない。県政は的を旧藩士に絞らず、圧倒的多数の民心掌握に転じている。

第二は、御一新革命を将来にわたり定着させるべき教育（新価値観形成）問題である。上記減税の余慶は学校資本金を生み出し、営造物（校舎や教員）としての学校を着々と設置する契機となり、一定の成功を収める。学問は士族のものので農民にはいらないという、漢学学習の伝統を破る意識革命が伴うか否かによって、文明開化県政の成果が決まる。もちろん、その成果の実用性を発揮できる程度に社会の成熟が伴わないとならないが。

この点で、新教員養成と彼らの配置による学校新設は、教育内容の一新とともに画期的である。ただ成果の定着を

みるとき、速成の伝習による教師養成教育に限界があり、社会の成熟の遅れが課題として続いていく。

4 種まく人金子精一

秋田の学制推進の先頭に立つ金子精一の功績は、県内に広く学校を設ける未曾有の事業を着実に展開成功させ、この県の学校教育の基礎を築いたことである。そしてこれに加える偉業が、この学校がなければ絶対に就学の機会を得られない貧児たちに飽田仁恵学校を与えたことである。

仁恵学校は少数の英才を育てる育英主義に立つ教育施設ではない。そのためここで学んだ者からの、いわゆる立身出世する成功者の名を不明とする。しかし、立身出世より広義の階級・階層転移の条件として機能し、まず彼らの極貧層からの脱出（上層への転移）を可能とし、次々の世代にわたる向上を期待させるスタートである。教育百年の計を人権主義に立って果たす歴史的事業である。

もちろん当初の目論見であったはずの飽田に続く仁恵学校設立がないことや、また文明開化のデモンストレーションとしては就学者数の僅少、とりわけ女子の極少などの物足りなさがある。しかも学制廃止を契機に短期間の活動で終わってしまう。しかし本校は一幕の歴史では終わらない。少なくともこの土地の人びとに、二〇年代に慈善学校を蘇生させるべき土壌を遺している。

最初に種をまく人であった金子精一の偉業を高く評価し顕彰したい。

第三部　キリスト教系慈善学校

第三部では、第二部と第四部との関係をみるために、まず第一章を置く。すると、教育令期ならびに第一、二次小学校令期の貧民子弟就学問題が内容となる。この過程では、第二章とした明治二十一年（一八八八）と翌年における秋田の私立貧人小学校とキリスト教系慈善学校設立に注目しなければならない。ただし現時点での考察は未熟であり、しかも一層の研究を進められるかどうかの可能性は不明である。

第一章　教育令以後の貧民子弟の就学

本章では、秋田町に設立された飽田仁恵学校が明治十三年（一八八〇）に廃校となった後、第四部以降で述べる二十八年の福田小学校設立にいたる間の、秋田県内外の貧民子弟の就学問題に触れる。

この時期の主な特徴を挙げれば、第一に学校設立の母体となる地方行政単位が再編制され、また就学推進政策の一つに小学簡易科制度がみえる。これを軸にして、秋田県での貧民子弟就学に絡む実例に及ぶ。

一　教育令期の就学推進政策

1　町村制と教育令

公立学校を設立する母体となる教育行政区は、飽田仁恵学校の設立当時は学区制である。これによると、本校の位置は学区番号により第七大学区第十番中学区内との表示であり、住民の実用上での位置分別は困難である。一般行政区の呼称では秋田県管下第一大区二小区鉄砲町であり、この方がより明確である。この点からすると、十一年に郡区町村編制法が施行されて、飽田仁恵学校が南秋田郡鉄砲町と示されるようになると、位置分別はいっそう明瞭となる。もっとも、これは区制を導入する以前の旧町村名復活を基本としている。この編制法は保守的なもので、町村合併を実施して行政区を整理拡大する合理化の意図はなく、むしろ区制より行政区が矮小化する場合もあり、顕著な地方再編制ではない。

しかし、この制度は翌十二年に教育令が発せられて、「第九条　各地方ニ於テハ、毎町村或ハ数町村連合シテ公立小学校ヲ設置スベシ」との条文により、基礎的地方自治体が小学校を設置する義務を持つ母体となる旨を明示する、これは教育史上の嚆矢となる。

2　貧民子弟の就学対策

教育令では、学制に明記されている貧人小学（別称仁恵学校）のような特殊学校を設置して、いわば分離しての積極的な貧民子弟就学対策はなくなる。けれども、『日本近代教育百年史　三』に記されるように、「明治十年代の教育は、あまりに理想的であった学制体制が挫折し、国民の生活実態に即して教育の基本法令が一八七九年・八〇年・八五年と三転して改められた。ことにこの時期は自由民権運動や紙幣整理など、政治的にも経済的にも激動の時代であったから、教育政策もこの影響をうけて混乱と模索をつづけた」(1)といわれる。それゆえ、農村の疲弊した生活実態を反映すると、教育令は現実的かも知れないが、機会を均等とする全民就学にとっては、消極的な教育政策であって、曖昧な貧民子弟の就学対策である。

たとえば、十二年の教育令第四十三条「凡学校ニ於テ授業料ヲ収ムルト収メサルトハ、其便宜ニ任スヘシ」などは、最も曖昧表現である。また第十六条において、当初八箇年の学期を「土地ノ便宜ニ因リテハ此学期ヲ縮ムルコトヲ得ヘシト雖モ、四箇年ヨリ短クスヘカラス」とするが、翌年の教育令改正第十六条で「学期三箇年以上八箇年以下タルヘク」となる法文も、貧富の差を持つ子弟の存在を前提にしており、貧民子弟向けに就学期間を緩めた対策である。

3　秋田県の巡回授業

さらに指摘したいことがある。それは教育令第十八条（括弧内は教育令改正第十三条の法文）において、「小学校（小学校若シクハ小学教場）ヲ設置スルノ資力ニ乏シクシテ、巡回授業ノ方法ヲ設ケ普通教育ヲ児童ニ授ケン（施サン）トスル町村ハ、府知事県令ノ認可ヲ経ヘシ」とある。これに関して、田中勝文は広島県の実情を分析して、改正教育令下の小学教場あるいは巡回教授所は「多くは『小学校ヲ設置スルニ資力不足ナリト認メラレタル』町村に開設された」(2)と指摘するが、これは秋田県にそのまま当てはまる。というのは、秋田県は本法適用により「当時全国で最も巡回授業所が多い県」(3)の一つとされている、からである。

これは財政力に乏しく、教育費の節減を計らざるを得ない自治体が多いためで、換言すれば、税を納める力のない貧民が多い現れである。この状況の下では、最も短い義務就学期間でさえ全うできない事態が生まれる。『日本近代教育百年史　三』は十四〜十七年（一八八一〜八四）の間の「就学が一六週日未満のもの」を「不完全就学の状況」(4)と表示していて、この中に秋田は巡回授業の多い県として挙げられている。

秋田では、「授業所の数については、明治十七年に、県内で一〇六箇所あった〔中略〕。郡別では、北秋田が二八、仙北が一九、雄勝が一八、由利一六、鹿角一五などが多く〔中略〕本県ではこのような山間、へき遠の地に数多く巡回授業所が設置され、初等教育の普及に大きな役割を果たした」(5)と、その役割がプラス評価されている。

確かに、巡回授業をもってする就学推進は、全国的にも秋田県においても十四年の就学率四二・九八パーセント（秋田三〇・六四）を十七年には五〇・七六パーセント（四一・二三）(6)へと押し上げ、この時期の就学率向上に貢献している。(7)しかしながら、常駐教員による常時授業の学校の生徒に比べれば、巡回授業所の生徒が受ける教育は十分の量とはいえない。また、その教育水準が低かったことは容易に推察できることで、ここに巡回授業所の貢献する限度がある。

そしてこのような状況の下では、巡回授業所が置かれる各管内において、貧民特に極貧層の子弟に目を向ければ、果して彼らが就学できたのか。これは難しいだろうといいきれるのではあるまいか。

二　学校令開始期の就学推進政策

1　小学校令における小学簡易科

明治十八年（一八八五）十二月に太政官制は廃止されて、新たに内閣制度が採用される。閣僚の一人である初代文部大臣には森有礼が就任する。彼の学制改革の特徴は教育法制の整備にある。周知のように、後年の改正と区別するため第一次と数えられる最初の小学校令は、翌十九年四月に公布される。

(1)　授業料を徴収しない学校の公認

教育令の時期に比べると、この新しい法令は就学を可能にする一つの条件を整えるものとして評価できる。それは第十五条の「土地ノ状況ニ依リテハ　小学簡易科ヲ設ケテ尋常小学科ニ代用スルコトヲ得　但其経費ハ区町村費ヲ以テ支弁スヘシ」という制度である。この制度下では、尋常小学科の学校（以下尋常小学校という）と簡易小学科を採る学校（以下簡易小学校という）とが同一管内に並存する場合が生じる。そしてこの制度によって、学制以来立身出世の財本とされる授業料を徴収する有償制の尋常小学校とともに、それを納めなくても就学のできる授業料を徴収しない簡易小学校設置が公認される。

秋田県の状況をみると、同じ町村内に尋常小学校と簡易小学校という二種の小学校併存のケースだけではなく、他には簡易小学校のみを置く場合や、中には敷地も建物も同一の小学校内に二種の小学校を抱えるケースもあって、併せて三様の学校設置形態を生んでいる。

(2)　小学簡易科の推進

教育史研究者の中で、小学簡易科の解明を早く手がけた一人は田中勝文である。彼は論文「明治中期の貧民学校―小学簡易科制度の実態分析―」の中で、十八年の第三次教育令中に、小学教場を企画立案して以来の森有礼の関与と、彼のこの制度に対する積極的期待を紹介している。それによると「森は、人民の無学無知を、世界万国競争場裡に立たんとする日本国家の『国家安泰ニ関スル所』と把握し、『将来強迫教育ヲ行フノ日』に達するまでの過渡的な就学奨励対策として、小学簡易科を定めたのであり、この時期の『普通教育学政上』の重要施策としてこれを位置づけていた(8)」とする。強迫教育とは見聞きされない表現であるが、強促教育とともに英語 compulsory education の当時の邦訳である。今日の用語では義務教育である。

また簡易科に関連しては、佐藤秀夫が『日本近代教育百年史　四』の中で詳細に叙述している。彼は、森の「『金持ノ学校』と指定された尋常・高等両小学校の経費を区町村公費から支出することは富者の子どもの教育費を貧者が負担すると等しく、租税使用の公正化に反するものである、したがってそれら両校の経費は富者の私費でまかない、公費は授業料を負担しえない『貧家ノ児童』の学校である簡易科に重点支出すべきだというのが、その論理であった(9)」との見解をも含めている。この論理の上で「森は、小学校令を公布するや一ケ月おいて五月二十五日『小学校ノ学科及其程度』を定めると同時に『小学簡易科要領』を制定し、簡易科の普及奨励に力を尽くした。明治二十年、森は各府県の学事巡視に際し、各地で、県官都〔郡の誤字か〕区長及教員等にむかって、経済主府の教育論とともに簡易科の重要性を力説してまわって(10)」たとえば「緊要ナルハ小学簡易科ナリ、尋常小学校高等小学校尋常中学校等イツレモ緊要ナリト雖トモ、之ヲ簡易科ニ比スレハ普通教育学政上之ヲ軽キモノト認メサルヲ得ス(11)」とまでいっている。

(3)　小学簡易科の限界と慈善学校

森の意気込みにもかかわらず、簡易科は必ずしも成功しない。「総じて簡易科の多寡と就学率の高低とには有意の因果関係がみとめられなかった」し、「このことは、簡易科によって経済不況下での就学の普及を確保しようとした文部当局の意図が、結果として不首尾に終ったことを示していた」ため、「このような簡易科の不成功については、森文相自身も遂に認めざるをえなくなった(12)」のである。

しかしながら、小学簡易科には大きな歴史的意義がある。田中勝文の評価に従えば、「小学簡易科制度の貧民教育に果たした役割からいえば、直接的な役割というよりもその制度の影響として、この制度をきっかけに宗教的慈善学校が多数開設されたという点をあげなければならない」と指摘し、続けて「慈善学校に類する学校として、学制期には石川、秋田、愛媛、東京、三豬の諸県に『貧人小学』が設けられ、明治十年以後は、函館の鶴岡小学校〔明治十年創立）や横浜の尋常恵華学校（明治十五年創立）などが設立されたことがある。けれども永続的な事業として続けられたものは多くない。しかし明治中期に入ると、慈善学校も宗教的な慈善学校として、しかも比較的のちまで永続的に経営された学校があらわれはじめた[13]」とする。

田中は十九年から三十年までの間の「明治中期慈善学校の年次別開設学校数」を表示し「この表にみられるとおり、慈善学校は、明治二十年から二十三年にかけて開設されたものが多い。これは小学簡易科の奨励政策過程と合致している」と考察する。そして「明治中期に開設された慈善学校のうちで代表的のもの[14]」とする中に、二十八年（一八九五）秋田県に開設された「福田尋常小学校」を含めている。

田中の以上の見解は、後述する秋田の慈善学校設立に、宗教が大きく関わることを全国的視野において示唆する尊重すべき見解である。

2　秋田県の小学簡易科

(1)　小学簡易科の導入

秋田県の小学簡易科については『秋田県教育史　第五巻　通史編一』が触れている。それに従い概観する。

県は第一次小学校令公布の翌二十年三月に、県令『小学簡易科教則』を定める[15]。内容の主点は「修業年限三か年、学科は読書、作文、習字、算術の四科、授業時間は週十八時間、毎日三時間で、土地の状況により午前、午後の二部授業も認められた。また児童数六十人以下の場合は一学級におさえられ」るとしている[16]。

これを尋常小学校と比べる。まず、教科数でこちらは修業年限四か年、学科は簡易科の四科に加えて修身と体操をふくむ計六科が必修で、さらに「土地ノ状況ニ因テハ図画唱歌ノ一科若クハ二科」を増加できる。また、週の授業時間は二〇時間三〇分。「尋常小学校ニ於テハ児童ノ数八十人以下（中略）ハ教員一人ヲ以テ之ヲ教授スルコトヲ得」とするが、「教員二人ヲ置クトキハ二学級ヲ設」け、「児童ノ数百二十人ヲ超フルトキハ三学級トナスヘシ」である。これに、以上は省令『小学校ノ学科及其程度』と付帯されている。

なお、小学校の始業時限は、夏期二か月午前七時、十月から三月までの六か月は午前九時、他の四か月は午前八時で、これは秋田県令『小学校ノ学科及其程度実施方法』に基づく。

いっぽう、「小学簡易科は夜間や半日しか授業を受けられず、また授業料を納付できない児童に対し簡易な教則で普通教育を施し、就学率の向上を図るというのがそのねらいであった(17)」と記している。小学簡易科の夜間ないし半日制の授業時間に関連して田中は、大村長衛が記述した小学教場についての解説論文中の「生徒ノ方ヨリ云フモ　其教授ヲ受クル時間ニ自由ヲ得ルハ　就中　貧家児童ニシテ父母ノ稼業ヲ幇助シ　又ハ他家ノ奴婢トナリ　職工ノ徒弟トナル等ノモノノ為ニ　就学ノ便ヲ与フルコト極メテ多カルヘシ(18)」を紹介している。あたかも勤労幼少年のための定時制小学校である。

(2)　巡回授業所体制から小学簡易科体制へ

この期の小学校は、小学簡易科導入により三様の実態となる。すなわち、尋常小学科のみ、両科併置、そして簡易科のみの各小学校である。県は二十一年十一月に制定し、翌年四月より施行する授業料額の改訂を行う。尋常小学校はこれまでの一人月一〜一〇銭から一挙に二〇〜七〇銭へと、大幅にアップする。当然のように就学率は低下する。このために、県は簡易科の設置を奨励する。翌年以降、尋常小学校から「簡易小学校への格下げ申請(19)」が相継ぐ。『文部省年報』を参照すると、二十二年度において、秋田の三一四校中、簡易科設置は二二〇校となり、率にして七〇・一パーセントである。就学児童数で示せば三万八五七一人のうち、簡易科で学ぶ者は二万六〇八六人、率六七・六パーセントに達している。

田中は、二十一年度の小学簡易科の占める割合を、全国平均において校数で四八・二パーセント、児童数で二七・一パーセントと示し、秋田県のそれぞれを七・九パーセントと四・六パーセントであると表示している。そして秋田は小学簡易科開設の少ない県としている。[20] その理由は、すでに述べた教育令期の巡回授業所が多数普及しているからである。

ところが、翌二十二年になると、「全国では、同年四五％、児童数では二六％が簡易科で〔中略〕また簡易科の学校数が尋常小学校を上回ったのは二十四道府県、児童数を上回ったのが九県で、本県はそのいずれにも入っている」[21] と急変する。全国的にはすでに「簡易科の不成功」[22] が指摘されている中で、秋田は極端なまでに小学簡易科の増えた県となる。

この変化、ズレをどう捉えるべきか。もし、これが尋常小学校体制からの簡易小学校体制への移行であれば、まさしく「格下げ」といわなければならない。ところが秋田では、巡回授業所体制からの移行として「格上げ」のプラス評価を与えるべきものとなる。

(3)　地方の再編制と教育行政

市制および町村制が二十一年四月に公布され、施行日は翌年四月一日である。次いで、連動する府県制および郡制が二十三年五月にそれぞれ公布される。中央集権体制の強化をのぞむ国の側から見ると、ここに地方自治機構は町村と、市ならびに郡、そして府県という三段階の統制機構へと合理的に整っていく。

これに関しては、『秋田県史　第五巻　明治編』の「県治の整頓」の章[23] が詳しい。その中に「明治町村大合併の経緯」という項があって、町村合併の原則に当るものを、主として二十一年六月の地方長官あて内務省訓令一一か条を要約して紹介する。これによって『秋田県史』が「県治の整頓」と表現して、整備としなかったわけが理解できる。

県はこの内務省訓令に基づき、町村合併実施のための「取締委員実地調査の要領」を定め、すでに以前から進行している合併にむけての実務として二度目の調査を行う。この調査項目の中には「現今学区及び役場区域と新町村区域との関係」[24]があり、今回の町村合併は学区の合併につながり、学校統合すなわち学校配置再編制の契機となることを示している。

この「市制町村制の成立に対応して〔中略〕大規模な改正増補を」[25]行うものが、二十三年十月公布の第二次小学校令である。第二十五条に「各市町村ニ於テ其市町村内ノ学齢児童ヲ就学セシムルニ足ルヘキ尋常小学校ヲ設置ス」と明記される。

すでに教育令時代には、十一年郡区町村編制法での町村に基づく「各地方ニ於テハ毎町村或ハ数町村連合シテ公立小学校ヲ設置スヘシ」(教育令第九条、改正同条も同主旨)という法制をみている。ただこの時の町村は、廃藩置県後に生まれた大区小区制の不自然さを正すために、区制以前の郷村単位にほぼ戻ったものである。規模が小さく、財政能力は脆弱である。明治維新政府が期待する中央集権体制を安定・合理的に機能させるためには限界がある。そこで、町村の規模の拡大整備すなわち合併は必要と考えられ、ひいては就学を督励する教育行政の強化や、学校を設立・維持する教育財政基盤の確立・安定に役立つと、その意義が積極的に捉えられている。

(4) 小学簡易科の消長

第二次小学校令は、第八条に「尋常小学校ノ修業年限ハ三箇年又ハ四箇年」と明記し、小学簡易科という表現は法文の上にはない。つまり、積極的に存在する法的根拠は失せている。修業年限三年制の尋常小学校は、江木千之が第二次小学校令の起草について、「現行簡易科の名と実を捨て、其利を存するものたり」[26]といっており、「簡易科を廃止昇格したもの」[27]である。だが、地方では簡易小学校がただちに姿を消すのではない。廃止には別の背景も見逃せない。

田中勝文が「単独簡易科を直ちに貧民学校とみなすことには問題があろう。簡易科のうちで貧民学校的性格をもっていたのはむしろ併設簡易科の場合」とし、兵庫県の事例を挙げて「心なき尋常小学校の児童は、簡易小学校を貧乏学校と軽視した」し、「その貧民学校的性格によって貧民自体からも忌避された」(28)と指摘するが、同性質の事例は秋田県でも見られる。

二十二年四月、平鹿郡（現大仙市）角間川小学校に簡易科が併設された。ところが、「専ラ貧困者就学ノ便ニ供シ候得共　爾後ノ経験ニヨレハ　父兄タルモノ何分子弟ヲシテ同科ニ入学セシムルヲ嫌フノ情態有之」をみる。このため半年も経ない九月に役場から廃止が願い出され、県はこれを許可している(29)。同じような例として、同年十月に山本郡湖北小学校併置の簡易科が県から廃止の許可を得ている。郡長から県書記官に寄せる説明には、この地の「民俗高尚簡易科ノ低度ヲ卑ムノ風習ヨリ生徒僅少ト相成候次第」の由とある(30)。

けれども、ここに描かれた忌避感や低度が実際にあるとしても、簡易科への貧民子弟の需要がなくなっている、とは即断できない。にもかかわらず、町村財政を効率よく運用するために、その需要を切り捨てたと疑える。なぜなら、もう一方に小学簡易科の良好な成績、新たな就学の掘り起こしを示す事例がみえる。たとえば、「秋田市旭小学校では同二十二年四月簡易科設置以来、月ごと就学者が増加した。尋常小学校児童数四百七十人に対し簡易科児童は九十六人であったが、同二十三年一月には、四百二十七人に対し実に二百五十六人に達し、約二・八倍に増加」(31)している。本校は、飽田仁恵学校および創立当時の福田小学校に近い位置にある。このような就学への関心を示す数値は、地域に貧窮者就学を可能とする学校の有無が、本質的な問題であることを示す。これは上記二つの慈善学校をつなぐ上で、意味深い数字である。

ともあれ、上例は都市部と郡部における民衆の教育要求の差、あるいは学区内における上下層者の学校観などに差があるための反映である。全民就学が機会均等の上に定着していく過程としては、二十年代初めの秋田社会は未成熟な段階にある。

三　沿革誌にみる簡易科の実際

明治二十年代の地方再編成は、第二次小学校令とともに学校経営のあり方に大きな影響を及ぼす。その一つとしてこの時期以降に学校沿革誌が整えられる。本節では、著者が学校訪問等によって取材した学校沿革誌を主な資料として、先に農村部、次いで市内校の簡易科の実際を例示する。

1　下井河小学校の小学簡易科

(1)　学校沿革誌の作成

学校沿革誌の作成契機を明記しているものに『下井河小学校学校沿革誌』[32]がある。最初にこれを取り上げる。この沿革誌の緒言に「明治二十四年九月　南秋田郡長黒川春造氏　本郡各小学校長ニ令シテ郡役所議事堂ニ来会ヲ命シ小学校沿革誌編纂方法ヲ議セシム」とある。この郡一般には、これを契機として沿革誌が書かれたことを示す。

しかし、次のような履歴を持つ菊地冨造は、明治二十年（一八八七）に下井河小学校に赴任し主座訓導、そして二十三年に校長兼訓導になり、二十五年には飯田川尋常小学校校長兼訓導として転任するが、この間に前記郡長の発議に先立つ二十三年六月、折からの校舎新築竣工に伴う開校式に際して、「校長菊地冨造　本校創立以来ノ沿革誌ヲ朗読シ」ている。つまり菊地校長は早くから沿革誌の編纂をしている。このいち早く関心を持った結果を示すように、彼の書いた沿革誌は念入りに調べた記事であり、統計数値等の二次史料についても信頼を寄せられる。

(2)　町村合併と学区

この学校は「初メノ名ハ湖東学校」と称し、浜井川・北川尻・小竹花・坂本の四か村を一学区とする教育令改正第九条にいう「連合シテ」設置した学校である。それが二十二年に「本年四月ヨリ町村制ノ改革ニ依リ　従来ノ四ケ村ニ更ニ今戸村ヲ併セテ下井河村」となって、小学校を「連合シテ」ではなくて一自治体による設置となる。合併に伴いこの学区内の戸数・人口が増加したことはいうまでもない。

このときに湖東尋常小学校は次のように変わる。「前年ニ比較ヲ取レハ幾部《ママ》進歩セルモノノ如キモ　其学徒ノ如キニ至リテハ　富者ニ多ク貧者ニ寡キハ　他ニ故障ナキト云フニ非スト雖モ　多クハ授業料ノ納付ニ苦ンテナリ　故ニ昨年ニ於テ簡易小学校ノ施設アルヤ　村民挙テ実施ヲ希望ス　故ニ村会一人ノ異議ナク　本年ノ四月一日ヲ俟テ簡易小学校ニ改ムルコトトハナレリ　此ニ至リテ人民向学ノ気勢一層ヲ加フルモノノ如シ」と、湖東簡易小学校となる。

これは町村合併を契機にして、村会全員一致して授業料を徴収しない簡易小学校への変更に賛成した結果である。新しい村づくりの一環に位置づけて、多くの村民の就学と成績向上が期待されている。

(3)　新村の教育課題

ところが、町村合併によって学齢児童数は、前年度の三九〇人から五二四人へと増加したため、これに対処できない事態が起きる。「是学舎ノ狭隘ニシテ入学志願ニ応スル能ハサルカ故ナリ」という収容能力の問題である。数値を見ると、就学者の絶対数は一六六人から二二〇人へと増えるが、就学率でいうと四二・六パーセントから四〇・〇パーセントへと「比例数ニ於テ一人ヲ減シタリ」となる。この解決策として、新しい村は校舎を拡張しなければならなくなる。

(4)　校名改称と校舎改築

二十二年一月、校名は湖東簡易小学校から下井河簡易小学校と改称され、六月には前述の校舎新築があり懸案は解決する。新学校の位置は、旧四村中心地の北川尻村の村社東側より、浜井川村の村社南方に定めたから、明らかに新しい拡大学区の旧今戸村民への配慮がある。

校舎の建坪は旧一〇一坪から一二一坪五合になり、児童の収容能力は増している。要した費用は、土地一三三坪の取得購入代五八円と校舎新築費四〇三円七七銭であるが、旧学校売却で三〇円を得ているから、差引学校新築には四三一円七七銭の出費である。これが当時の村財政にとって大きな負担であったことは想像に難くない。

(5) 簡易小学校の評価

菊地は「明治二十三年度沿革誌」の中に、学区内学事の状況として「部内学事ノ状況ヲ挙クルニ　昨年ヲ以テ小学校ノ資格ヲ改メ授業料ヲ徴収セサルヲ以テ　貧民ノ子弟喜ンテ入学ヲ請フニ至ル　此等ハ実ニ本校創始以来ノ美挙ニシテ　教育ノ価値村民ノ信用ヲ得ル端緒トモ云フヘキ歟」と表現している。

就学率の向上は、全民就学という目的への歩みである。このためには、経済的困窮者子弟の就学条件を整備する必要がある。菊地はこの視点において「美挙ニシテ」云々の評価をしている。

(6) 簡易小学校の限界

けれども、独立した簡易小学校を定着させることはできない。湖東尋常小学校時代の二十一年一月から十二月の調べで、四年生の在籍数は三月まで二〇、四月から一三、九月一二、そして十一月から一一人と動いていく。この他に四月以後は一八から一一人の温習生がいる。彼らの在籍は義務期間以上の教育を求める者の存在を示している。

こういう環境の中で、翌年四月から湖東簡易小学校三年制へと変わると、尋常科四年生に相当するとみてよい温習生が四月から二七人おり、八月以降は補修生と名を変えるが数は変わらず年末に至る。補修生は翌々年四月には三七人いて、旧尋常科四年相当の教育を求める傾向は引き続いている。

これを見て菊地は「明治二十四年度沿革誌」に、「昨年ニ於テ小学校ノ改築工事ヲ起シ　充分入学ノ便ヲ与ヒ《ママ》タリ故ニ従来ニ対照スレハ　入学者衆《オオ》キヲ加ヘ嘉スヘキコトナレト　又一昨年来修学年数ヲ三ケ年ト定メタルヲ以テ　中等以上ノ資産ヲ有スルモノノ子弟ニ在リテモ　敢テ進ミ高等ノ科目ヲ履修スルモノ鮮《スクナ》ク　退学ニ臨ンテ缺望アルモノノ如シ　此ヲ以テ一得一失或ハ尋常科ニ復スルヲ冀《ネガ》フモノ輩出スルニ至ル　故ニ校舎全キモ其就学員数ニ至テハ未タ著シキ効ヲ奏スル能ハサルナリ」と懐疑的心境を示している。

事実、この二十四年の就学は、学齢児童五六四人に対し就学児童二〇九人で率は三七・一パーセントである。この数値と前掲した数値の中間二十三年は三七・七パーセントであるから、就学率をみるかぎりでは、全民就学へ向かっては上昇どころか減退である。この数値は小学簡易科の導入、すなわち無償学校の設置という学校制度改革だけでは、必ずしも就学率向上に結びつかないことを表している。

(7)　四年制尋常小学校への復帰

なぜ就学率向上に結びつかないのか。菊地は「此等ハ必竟《ママ》スルニ昨年ニ於テ学校新築ノ為メ　巨大ノ費用ヲ増シ村民学資ニ困難セルノ結果ノ外ナラサルナリ」と断じている。授業料だけが学資のすべてではない。この経済的負担困窮問題の背景について、菊地自身は直接何も書いていない。だが、隣接する村の学校である『飯田川尋常小学校明治二十四年度沿革誌』(33)の中には、この背景を十分に説明できる記述がある。すなわち「昨年来田作豊阜ナラス　特ニ本年季候《ママ》不順　村民頗《スコブ》ル憂色アリ」という記事である。一帯の不作による収入減、家計への圧迫が不就学を増幅している。

さて、この後については再び『下井河尋常小学校沿革誌』の記事に戻る。菊地は「明治二十五年度沿革誌」に次のように書いている。「一昨年ニ於テ校舎改築工事ヲ起シ　入学ノ便ヲ与ヘ　且昨年来ヨリ鶴首堯《ギヨウ》足　尋常科ニ復スルヲ希ヒツツアリシ父兄ハ　本年度四月ニ於テ尋常科ニ復セルヲ以テ　喜ンテ子弟ノ入学ヲ請フニ至レリ」という。確かに数値を見ても、学齢児童四二二人、就学児童二二七人、その就学率は五三・八パーセントへと向上した。この後、一度過半数割れをみるが、好転を続けていく。

2　秋田市旭尋常小学校の小学簡易科

(1)　旭簡易小学校のスタッフ

旭簡易小学校の誕生は、『沿革誌　旭尋常小学校』(34)の中で「明治二十二年（明治二十二年度）」の開始を示す記事に、「四月一日　職員大改革アリ任免左ノ如シ」と大規模な人事異動を記している。秋田市制の開始や「同日当校ニ簡易科設置セラル」によるものである。

この人事の内容は、まず「旭高等尋常小学長《ママ》兼訓導　月俸壱拾三円深谷泰蔵」に始まり、二名の高等尋常科担当訓導、三名の同尋常科訓導、四名の同授業生ならびに一名の傭と続く。そして、次いで「同簡易小学校長兼訓導　同九円中山鋼吉　同訓導　同七円今村ツル　同授業生　同四円佐藤金三郎」が続く。この後は転任一名と依願免職の五名の氏名で結ぶ。合計二〇名にも及ぶ人事異動は、秋田市制のスタートに伴う任命更新が主であると受け取れるが、そうであっても、当時としては職員大改革という意識で受け留められている。

ここで見逃せないのは、この記事によって旭小学校の中には、高等尋常科六年課程と尋常科四年課程ならびに簡易科三年課程があり、このうち最後者は校長も発令される簡易小学校の併置であり、スタッフは校長兼訓導、訓導ならびに授業生各一名を配する三名体制であったことの判明である。

(2)　旭小学校の就学状況

表14　秋田市旭小学校明治22年(1889)度月別児童数

月	高等科	尋常科	簡易科	計
4	96	477	96	669
5	97	473	163	733
6	95	457	196	743
7	93	471	212	746
8	93	437	212	742
9	91	447	231	769
10	77	451	253	781
11	73	449	272	794
12	70	439	255	764
1	67	427	265	759
2	67	432	265	763
3	64	430	266	760

この『沿革誌　旭尋常小学校』は、二十二年度各課程の月別就学児童数を記している。それを資料として作成したのが表14である。

この表に見るように、簡易小学校が併置された当初の学年初め、四月の簡易科生は少ないが、年度末までの間に増えている。これは全体としての就学者増加に寄与するが、表示の前年度と比較すると、二十二年二月の旭小学校児童在籍数は高等科七八人、尋常科六一七人で計六九五人である。ところが、翌三月は学年末大試験により卒業や進級を決める月であるが、自ら不合格を予測してと思われる退学者があって、尋常科生は四五五人にまで減少してしまい、全校の在籍数は計五三〇人となる。これに対して、表示した四月の数値は尋常科生四七七人と前月に比べて微増に過ぎないが、新設の簡易科生九六人、高等科生も九六人であって、合計すれば六六九人となり、これは二月比では微減である。しかも、一年後の二十三年三月には、在籍数合計七六〇人に達する。明らかに簡易科設置が就学者増に貢献している。

(3)　試験結果にみる教育成果

この沿革誌には、教育の成果を窺うことのできる「学年末大試験」すなわち卒業や進級のための試験の記事がある。この記事の内容を表15に示す。合格率で示せば、高等科六年課程が九〇・二パーセントで最も低い結果であり、簡易科三年課程の九二・六パーセントがこれに次ぎ、尋常科四年課程は九五・六パーセントと好結果である。成績不振者すなわち落第生がいるものの、相当の教育効果を挙げているといえよう。

(4)　簡易科の廃止

成績不振者を含んではいたが、かなりの教育成果を挙げている簡易科であるが、長続きしない。『沿革誌　旭尋常小学校』の二十三年四月四日の記事は、次のように述べている。「本県訓令第八十七号ヲ以テ　当校簡易科廃止ノ旨通達セラル　尚簡易科教員ハ辞令ヲ用ヒス自然廃官ノ儀通牒セラル」とある。秋田市における簡易小学校は、わずか一年をもって廃止である。担当教員は「自然廃官」という今日の分限免職である。

この簡易科廃止の理由について、沿革誌には深谷泰蔵校長の見解が見える。「思フニ簡易科設置以来　生徒ノ入学スル少ナキニアラスト雖トモ　簡易科本来ノ目的ニ添フ能ハス　必竟《ママ》本市ニハ簡易科設置ノ不必要ヲ感スルニ由ルナルヘシ」である。

表15　秋田市旭小学校明治22年(1889)度大試業成績

区分	高等科	尋常科	簡易科	計
受験者数	61	401	108	570
及第者数	55	383	100	538
合格率(%)	90.2	95.5	92.6	94.4

『沿革誌　旭尋常小学校』により作成.

(5)　簡易科廃止に伴う就学措置

簡易科の廃止が決まった後、旭小学校はさっそく四月九日「此日簡易科生徒ノ父兄ヲ召喚シ　助役根田忠正来校ノ上　簡易科廃止ノ旨趣《ママ》及今後尋常科ニ転学スルヤ否ニ就キ諭達アリ」と事後処理に進む。

この結果、「此月簡易科廃止ニ付　同科生徒ノ尋常科ニ転スルモノ百八十名アリ」を見る。五月の在籍数をみると、高等科七一人および尋常科六〇三人、合計六七四人である。この数値は、簡易科が設置される以前の二十一年九月の「生徒数　高等科一二〇　尋常科六九九　計八一九　生徒総数八百名以上ニ上リシハ創業以来之ヲ以テ□〔嚆〕矢トス」との比較においてはもちろんであるが、また表14に掲示した二十二年五月の三課程就学生合計七三三人と比較しても、これらを下回る減少値となっている。

四　授業料負担の問題

1　教育令改正における授業料徴収

教育令改正後、明治十九年（一八八六）三月二十九日、県達乙第四十一号で「町村立小学校授業料徴収規則」が制定され、尋常小学校で一人月額一銭以上十銭以下、高等小学校は同十銭以上三十銭以下を戸長が徴収すると定められる。(35)

2　小学校令制定による徴収規則の改訂

同年八月九日、小学校令の制定に基づいて先の徴収規定が改訂となる。県令第五号「授業料額及徴収方法」である。金額は第一条で「小学校通常経費ノ金額ニ均シキモノトス」とされ、第三条で「戸長其土地ノ便宜ニ拠リ之ヲ賦課シ、就学児童ノ父母後見人ヨリ徴収スルモノトス」とあって、第一条に関連して寄付金、学資の利子を通常経費に充当できるときは授業料の金額を減じることができるとしている。(36)

3　市制、町村制施行に伴う改訂

市制、町村制の施行により、すでに触れたように二十一年十一月七日の県令第七十号で「授業料額及徴収方法」が改訂され、新規則は翌二十二年四月一日からの施行となり、授業料は大幅に引き上げられる。その額は尋常小学校で一人二十銭以上七十銭以下、高等小学校は同三十銭以上一円以下である。(37)

4　旭小学校の新授業料

では、実際の授業料の額について、二十三年四月に改正された旭小学校の場合はどうであるか。同校の沿革誌は

「本月ヨリ生徒授業料改正セラレ　高等科ハ一ケ月三拾銭　尋常科ハ弐拾銭トナル」と記している。県が制定した「授業料額及徴収方法」の、それぞれ最低額が本校には適用されている。

5　明治二十二年度における簡易科設置の意義

上記の授業料引き上げを背景にして捉えてみると、貧民子弟のみでなく一般民の子弟までが、授業料を徴収しない簡易科に就学しようとしたことは、容易に推察できる。これが深谷校長をして「思フニ簡易科設置以来　生徒ノ入学スル少ナキニアラスト雖トモ　簡易科本来ノ目的ニ添フ能ハス」云々の、目的外の中身である。

簡易科の設置は、まだ新授業料未実施中ではあったが、一般民の子弟の就学を継続させるとともに、新たに貧民子弟の就学を誘ったのである。簡易化廃止とともに新授業料の実施が就学者を減少させたことをみるとき、あらためて簡易科導入の大きい意義を評価したい。

第二章　キリスト教系慈善学校

本章では、明治二十一年（一八八八）三月に貧人学校として報じられ、翌二十二年に明白な慈善を目的としたキリスト教系の簡易小学校が秋田市に開設されたことを取り上げる。

1　無認可貧人学校

二十二年一月二十三日付の『秋田新報』は、その雑報欄に「貧民学校ノ賑ト題スル一項」(1)を報道した。記事の内容の委細を承知しなかった県学務課は、さっそく管轄する南秋田郡役所に「事実ノ有無詳細取調」方を照会する。

郡役所の回答には、「右学校ハ許可ヲ得サルモノニテ　其開設月日位置生徒員数教授者氏名学科等別記ノ通リニシテ　タタ午後三時ヨリ貧民子弟ヲ集メ授業致シ　其費用ハ英和学校雇米国人スミツ夫人ヨリ差出タル趣ニ有之候」とあり、別記には「明治廿二年一月七日開設　学校位置　秋田田中町　生徒員数　五十人　教員氏名　本県士族　小野岡俊之助」が担当する学校と、同じ日に士族千葉源之助が秋田酒田町にて生徒四二人を担当する学校、また小林堅治が英和学校内にて生徒五八人を担当する学校の三校と、すでに前二十一年三月に開設されていた、千葉源八が秋田新中嶋末町にて生徒四五人を教える学校との計四校が挙げられている。

ここでは第一に、二十一年三月の時点での貧人学校開設があったことを確認できる。

2　キリスト教系慈善学校

別記には、さらに千葉源八の学校以外の三校では、「右各校課書　普通読本　算術　加減乗除　作文　習字　修身聖書」という教育内容が記されている。

この「各校課書」の最後に「聖書」が挙げられていることと、費用の拠出者がアメリカ人女性伝道師スミツ夫人(2)ということから判断すると、この学校の性質は、明かにキリスト教系慈善学校の設立である。

実は、これは後掲する公文書記録に照らしても、キリスト教系慈善学校と判明する。前に田中勝文が「小学簡易科制度の貧民教育に果たした役割からいえば、直接的な役割というよりもその制度の影響として、この制度をきっかけに宗教的慈善学校が多数開設されたという点をあげなければならない(3)」という指摘の、まさに秋田版として位置づけることができる。

3 合法化までの活動停止

二十二年一月二十三日付の県第二部学務課発、南秋田郡第二課あての文書に「右学校ハ如何ナル性質ノモノカ　又其設立ハ許可ヲ得候哉(4)」とあるように、表面上では問題とされた主点は、設立許可の有無である。これに対する南秋田郡第二課の一月二十八日付回答は、「右学校ハ許可ヲ得サルモノ」であり、「小野岡俊之助外弐名ノ教授者更ニ其筋認可ヲ得タル上開校ノ見込ヲ以テ　一ト先廃校致候得共　千葉源八之儀ハ其辺未タ取調中(5)」とある。開校のままで手続を進めるようにという穏便な措置は、選ばれていない。

なお、最も早く二十一年三月に開設したというから、すでにこの時点まで十月余を経ている千葉源八貧人学校は、取り調べ中とある。本校は非キリスト教系と思われるが、以後のことを含め不詳である。

4 私立簡易小学校としての慈善学校

キリスト教系三校は合法的な二校の開校へ向けて手続きを進める。それは二通の「私立簡易小学校設立伺」の提出により始まる。この内容は、どのような構想において学校設立を意図するのか、を明らかにする。全文は『秋田県教

育史　第二巻　資料編二』(6)に掲載されているが、ここには一部の改行を略して紹介する。

私立簡易小学校設立伺

一項　名称　第一簡易小学校
二項　設置ノ目的　慈善ノ主意ヲ以テ貧困ノ子弟ニハ書籍ヲ施与シ　小学簡易科ヲ教授ス
三項　位置　羽後国南秋田郡田中町十番地
四項　学科学期課程試験法幷ニ諸規則　教則校則試験法入学退学ノ規則休日等ハ尽ク秋田県小学校則及ヒ簡易科教則ニヨル
五項　教員職務心得及其人員俸給　教員壱名　月給金八円　授業生壱名　月給金五円
教員職務章程ハ秋田県ニ於テ定メタル規則ニヨル　但シ授業時間ハ毎日午前九時ヨリ同十二時限
六項　敷地建物ノ略図　別紙略図之通
七項　経費　収入支出及其細目ハ別冊之通
八項　開業年月日　明治二十二年三月一日
九項　教科用書及器械　教科用書ハ凡テ秋田県ニ於テ定メタル小学簡易科教科書ヲ用ユ　教科用器械ハ別冊之通
十項　生徒員数　六十人
十一項　教員ノ学力品行
秋田県羽後国南秋田郡中谷地町十五番地
士族　大野サダ　明治三年十月生
明治十四年八月秋田女子師範学校附属小学ニ於テ小学第一級卒業

明治十四年十月秋田女子師範学校師範学科ヲ修メ同十七年二月中等師範学科卒業　証書写〔略〕
同十七年四月田中女学校助訓ヲ命ゼラル
同十八年四月旭北小学校一等助訓ヲ命ゼラル
同十八年七月旭南小学校兼務ヲ命ゼラレタリ
同十九年五月依願助訓差免サル

秋田県南秋田郡中長町平民　千羽源之助

免　許　状

秋田県平民　千羽源之助　文久三年九月生

右者明治二十年九月三十日ヨリ明治二十三年九月廿九日マテ尋常小学校読書作文科授業生タルコトヲ免許ス

明治二十年九月三十日　秋田県印　第十九号

明治十八年八月ヨリ同十九年十月マテ旭北小学校三等助訓奉職
明治十九年十二月廿五日旭北小学校ヨリ在勤中職務勉励ノ廉ヲ以テ賞金弐円ヲ受ケタリ
右之通設立仕度此段相伺候也

秋田県南秋田郡東根小屋町五十二番地
私立秋田英和学校長　秋田県士族　中田直鵬㊞

明治廿二年二月九日

秋田県知事男爵　青山　貞殿

（別冊）
六項　敷地建物之略図　南秋田郡田中町十番地　敷地　間口十五間奥行廿五間　此坪数三百七十五坪

南秋田郡亀之丁東土手長町二十五番地秋田県士族
持主　中田直鵬㊞　外三名

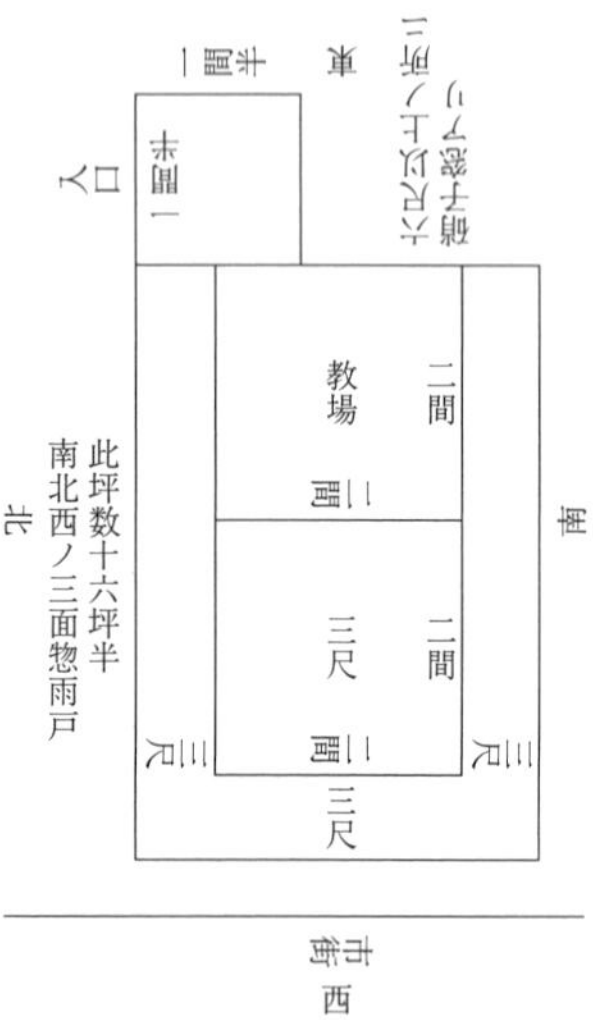

七項　経費　一金九十六円也　是ハ私傭教員一名ノ月俸ヲ八円トシ一ヶ年ノ合計金額ニ当ル
一金六十円也　是ハ私傭授業生一名ノ月俸ヲ五円トシ一ヶ年ノ合計金額ニ当ル
一金六円也　雑費
合金百六十二円也　一ヶ年ノ支出予算額
右ハ秋田英和学校傭外国教師「スミツ」氏及ヒ「ハリソン」氏ヨリ寄附金ニテ支弁仕候
南秋田郡東根小屋町五十二番地私立秋田英和学校長　中田直鵬㊞
九項　教科用器械左ノ如シ　椅子　テーブル　二十組　但シ生徒三人ニ壱組ノ割合　椅子　テーブル　弐組　但

シ教師用　黒板弐枚

南秋田郡東根小屋町五十二番地私立秋田英和学校長　中田直鵬㊞

5　第二簡易小学校

第一簡易小学校とともに、第二簡易小学校設立伺が併せて提出される。県公文書館所蔵の『明治廿二年自三月至八月　第二部学務課事務簿』に綴じられた伺書と前掲の第一簡易小学校のそれとを対照してみると、大筋では生徒員数六〇名など同一であるが、当然の相違点として位置や教員の兼務、これに伴う授業時間の午後、あるいは寄付者が「ハリソン」一名のみなどがある。相違点を次に掲載する。

一項　名称　第二簡易小学校
二項　位置　羽後国南秋田郡新中嶋末町二十三番地
五項　教員職務心得及其人員俸給
教員壱名、授業生壱名　但シ第一簡易小学校私傭教員ヲ以テ兼務セシム
教員職務章程ハ秋田県規則ニヨル　但シ授業時間ハ毎日午後一時ヨリ同四時限
七項　支出ノ細目ハ別冊ノ通
八項　開業年月日　明治二十二年二月廿五日
十一項　教員ノ学力品行〔大野サダ一名のみ〕
右書伺出ニ付奥印候也
明治廿二年二月九日　南秋田郡新中島末町外八ケ町戸長　佐藤幸蔵[印]

〔別冊〕

六項　敷地建物之略図

南秋田郡新中嶋末町二十三番地　間口五間奥行十間　此坪数五十坪　持主　中田直鵬㊞　外二名

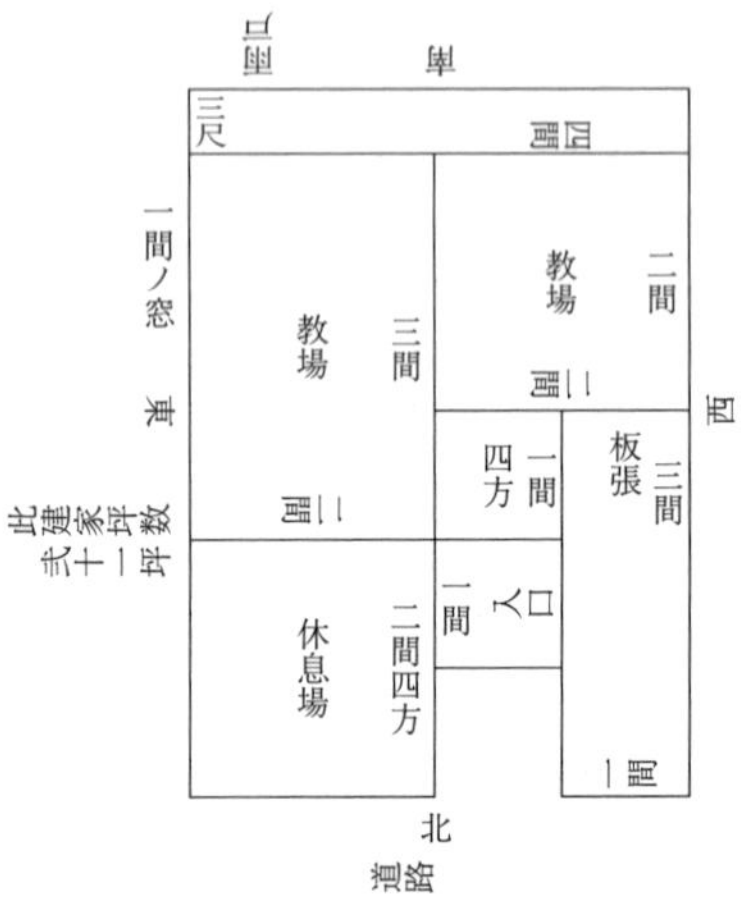

九項　教科用器械左ノ如シ

椅子　テーブル　二十組　但シ生徒三人ニ壱組ノ割合

椅子　テーブル　貳組　但シ教師用　黒板　貳枚

七《ママ》項　経費　一金六円也　雑費

右ハ英和学校傭外国教師「ハリソン」氏ヨリ寄附ニテ支弁仕候

6　排耶風潮の影響

伺は第一が三月一日、第二が二月二十五日開業予定日とそれぞれ明示して、二月九日に提出している。だが、当局はその日までに決定できない。二校の簡易小学校設立伺を受け取った当局は、大いに困惑する。手続きの上で、学校設立伺を最初に受付ける窓口は、戸長役場である。承認が遅延している中で、中田は四月の学年始めを前にした三月二十九日付の上申書を提出する。この内容には督促という文字の表現はないが、四月開校を切に要望する気持ちを込めた文章である。ここにおいて、第一簡易小学校の場合の戸長は「前書上申ニ付奥印仕候也　明治廿二年三月三十日戸長今村正利㊞(7)」と、手続（判断）を戸町役場から一段上の郡役所に移す。

ここに至るまでの四旬間の認可のためらいには、どのような背景があるのだろうか。一言でいえば、キリスト教布教に対する官僚的懐疑の態度からである。『秋田県史　第五巻　明治編』は、明治二十年十二月十七日の、中田直鵬ほかより県あてに差し出された教会設立願の扱いについて、「県はまだ基督教は公認の宗教でないから『官府に於て許否の限に無之候』、さらに『教会人民私に設立するは不問に付し置くべき儀に付此段申添候』と依然として認可確答を避け『不問に付す』といった微妙な態度をみせている」と指摘し、また「神仏の布教に慣れた一般には異質に思われたものであったろう。二十年ごろは国家主義運動が再びさかんになってきたから、キリスト教の教義にも批判は向けられ、秋田県下においてもキリスト教各派の伝道活動は多難であったに違いない(8)」と述べている。

7　キリスト教布教と慈善学校の設立

このたびの中田の学校設立伺の扱いに対する県のあいまいな態度を、よく物語る文書がある。「明治廿二年三月〔日付欠く〕本部長〔推定、県の第二部長発〕南秋田郡長〔あて〕」「私立簡易小学校設立伺〔の扱いについて〕」という次の内容である。ここには教会設立とは異なり、学校設立という適法的な伺に「来ル四月ヨリ一般公立簡易小学校設立相成ル上ハ　貧困子弟教育上ノ曾テ差支ヘ無之筈」と、認可せざるを得なくなり、その理由をも述べている。長い引用となるが、そのまま掲載する。

私立簡易小学校設立伺

南秋田郡東根小屋町五十二番地　秋田県士族　中田直鵬〔の扱いについて〕(9)

右之者ヨリ別紙之通リ私立簡易小学校　県庁下二ケ所へ創立致シ度旨伺出候所　同人ハ耶蘇宗教信向《ママ》者ニシテ初メ庁下三ケ所へ学校ニ類スル者ヲ設ケ　宗教講談ヲ名トシ子弟ヲ集メ　聖書及習字算術等ヲ授業致シ居候得共右ハ小学令ニ拠リ授業スルニアラサルハ勿論　官ノ認可ヲ得テ設立セル学校ニアラサルヲ以テ　本年一月中本課ヨリ南秋田郡役所へ照会　其事実取質シ別紙○印ノ如ク回答有之　而シテ其校舎ハ全ク閉鎖致シ　此度ハ公然私立学校設立セント別紙伺出テタル儀ニ有之候　抑モ該校設立ノ本志ハ専ラ宗教ヲ拡張スルノ精神ニ出テタルハ明瞭ナリト雖トモ　伺書面ニハ総テ小学校令ニ基キ其規程ヲ践行シ　慈善ヲ主トシ書籍筆墨紙ニ至ルマテ一切之ヲ恵与シテ子弟ヲ教育セントノ趣意ナレハ　表面ヨリ見ルトキハ其挙行太タ嘉納スヘクシテ擯斥スヘキ事ニ之レ無ク　而モ其内部ニ入リテ観察スレハ　彼ノ宗教ノ学齢児ニ浸染スルノ恐レアルト　又一般公立小学校ニ防礙ヲ及ホシ《ママ》ノ虞アルヲ如何セン　依テ種々講究スルニ　学齢児童就学規則中一家貧窶ノ者ハ就学猶予ヲ与フルノ条項アルヲ以テ　就学圍範《ママ》外ニ遊優ノ無聊ニ日ヲ送ルノ子弟モ亦少カラストス　此等ノ者ハ到底善良ノ教育ヲ得セシムヘキ目的無キ輩ナレハ　之ヲ駆テ右私立簡易小学校へ入学セシメハ　大ニ益スル所之レアリト思惟シ　右極貧子弟ニ限リ入学セシムル旨別紙伺書中ニ挿入セシメ創立ノ儀御認可相成可哉ト存候ニ付　先ツ其施行手続協議ノ為メ本部長ヨリ南秋田郡長へ左按御照会相成可然哉相伺候也

但本文ノ趣意ハ兼テ同郡役所へ懇談致シ置候事

案

南秋田郡東根小屋町五十二番地秋田県士族中田直鵬ヨリ慈善ノ趣意ヲ以テ貧困子弟ヲ教育ノ為メ私立簡易小学校設立ノ儀伺出候処　来ル四月ヨリ一般公立簡易小学校設立相成ル上ハ　貧困子弟教育上ノ曾テ差支ヘ無之筈ニハ候得共　十九年本県令第十七号学齢児童就学規則第四条第五項ニ該当スル極貧ノ者ニ限リ入学セシムヘキ旨伺書ニ記入セシメ　右私立学校設立認可相成ル儀ハ差支有之間敷ニ付　右学校ヘ入学スル者ハ必其所管戸長ヘ届ケ出テ　戸長ニ於テハ就学規則第四条第五項ニ該当スルヤ否ヤヲ検査シ　入学ノ許否ヲ取扱候様致シ度　尚ホ其取扱成否之儀得貴意度此段及御照会候　至急御回答ヲ煩シ度候也

明治廿二年三月　　　　　　　本部長

南秋田郡長

8　就学児選定の条件付き設立承認

中田が提出した三月二十九日付上申書には、本校が慈善学校設立を意図することを「慈善之主意ヲ以テ設立」と明記している。次の内容である。

上申書(10)

兼テ出願中ノ私立簡易小学校者　慈善之主意ヲ以テ設立仕候事故　本県就学規則第四条第五項ニ依リ　極貧ノ子弟ニ限リ入学為致度　尚ホ願意御聞届ニ相成リ開校之上ハ　生徒ノ姓名幷ニ人員ハ其都度々々所轄戸長役場江無遅滞届出可申候　依而此段奉上申候也

南秋田郡東根小屋町五十二番地ノ私立秋田英和学校長　中田直鵬㊞

明治廿二年三月廿九日

秋田県知事　青山　貞殿

以上のような紆余曲折を経て、四月も若干日後（事務簿日付は十日）に県第二部学務課は知事の決裁案を提出する。[11]次の文案である。

本県士族中田直鵬ヨリ私立簡易小学校設立之儀過般伺出ニ付　甲印ノ通リ取調御決判ノ末　南秋田郡長へ照会ニ対シ　今般乙印ノ如ク回答且ツ同人ヨリ丙印上申ノ趣モ有之ニ付　本伺御認可御指令相成可然哉相伺候也

御指令案

秋田県指令乙第　号

南秋田郡東根小屋町五十二番地　秋田県士族　中田直鵬

明治廿二年二月九日伺私立第一第二簡易小学校設立ノ件ハ之ヲ認可ス

明治二十二年四月　　知事

但開業ノ上ハ更ニ届出ツヘシ

末行の但し書きの内容は、「戸長ニ於　就学規則第四条第五項ニ依ルノ当否ヲ検査」して「極貧ノ者ニ限リ入学セシムヘキ旨」という条件付きのことである。

9　キリスト教系慈善学校の閉鎖

このように認可問題一つとっても、行政のあいまいな態度を背景として、キリスト教系慈善学校は困難なスタートである。官僚が従わざるを得ない簡易小学校制度に基づく誕生である。そして本校は、簡易小学校制度の撤廃と運命をともにする。

既述のように、簡易科は秋田県内で同時に一斉に廃止になるのではない。この中でもっとも参考となる事態は、秋田市旭簡易小学校の例である。旭校は明治二十二年度に設立されるが、翌二十三年四月の新学年度冒頭の時期に「本県訓令第八十七号ヲ以テ　当校簡易科廃止ノ旨　通達セラル」[12]と、わずか一年間をもって廃止となる。現段階においては、この状況証拠を参考にして、公立校だけでなく秋田市内のキリスト系私立慈善学校もまた閉鎖に追い込まれたと推量する。

このキリスト教系慈善学校の開設は、短期間の運命であるものの、市内の仏教系活動家に与えた刺激は大きかったに違いない。一僧侶の働きによって、間もなく私立福田小学校が創設に導かれることを考えると、この学校はいわば歴史的役割の一端を担ったのである。

第三部のまとめ

以上見てきたように、明治十年代から二十年代前半、教育令と第一次および第二次小学校令の時期における貧民子弟の就学に対する対策は、法令中に学制における貧人小学（仁恵学校）のような明白な目的を持った学校規程は含まれなかった。

教育令期には、確かに小学教場ないし巡回授業所や簡易小学校が設立されて、貧民子弟層を含む就学対策の面があり、その具体例をもみる。しかし、それは学区全体の貧困さを反映するもので、いかなる階層のための学校設立かという意味を曖昧とし、極貧の子弟の就学を促す積極さは明白ではない。

もちろん、貧民子弟就学を促す意義を持たないわけではない。とりわけ簡易小学校は、田中勝文が指摘しているように、直接的に役割を果したというよりは、この制度をきっかけに、宗教的慈善学校を多数開設させたという貢献を評価しなければならないだろう。秋田のキリスト教系慈善学校と、これに続く福田小学校の創設は、まさしくこの系譜の中に入れてよいものである。

田中は、明治二十年（一八八七）に創立された東京小石川の慈愍小学校開設願の関係部分を引用した後に、次のように述べている。「この設置願にみられるような、貧民教育のために各宗寺院の僧侶が同盟してその事業をおこそうとする機運は森文相の小学簡易科に触発されたものであった。〔中略〕小学簡易科制度は、貧民教育機関として直接的に多大の貢献をしたとはいいがたいが、間接的に宗教的慈善学校の開設機運の醸成に寄与して、簡易科にすら就学し得ない貧民子弟に教育機会を提供する契機をつくったのである」[13]と。

小学校令によって、簡易小学校が法的地位を失ったことは、結局、私立慈善学校を廃止させることに繫がった。教育令が仁恵学校廃止に繫がったのと同列である。制度改革は一般的全民就学を進める一里塚であっても、極貧子弟にとってみれば、ほんの僅かの就学機会を何の保障もなしに奪うものである。

とすると、部を改めて取り上げる秋田の私立慈善学校開設は、はなはだ特異な史実となる。

第四部　福田小学校と福田会

第一章　福田小学校の創立

本章では、秋田市に慈善学校として私立福田小学校が創立に至る経緯と、慈善学校の体裁が整う経過を取り上げる。

一　慈善学校の設立

1　学校の創立

明治二十八年（一八九五）四月十九日、本間金之助と笹原貫軒は連名で秋田県に私立小学校の設立願を提出する。これに対し、知事の許可書が五月三日付で交付され、ここに福田小学校の創立となる。家蔵の秋田県用箋に記される『許可書』の本文は次の通りである。

秋田県指令庁甲第五三八号

秋田市大町二丁目一番地　本間金之助

秋田市寺町三十一番地　笹原貫軒

明治二十八年四月十九日付願　私立小学校設立ノ件　許可ス

但　校則第七条ニ依リ　授業時限ノ終始ヲ定メタルトキハ之ヲ開申スヘシ

明治二十八年五月三日

秋田県知事　平山靖彦　印

この許可を得て、さっそく児童募集が始まる。そして五月二十六日、秋田市寺町（現秋田市大町五丁目）正覚寺[1]を教室として開校した。

2 出願の経緯

(1) 国の政策との関わり

出願から開校にいたる経過のスムーズさは、先立つ準備があるからである。そして、県にも市にも関わる書記官あるいは助役という有力な協力者がいたからである。最初に、あらかじめの準備について述べよう。

後掲する開校式の式辞の内容から判断すると、当地の識者の間では、貧民児童のための学校創設の必要はすでに数年来の懸案であり、しかも秋田市当局自体に企画がある。だが当時は、市制が誕生して間もなく、市の行財政は新市の諸整備に追われ、一般児童の就学さえ満足に整備できていない中での、貧民児童用に独立した特殊学校設立は社会的理解を得ることは難しい。

また、もう一つの大きな背景がある。地方自治体の奨学推進対策には、国の全民就学実現に向けた政策が反映している。秋田県には比較的年齢が若く理想に燃える知事が赴任し、政府の意図を忠実にしかも速急に実施しているが、それでもこの時期の就学率向上対策として政府が打ち出す簡易科（簡易小学校）制度の導入は、秋田で成功・定着とはいえない。第三部第一章で触れた例のように、尋常小学校と簡易小学校を同一校舎内に併存してみたものの、たちまち後者を廃止せざるを得ない。要するに、国の就学率向上政策に対応するには、地方が自主的に公費を計上して主体的に貧民児童対策を実施するうえでの限界がある。

(2) 私財による慈善学校

このような状況は秋田市においては、もっとも現実的な策として、二十七年に私立での貧民児童用独立学校設立案を浮上させる。このいきさつは、福田小学校設立三〇年後の印刷物『沿革大要』（家蔵）に記されている。書き出し部分によれば、数年来の貧民児童教育という懸案が、本間金之助からの単独出費によって一挙に解決へと向かう次第が明らかである。この内容は次の部分である。

本校ノ創立ハ明治二十八年五月二十六日ニシテ　本年迄実ニ三十年ノ星霜ヲ経タリ　曩《サキ》ニ明治二十七年中　本市人笹原貫軒　竹内庄三郎　野村定吉ノ三氏　市内貧民児童教育ノ忽緒《コッショ》ニ附ス〔なおざりにする〕可カラザルヲ感ジ一ノ慈善学校ヲ設立セシ《ママ》コトヲ企テ　現校主本間金之助ニ謀《ハカ》リシニ　同人モ大ニ此挙ヲ賛シ単独之レガ費途ヲ支弁スルコトヲ快諾シ　明治二十八年四月十九日　本間金之助　笹原貫軒ノ二人ノ名義ヲ以テ　私立福田小学校設立ノ出願ヲナシ

この中に記された前年とは、笹原が読んだ開校式の式辞によって二十七年八月と判明するから、その後一年足らずの間の具体化によって、数年来の懸案事項が解決してしまう。そして、この文書によって判明する重要な点は、本間はこの企画の最初からの関与メンバーではなかったことである。

このことから判断すると、多くの私学創設に見られるところの、設立者の積極的な理念によっての学校創立のケースとは異なる。これは、そもそもは秋田市の構想云々という、すなわち本来は公費によって設立しようということで、特定の強い思想信条からは中立的、という点がある。ここに名を見せる笹原（僧侶）、竹内（市とのパイプ役か）と野村（県書記官）の三人の、特に笹原の、個人的思想信条はあるにしても、彼らの貧民児童教育を独立学校において行うという基本構想は、市に代わる財力を持つ本間の、どちらかといえば思想信条を抜きにした、経済的支援を主にすることによっての私立慈善学校誕生となっている。

3　設立の趣旨

上記の笹原、竹内と野村の三名が中心とはなっているが、秋田の識者一般としてはいかなる理念によって、この学校づくりが考えられてきているのか。これを示すものが、設立許可のあくる五月四日付『秋田県学事月報　第三七号』の内容である。これは次掲「私立福田小学校設立之趣旨」（「紀事・設立之趣旨」と同文）と、後掲する「秋田市私立福田小学校規則」という二つの公示記事(2)である。

私立福田小学校設立之趣旨

社会の文明を完遂するは、須《スベカ》らく其の根底より改善するを要す。換言すれば、文明とは社会を組織する元子、即ち民人の知能を啓発し、特性を涵養せしものに外ならず。是れ教育の普及を計らざるべからざる所以なりとす。然れども貧窶《ヒンル》にして生活の独立を得ざる者に至りては、何の余裕ありてか其の子弟を教育するに堪へん。国家は常に之れを杞憂し、幾多救済の策を講ずるも、悉く其の希望を達すべからず。是に於て慈善教育なるもの顕はる。

抑々《ソモソモ》慈善事業なる社会の安寧を保全するに於て、又人情道義の如何を解得するに於て必然起さざるべからざる、否起らざるべからざる一種の社会問題なり。而して此等の事業は其の性情上、到底宗教家の手を経るの妥当にして、又々宗教家自身の熱狂画策せざるべからざるものたらん。

今や市内に於ける慈善的事業は一にして足らず、感恩講あり、慈善実業会あり。而して慈善教育の挙なきは真個一大欠点なりとす。且つ這般《シャハン》の慈善事業にして、一も宗教家の斡旋尽力に成りしものあらず。亦転《ウタ》た浩歎の限りならずや。

生等大に感ずるところあり。明治二十六年一月県令第一号第四条に基き、及び仏陀の福田説に因依して、茲に私立福田小学校を創設し、市内無資力者の子弟を就学せしめ、聊《イササ》か教育普及の目的を稗補《ヒホ》〔細小の補い〕し、文明進歩の基礎を啓《ヒラ》かんと欲す。

明治二十八年五月四日

私立福田小学校設立者　本間金之助
笹原貫軒
校　長　深谷泰蔵
教　員　尾留川金太郎
商議員　檜垣直右
根田忠正
野村定吉
竹内庄三郎

この趣旨のいわんとするところは、社会文明の完遂のためには、人民の知能の啓発、すなわち教育普及が目的〔必要〕である。しかし、経済的困窮者の子弟はその教育を得ていないとして、それが解決すべき課題であることを示し、そこで国家の策の及ばぬところは私的な慈善事業として起こさねばならない、とその解決策に触れ、またそれには宗教家の手を経るのが妥当であると指摘するとともに、さらにすでに存在している秋田市内の慈善事業における慈善教育のない欠点除去のためには、仏陀の福田説を理念とすることを妥当として、この私立慈善小学校創立が文明進歩の基礎を啓き、所期の目的を果たそうとするものであると、結論づけている。

4　校名の意味

学校名称が福田小学校と名付けられる理由は、「設立之趣旨」の中に「仏陀の福田説に因依して」と述べられていることにちなむ。したがって福田は「ふくでん」と発音しなければならない。

『日本仏教辞典』によれば、福田というのはサンスクリット語のプニャ・クシェートラ punya ksetra の訳で、「福徳の生ずる田」の意味である。初めの語義では、供養をすれば福徳の生じる原因となるものとして、仏とか仏弟子とかを指した。これが後に拡大解釈されて、三福田、八福田などの別を生んだ。三福田では、仏や僧などの敬うべきものを敬田《きょうでん》、父母や師など恩に報いるべきものを恩田、そして貧者・病者などあわれむべきものを悲田という(3)。

福田小学校という命名は、明らかに仏教系の福田説の悲田に因むものである。

5　全国的設立機運の中で

秋田の識者たちは、彼らの構想する学校が仏教思想に基づく悲田すなわち福田にみたてた慈善学校であると、明確に認識している。この宗教性を示す点では、欧米におけるキリスト思想に基づく慈善学校に対比できる。

そして、これをリードしたのは僧侶笹原貫軒であることは明白である。つまり、既述の田中勝文が表現した「各宗寺院の僧侶が同盟してその事業をおこそうとする機運(4)」は、東京小石川に慈愍小学校を生むだけではなく、笹原を駆り立てて秋田にも慈善学校を結実させたわけである。ただし、この学校は教育内容からみて、仏教・宗派の狭義宗教教育を内容とする学校ではない。ほとんど公立学校と同じ性質の普通教育を行う学校である。この教育内容については後の章で述べる。

このような点から、本間金之助が「設立之趣旨」に賛同していることは当然であるが、彼に強烈な個人的理念があってのリード、と指摘する者はいない。

二　開校式

1　開校式の実施と参会者

福田小学校の開校行事は、式典と校舎見学そして茶菓の供応である。この学校に対する社会的関心（評価）を見るためにこの行事を取り上げる。

開校式は明治二十八年（一八九五）五月二十六日の午後二時半に始まり、四時頃までの間、同校において行われた。これを同月二十八日の『秋田日日新聞』が「福田小学校開校式(5)」という見出しで報じている。

この記事によると、来賓は平山県知事・檜垣書記官・菊池参事官・田中警部長・畠山県会議長・尾泉簡易農学校長など県に関係する者にはじまり、市内各校長および紳商豪農、さらには新聞記者など合わせて「凡そ二百七十名以上」にも達した。

県政のトップにある者をはじめ、市内著名人多数を来賓としている。これは本校の創設がいかに社会的事件として高い関心の的であるかを物語っている。

2　式次第と本間の欠席

開校式の内容を、さきの『秋田日日新聞』から見ると、まず深谷校長の勅語奉読がなされ、知事の告辞と笹原学校設立者の式辞があり、これらに対する校長の答辞が述べられ、さらに野村・檜垣・根田の各商議員ならびに戸城校長（学校名不記載）の演説（祝辞）などが続く。

この報道記事を注意して読んでも、設立者本間金之助の名前が抜けている。欠席であろう。欠席の理由を推定することは可能である。詳細は後述するが、この時期彼は恒例の商品仕入れのために秋田を離れ、東京や京阪方面に長期出張中である。残念ながら、この日を迎えた彼の生の感想を聞くことはできない。

3　知事の告辞

開校式で平山靖彦県知事は次のような「告辞」(6)を述べている。原文は変体仮名を使用している。

児童にして学齢に達するときは庠黌《ショウコウ》に入り学業を修むべきは、法の規定する所なりと雖ども、家計困難なるが為め就学するを得ず不学を以て身を終る者、亦尠しとせず。実に可憐の至りと謂うべく、殊に本県の如き就学児童少き地方にありては、之が救済策を講ずる焼眉《ママ》の急に迫れり。

有志諸氏、見る所あり。率先資金を投じ、斡旋の労を取り、茲に福田小学校を創立して、是等児童の為め、就学の途を開かんとす。寔《マコト》に児童の幸福、国家の慶事にして、斯の種の学校の頻々各地に生出せんことは、靖彦の深く熱望する所なり。

然り而して、物始めありて克く終りあるもの辞なし。諸子深く之に留意し、益々奮うて遠大の計を画し、本校将来の基礎を鞏固《キヨウコ》ならしめ、以て他の亀鑑と為るべく、本校教職に従事する者は、其身を慎しみ其行を正うし、以て児童忠孝勤倹の徳を涵養すべく、又本校生徒なる者は深く本校設立の旨趣を体認し、能く教師の訓戒に従い、孜々《シシ》黽勉《ビンベン》蛍雪の功を積み、他日業を卒え、以て設立者諸子の恩に酬いんことを期すべし

明治二十八年五月二十六日

秋田県知事　平山靖彦

この告辞には、県政の責任者の言として見逃せない点がある。確かに今日とは異なり、県は法制上の積極的な責任として児童就学義務への関わりを持たない。しかし、経済的困難な家庭における児童への就学援助について、県政が

果たしえる何らかに、一言触れることはできたはずである。飽田仁恵学校に県政が関わった歴史はまだ遠い過去ではない。不就学児童を「可憐の至り」と情緒的に捉え、本校の開校を「児童の幸福、国家の慶事」と美辞麗句をもって祝うのみではむなしい。ひるがえって思うと、これは、市のみならず県という公に依存できない、まったく本間の私財による慈善学校経営責任の重さ＝意義の深さを示唆する反面である。

4　学校設立者の式辞

続いて笹原貫軒が、学校責任者である本間と笹原両名の併記された次の「式辞」(7)を読み上げる。この内容は本校設立経過の一部を明らかにしており、貴重な証言である。

時維れ明治二十八年五月二十六日、茲に本校開校式を挙行するに際し、平山本県知事閣下を始とし、貴賓各位の臨場を辱《カタジケノ》うしたるは、独り本校の光栄のみならず、我々教員の深く感謝する所なり。

抑も本校創立の起因たる、一朝の画策なるに非ずして、遠く之れが数年前にありしも、時運未だ熟せず、遷延曠日容易に其宿志を臻□〔臻赴《しんぷ》＝いたりおもむく、か〕すること能わざりき。

幸に当市教育、亦た此挙を企つるあり。協同戮力、事を与にせしは、更に昨二十七年八月なりとす。爾来経営辛苦を積み、遂に本年四月十九日を以て、本県令に順依し、設立の手続をなし、五月四日〔三日付許可、四日公示〕其許可を得て、公然此校の設立を見るに至れり。是に於て校長教員の嘱托《ママ》及び生徒募集等諸般の準備を了し、即ち本日を以て開校の典を挙ぐ。

若し夫れ本校設立の趣旨及規則の如き業は、既に之れを世に公にせり。唯だ此校前途の事、今尚お遼遠に属す。吾人は鞠躬《キクキユウ》〔身をかがめてうやまいつつしむ〕励精、以て当初の目的を貫徹せんことを期すべし。

乃ち本校の経歴の一班を叙して式辞となす。

明治二十八年五月二十六日

私立福田小学校設立者　本間金之助

笹原貫軒

この式辞の中の「当市教育、亦た此挙を企つるあり」という一句は、すでに触れた秋田市なりの構想が以前にあったことを示唆する。そして明治中期における小学簡易科の消長と関係しており、この方面の研究を進める上では意味深い表現である。おそらくは、授業料を徴収しないでよい簡易科廃止にあたって、それに代わる就学促進措置をどうするか、に関わる論議があったものと推察できる。

こうして市当局が実行したくともできなかったことが、実施されようとしている。このことは、市との協力が円滑に進み、諸手続なども迅速に進んでいった背景である。

なお、設立者の筆頭は本間である。したがって、笹原はこの告辞の代読者の地位にあったと解すれば、本間が欠席している証明となる。

三　設立者

福田小学校の設立者は、名目上は本間と笹原である。この両者の関係は、今日的な表現でいえば、大商人・大地主の本間がスポンサーの理事長であり、僧侶の笹原が校務を担当する学園長である。この役割は明瞭であり、開校した明治二十八年（一八九五）以降、昭和二年（一九二七）の閉校までの三二年間、ともに並んで校主といわれる密接な関係を保つ。

ただし、開校に先立つ時期における両者の関係については不詳である。本間が笹原の寺の檀徒というわけでもない。本節では両者それぞれについての履歴を記述する。

1　本間金之助

(1)　青少年期

本間についての履歴は、辻国四郎編『亀花の系譜』[8]および三代目本間金之助[9]「祖父本間金之助」[10]を参照する。

彼の幼名は由松という。「かつては藩都久保田町をしのぐといわれた院内銀山のあらくれを相手の商売でみがかれた湯沢商人」の父四代目山内三郎兵衛（丈吉）と母親の三男として、弘化二年（一八四五）二月十日、秋田藩湯沢町（現湯沢市）で生まれる。のちに長兄松四郎（五代目三郎兵衛）と弟末吉（二代目辻兵吉）とともに彼ら三兄弟は、明治・大正期秋田財界に君臨する逸材といわれる。

由松は数え年（以下同じ）で「九歳の時、湯沢町の芳賀修介といふ漢学の師につき学ばれました。『商売往来』『実語教』『今川庭訓』などの修学を十二歳まで[11]」行っている。この土地には、秋田藩湯沢郷校時修書院が寛政六年（一七九四）に設立されて以来存続し、藩の南部要地として経済・文化が盛んなところである。漢学塾や寺子屋を開業する者も見られる。

師匠の芳賀については不詳だが、彼が用いる上記の教材から判断すれば、町人子弟の通う「寺子屋」の師匠である。なぜなら、地方給人（士族）の子弟ならば、身分を維持するため、具体的には出仕試験対策のために漢学塾において学び、その教材は大学・中庸・論語素読用の四書五経系のはずである[12]。

その後、由松は商人としての道を歩んでいる。「十三歳の時、湯沢町柳町の呉服商松井長兵衛といふ人の許に小僧に行き、二十歳まで勤め、二十一の春実家へもどり呉服商に手《ママ》伝つて居りました」とある。また彼は「秋田市に出て葉煙草を売り、土崎へ行つて黒砂糖や塩を買つて帰り、これを商つた」り、「本荘に出ては魚や古着を買つて帰へり、その利益を以つて家業に手伝つたりして居りました」[13]という。

このように、彼はすでに湯沢時代において、単に呉服専売に偏することのない広い商売を経験している。父丈吉は元治元年（一八六四）に亡くなったと推定されている。[14]由松二十歳である。幕末期、とくに秋田における戊申戦争の争乱期を、十三歳年長の兄松四郎（五代目山内三郎兵衛）を助けて乗り切るためには、相当の苦難があったろうが、彼はこれを克服している。

(2) 養子入り

明治維新の新時代となる明治二年（一八六九）ないし翌年は、由松二十五ないし二十六歳である。彼は湯沢の山内総本家ともいわれる山内市兵衛へ婿入りし、その娘との間の子が生まれる前に、この家を出て、秋田の本間家へ婿入りしている。

この辺には次のような事情がある。本間家では、初代金之助（文政九年＝一八二六生）が秋田上通り町（現秋田市通町）[15]において小間物屋を営み、妻コノとの間に長女イシをもうけ、徳蔵を婿養子としている。ところが、徳蔵は慶応二年（一八六六）に二十六歳で亡くなる。そして、金之助が明治二年三月に四十四歳で亡くなるに及び、家業を営む者に欠けてしまう。そこで由松が二番目の婿養子として本間家に入り、ただちに金之助を襲名し二代目となる。なお、彼とイシとの間に子は恵まれないが、イシと先夫との間には子があり、その長男永助は二代目（由松）をよく助ける。しかし、大正六年（一九一七）に五十四歳で没する。[16]このためのちに三代目を襲名するのは、永助の長男金次郎である。「祖父本間金之助」を執筆する人物である。

なお、由松の七歳年下の弟末吉が、初代辻兵吉の娘ヱイのもとに婿入りするのは明治七年であり、家督を相続して二代目を襲名するのは十三年である。[17]

(3)　商経営の特徴

彼は小間物の本間商店の二代目として、その経営に著しい特徴を示す。自ら毎年東京・京阪に出向き仕入れをする。東京からは駄馬便で、京阪地方からは船便で荷を秋田に送るという手広さと規模である。

この状況が「祖父本間金之助」の中に書いてある。それによると、「毎年一月七草がすぎれば棚調べを行ひ、直ちに寒中を通して上京〔中略〕東京で仕入れものをしては、それからまた大阪へ行き、六月に帰ってくる。〔中略〕そして又、秋には旧の八月二十日頃秋田を出て、十月頃帰国」と春秋二度の仕入れである。秋田と東京を直接結ぶ鉄道、奥羽線の全線開通は、福田小学校が設立された一〇年後の三十八年である。健脚の本間は「一日一〇里歩いた」[18]という時代で、長期間の出張となる。

この仕入れ商品の中で注目すべきは、「小間物の方が主でありますが、〔中略〕近年〔「祖父本間金之助」の執筆は昭和十六＝一九四一年〕まで教科書は取次いで居りました」という記述である。本間商店は残存の書物から見て、学制期以降から長期間にわたり、教科書の売りさばきに従事して教育と関わりを持っている。[19]この間の十九年十月十九日付教科書注文を内容とする郵便はがき一葉と、『自明治三十年一月　小間物小売帳　本間商店』[20]の中に、教科書を含む書籍販売の記録が明瞭に遺っている。これらからすると、小間物という概念には書籍などを含ませて、弟の店辻兵で扱う呉服系を除く商いの店、百貨店をイメージするのが相当である。

この仕入れのための出張により、彼は上京の機会を得ては日本の文明開化の移ろいに早くから触れ、秋田に座して新しい潮流の到来を待つのではなく、むしろ彼が秋田に新しい文化・文明を運び入れる役割を演じる一人となるのである。そしてこの流れの一結実として、二十六年に「発兌書肆金永堂　発行人本間金之助」の地域教科書、狩野徳蔵著『秋田県小学史略　上・下』の刊行がある。

（4）　資産形成の基盤

孫の本間金之助（金次郎）の「祖父本間金之助」の中に、われわれが知りたい事項のうちの一つで書き落とされているものがある。祖父一代の蓄財の全貌についてである。これは祖父の時期に、慈善学校へ寄与できる資産の種類や規模、あるいは蓄財の大きさと安定性があるのであり、他県の慈善学校が短期間で閉鎖していく中で、なぜ福田小学校のみが三二年間も続いていくのかを解く鍵である。

幸いにもこれを明らかにする研究論文、伊藤和美「商業・貸付資本の地主的展開―秋田市・本間金之助家の分析―」が見いだせる。(21) この論文は、本間家より離散している文書・帳簿類のうち「大福帳」「金銭出入帳」あるいは「金銭貸付記名録」等々(22)の一次資料を行使して分析・考察する秀論である。この中に、全貌を俯瞰する表現が「おわりに」(23)の中にある。次である。

「本金」は商業・貸付活動を基盤にし土地集積を押し進め、寄生地主化した。その契機は、明治一〇年代半ばよりの農村不況にあった。この時期、同家は商業活動を通じ、早くから強く連結していた地域を中心に貸付資本として農村に吸着し、それを槓杆《テコ》に直接生産農民の放出土地を集積し、寄生地主として台頭してきたのである。一〇年代を経、百町歩地主に成長した時点で、地主経営は同家収入基盤の中心となる。従って、明治中期以降の同家経営の発展は、地主資金の運用によって可能となっていた。地主資金の主要な二〇年代には貸付資金、土地への再投資であったが、三〇年代になると、これに有価証券投資が加わる。貸金活動は四〇年代以降衰退化し、土地投資も大正期に入り緩慢化する。この中で地主資金の主要な運用形態となったのは、有価証券投資であった。

この裏付けとなる数値が示され考察されているが、福田小学校の設立を含む二十六年以降の三〇年間における本間商店の年平均値（年純利益）を拾うと、商業収入一六三四円、貸金利子三二一五円、土地収益すなわち小作米販売収益九五九二円、これらの合計一万四四四一円である。このうち「金銭貸付記名録」の集計による二十八年度の貸付総額は二万五八四四円、また「大福帳」よりの集計で計算した土地（田畑）集積は二十九年までの累計で一九五町八反余である。

なお、明治期秋田県農業の展開については田口勝一郎の研究成果がある。それによると、「商人地主の場合在村地主のような集積の中心地はなく、比較的狭小の耕地を広範囲にわたって分散的に所持するのが特色であったが、本間家にもその特色がよくあらわれ、一市五郡二五ヵ町村にわたる小作地の分布となっている。本間家の大正十三年（一九二四）六月の耕地所有は田地二七五・二町、畑地四・九町、合計二八〇・一町歩となり、その小作人は五〇〇人を数えた(24)」という。

以上から見て、福田小学校を開校している全期間にわたって、土地集積の進行、小作米販売収益、さらに有価証券による利益の増大がみられ、当時の本間の蓄財の大きさと安定性がうかがわれる。

(5)　教育への関心

本間の教育への関心を知る顕著な事項をあげれば、上述二十六年の『秋田県小学史略』刊行である。慈善学校創設の機運が高まる時期に、有識者たちに本間の存在をアピールするかのようである。もちろん教育事業に手を染める背景には、彼の時代認識の反映や、教科書販売を含む家業を通じての学校や行政関係者、有識者との関わりがある。彼は職業上、県・市の上級行政官や教育関係者との交誼を持ち、年齢的にも五十歳の社会的名士である。

(6)　宗教への関心

孫の見た「祖父本間金之助」の記事からは、宗教ないし宗教家との関わりや信心について、並み以上の深さの持ち主とはうかがえない。記事中「福田学校の事」という項に、「報恩といふ事と、郷土の為めなどには、私財を投げ出してかかる人で、決して出ししぶるやうな事はありませんでした」と書かれ、積極的な報恩と郷土のためということば遣いで、創立の動機が説明されている。けれども、宗教との関わりの福田説には触れていない。あるいは孫は、校名の由来する深い仏教的意味は聞かされていなかったのかもしれない。

とわいえ、彼の行為は仏教信徒一般からみれば、次の「紀事・沿革小史」中の表彰状記事に「宗門篤信」という表現があるように、曹洞宗檀徒の模範とされ、宗教界の高い評価をえている。

本間金之助

資性温良　宗門篤信ニシテ慈善ノ志シ深ク　貧民児女ノ教育ニ熱衷シテ　夙ニ福田小学校ヲ起立シ　其他世間出生間　公共ノ事業ヲ資シ　本宗檀徒ノ心行ヲ完フセリ　誠ニ夫レ奇特トス　依テ茲ニ目録ノ通リ之ヲ賞与ス

明治二十九年十二月三日

大本山総持寺貫首　勅賜法雲普蓋禅師

また、家族からの聞き取りによれば、曹洞宗貫首など高級僧侶が秋田入りした際には、本間家に宿をとるのが常である。そして『寄附金品簿』や、この帳簿を元にする沿革史の記事の中には、曹洞宗関係の寺や人物からの金品寄付が、本校開校全期間を通じて見られるが、「祖父本間金之助」はこれを本間との繋がりによるものであろうとの宗門関係を指摘している。(25)

(7)　本間の当初負担

では本間は、福田小学校の設立や維持にあたってどれほどの金員を支出するのであろうか。その一部である当初三か年の学校経費について、「紀事・第三回報告」によって見てみると、学校経費の支出合計は三九一円八四銭七厘である。そして同時期の本間以外から寄せられた金員寄付は二〇五円九五銭である。これを単純に収支とみなせば、差引マイナス一八五円八九銭七厘となる。

このマイナス金額は、本間によって何らかの方法で埋められているに相違ない。これを彼の当初負担と考えてよかろう。

(8)　本間の特別寄付

大正十三年（一九二四）一月に作成された『秋田市私立福田尋常小学校学事一覧』と『沿革大要』という各一枚の家蔵印刷物によって、この時点での「本間校主ノ特別寄付」が明らかになる。すなわち、金額三〇〇〇円であり、全額がそっくり「本校財産　一、基本金一〇、三五〇円」を形成する一部として扱われている。この基本金の内訳は、定期預金九一一六円、当座預金七七四円、債券四六〇円であり、現に存在する金員としている。

なお、これより以前の明治三十一年に校舎が新築されている。この時の経費については、「本校財産（一、略）二、土地（校主寄附）二、六四〇円　三、建物（同）一、二六〇円」と記録されている。これは上記の金員三〇〇〇円の寄付とは別である。

以上から見て、基本金が学校設立当初から設けられていたとはいえない。それがもしあるなら、当然公表されるべき重要な報告事項であるが、関係記事はまったくない。上記大正十三年の公表によって判明する本間の金員寄付は、基本金三〇〇〇円という一項だけの記載であって、寄付時期はもとより、一括払込か分割によるものかの方法も不明である。

しかも、これより早い「紀事・第三回報告」（明治三十、三十一年の設立当初期）の中では、金員に関する収支が赤字である事実披露のみである。この赤字をどうするかの推量の余地は、商議員会が帳簿上に赤字繰越として処理し、適時に本間校主が負担するとしたであろう。いずれにしても、この赤字経理は設立当初には基本金がないことを十分示している。[26]

(9) 並の富者から外れた人格

資産家は意外にもケチである。辻国四郎は一つのエピソードとして、「二代辻兵吉の〔中略〕湯沢へ帰った際など、末吉はたもとから紙をひねってヒョイヒョイと皆に小遣いをくれるので人気があったそうであるが、由松は一向にそんな事もなく」、また湯沢の山内倉松の娘「キクの思い出話に、辻兵の叔父からはよくカスリやゴロの着物等をもらったものだが、本金の叔父（義父）には、ある時二円の番茶道具をねだった所、買ってやるから金をよこせといわれた話」を書いている。もっとも国四郎の評価は「それはケチというよりは関西でいう『始末』というものであろう」[27]としている。

こういうエピソードからは、本間が資産を増殖どころか、費消するのみの慈善事業に関わるなど、まったく想像もできないことである。しかし上記の経理に見るように、慈善学校事業を営むからには毎年生じる赤字を、恒常的に自らの持ち出しによって処理する道を選んでいる。彼の所得が巨額であり、それに比較すれば、慈善事業への支出など取るに足りないものであるにせよ、これを決断し実行する本間金之助の人格は並のものではない。明治維新革命を、東北戊申戦争の争乱として体験し始め、以後の大正期を経由する顕著な社会・経済・文化の潮流を、プラス要素として受けとめ切る希有な日本人の一人である。慈善学校創設者として、高く顕彰したい。

(10) 褒章と逝去

本間は四十三年六月十一日に藍綬褒章をえる。この理由に触れる褒詞[28]は、次の通り福田小学校設立の功績である。

秋田市大町二丁目　　本間金之助

資性温良常ニ慈善ノ志厚ク、居市ニ住スル貧民ノ子弟ニシテ聖代ノ教化ニ浴セサル者アルヲ憂ヒ、明治二十八年福田学校ヲ興シ独力之レヲ施設シテ自ラ之レカ校主ト為リ、拮据経営校舎ヲ築造シテ益々其規模ヲ拡張シ貧困ノ児童ヲ収容シテ、学ヲ教ヘ業ヲ授ケ、既ニ卒業スル者百六十余名ニ達シ、今ヤ修学スル者百ヲ以テ之ヲ数フ。而シテ其要スル所ノ費途ハ悉ク私財ヲ以テ之レヲ辨シ、且基本財産ヲ造成シ以テ其基礎ヲ鞏固ナラシムルニ至ル。洵ニ公衆ノ利益ヲ興シ成績著明ナリトス。依テ明治十四年十二月七日勅定ノ藍綬褒章ヲ賜ヒ　其善行ヲ表彰セラル

また多額納税者互選による貴族院議員となったのは、翌四十四年から大正七年の間である。

彼は昭和四年（一九二九）一月十四日、八十五歳の長寿をもって没した。法諡《ほうし》を「徳邦院珍堂明珠居士」という。そして秋田市「寺町禅光明寺に葬《ホウム》」られている。ここにわざわざ禅光明寺と禅を付したのは、別に浄土宗の光明寺という同名の寺院があるからで、こちらは曹洞宗の寺であるとの意味を持つ。(29)

2　笹原貫軒

(1)　地元における学校経営責任者

学校設立過程において欠かせないものとして、教員選定や教場確保とともに校務上の庶務や経理等があり、これらを総務として担当する責任者が必要である。本間校主がそれに当たれないから、もう一人の校主笹原が実質的学校経営責任者となる。

特に、本間が地元を不在とする期間が毎年長期にわたるため、彼は校主の一人として開校時から閉校時までその重い任を果たすが、それに相応しい履歴・人格をそなえている。

(2)　履　　歴

笹原貫軒は慶応元年（一八六五）十二月十六日に生まれる。人となりを知る上で参考となるので、著者からの問い合わせに対する孫笹原尚民（法名釈民観）氏の平成八年（一九九六）十一月八日付の返書の一部を紹介する。

この書状によると、「小職中学入学の頃（昭和十年）以前から（貫軒氏は）軽い脳卒中に見舞われ、少壮の頃について直接語るのを聞いたことがない」のであるが、「祖母等の伝えるところによれば、若くして笈を負い、京都、東京へ勉学に上った学究の徒であったよう」で「現在の東洋大学、明治における哲学館の創立に当っては、井上博士、当派（真宗大谷派）の学僧南條文雄（日本人にしてロンドン留学し、初めてサンスクリットを修得）あるいは戦前の政友会の領袖安藤正純とともに功績あったことなど聞かされております」。また「ここには支那仏教史の泰斗境野黄洋博士も出て参り（中略）、私の父は同氏の書生となって早大文学部へ学んでいます」し、「私は自身の幼少の頃からの祖父の切なる要望で京大で哲学を専攻」しているとの由である。

以上から、福田小学校設立当時の笹原は、東京での修学を果たした、三十歳半ばのインテリ僧侶という人物像が、浮かび上がってくる。深い仏教観を持ち、慈善学校についての時勢認識のみならず、設立運動を推進する指導性に優れ、また社会的信用を持つ。後者の社会的信用は、現在も秋田市旭北寺町にある当知山本誓寺（真宗大谷派）の第二十世住職ということで裏付けられる。

(3)　宗教人としての活躍

彼は、単に座して福田小学校の留守居をする消極的人物ではない。三十年一月十日に「東北仏教会幹事笹原貫軒、曹洞宗宗務支局事務取扱大川祖順、一場ノ講話アリ」（紀事・沿革小史）などと、福田小学校でのときどきの仏教法話を企画している。

『沿革史紀事』中に、笹原本人が改まった講話活動した由の記事が乏しいのは、今日、校長の朝礼講話など日常的な活動の記事を、一々学校日誌などに校務記録として書き留めていないことと同様である。

残念なことに、既述のキリスト教系慈善学校の設立から、どのような刺激を受けたのか、また他の有識者たちとの交流、彼の考えや活動について、直接書き残してはいない。

(4)　第四次小学校令期の校長

福田小学校は四十二年四月より、小学校令の改正に伴う六年制に延長する課程となる。『修業証授与録』を見ると、四十四年三月以降には「校長笹原貫軒」と、彼に校長の肩書きが明記されている。この校長の地位には本校の閉校時まで就いている。

(5)　逝　　去

彼はその顕著な活動により宗門より表彰されている。しかし『表彰状』に記載される文章は取材できていない。

笹原は昭和十二年（一九三七）八月十九日に逝去し、法名を福田院釈貫軒という。彼にとってこれほど相応しい法名は他になかろう。

四　教　　員

1　教員の確保

(1)　教員確保の困難

明治二十七年（一八九四）一月十二日の文部省訓令に応じて、秋田県知事は同月三十一日付で貧窮家庭児童の就学奨励を内容とする訓令を発する。その中で、従来の訓令により「就学ノ猶予又ハ免除ヲ得タル児童」がいるが、彼らが「便宜ノ日時ニ於テ近易ナル方法ニ依リ相当ノ教育ヲ受ケタル者ハ、其望ニ依リ尋常小学校ニ於テ、其課程ニ照準斟酌シテ其学力ヲ試撿シ、其第一第二学年ノ課程ヲ修了セルモノニ等シト認ムル」(30)として、この後の第三学年以上への更なる就学奨励に関心を向けている。

しかし社会一般はといえば、教員を含めて、貧民児童の就学への理解は乏しい。この背景には、当時の市町村合併による諸整備に伴う出費増がある反面、不作のための収入減という市町村財政の悪化がある。このような周囲の環境の中では、私財による慈善学校教員の待遇はせいぜい公立学校並みで、それ以上に優遇されるとは考えにくく、加えて永く安定保障されるとも考えにくい。福田小学校の場合にも、最初から師範学校卒の正資格所持者を専任教員として迎えることはできない。特殊教育に従事する篤志正資格教員に出会えない。

(2) 臨時嘱託の確保

その結果、福田小学校は発足時には臨時の嘱託による教員確保を図らざるをえない。これを次の知事への「御願」(家蔵)が明らかにしている。

御　願

私共儀　今般私立学校設立致候ニ就テハ　正教員採用可仕ノ処　目下相当ノ正教員欠亡ニ付　現今当市旭尋常小学校準訓導尾留川金太郎ニ一時教授ヲ嘱託致度候間　特別ヲ以テ御承認相成度　此段願上候也

秋田県羽後国秋田市大町二丁目一番地

本間金之助印

同　県同　国同　市寺町三十一番地

笹原貫軒印

明治二十八年四月十九日

秋田県知事　平山靖彦殿

この日付は、本間と笹原連名の設立願書と同日である。このことは教員確保の見通しがつき、これで学校設立に向けての実質的な準備が整い、そこで即刻設立願を提出し、すでに始まっている新年度の学業に間に合わせようとしたことを十分に推測させる。

(3)　最初の教員尾留川金太郎

設立願と教員嘱託承認願の二願書に対して、五月一日付秋田市役所からの「本願中教授時間記入更ニ差出スヘシ」との指令書（家蔵）がある。これに対する応答文書や教員嘱託承認願（現任校との兼務）への許可書は遺っていない。しかし、前掲五月四日付の趣意書の中には明瞭に「教員尾留川金太郎」と記されている。公立小学校の準訓導である尾留川金太郎は、この身分を持ったまま私立福田小学校最初の教員となる。

ここで、彼についての記述をいったん中断する。彼の身分にも大きく関わっていく事件が、開校直後の福田小学校に起きているので、このことを先に紹介しなければならない。

2　校長の更迭

(1)　初代校長深谷泰蔵

学校が開校したばかりの時期に、特に諸事万端に尽力して欲しい一人は校長である。その任を担った初代校長は深谷泰蔵であるが、開校式から一一日後の六月五日、突然県外に転任することになる。彼の本務は二十二年三月末に、秋田県尋常師範学校書記から秋田市立旭高等尋常《ママ》小学校の第二代校長兼訓導に就任し、月俸一三円を得る。この旭校は、三年後の二十五年四月より尋常小学校となるが、彼は翌二十六年四月十日には三等上級俸一五円に昇級している。

この後に福田小学校と関わるのであるが、『沿革誌　旭尋常小学校』はこの関わりに一切触れていない。したがって、彼が福田小学校創設過程において、あるいは兼務校長としての働きぶりの具体的な内容は不詳である。にもかかわらず、上に諸事万端に尽力して欲しいと書くのは、福田小学校への衝撃の大きさからの推測である。福田小学校側の「紀事・沿革小史」は「本校歴史上ノ重要事」と書いている。

前途多望ナル初生ノ暁ニ於テ　本校校長深谷泰蔵　俄然兵庫県印南郡役所ニ出向ヲ命ゼラルルヲ以テ　六月五日送別式ヲ挙行ス　之レ実ニ本校歴史上ノ重要事タリ

諸事万端というのは、本務旭校から人選して教員を派遣することをはじめ、スタートしたばかりの学校運営を軌道に乗せる教務・庶務における校長の管理的業務である。船出した途端、本校は校長という舵取りを失ってしまう。「紀事・沿革小史」の続く記事を読むと、この時本間は不在である。そこで、笹原は商議員の竹内、野村に教員尾留川を交えて、とりあえず「今後ノ方針ヲ議定」し、学校＝授業の継続（存続）を決め、廃校という選択肢を捨てる。深谷の転任の理由は明記されていない。しかし『沿革誌　旭尋常小学校』の中に「任兵庫県印南郡高等小学校訓導兼校長（月俸二十二円）」という辞令の写しが書かれていて（福田小学校「紀事・沿革小史」の記事「郡役所ニ出向」は補正されなければならない）、俸給額が七円アップしていることは、これが栄転人事であることを示している。

深谷は二年後の三十年八月九日に、「前校長深谷泰蔵帰省中ナルヲ以テ参観（中略）一条ノ演説セラル」と、「紀事・沿革小史」は帰省という文字を使用している。しかし、彼が秋田県出身者であるかどうかは不詳である。

(2)　二代目校長鈴木市太郎

後任の校長の選定は本間の帰秋を待つ。「紀事・沿革小史」に「九月三十日　旭尋常小学校長鈴木市太郎ヲ本校校長ニ嘱託ス　是ヨリ本校教育一層ノ秩序ヲ見ル」とあるように、兼務する校長は深谷と同じ旭尋常小学校からである。

専任教員もおらず校長もいない危機的事態は、約四か月を経てやっと終る。なお、旭尋常小学校は福田小学校にもっとも近い隣接する学校である。管轄者の秋田市としての配慮であろう。

「紀事・第二回報告」は、二十九年四月から翌年三月までの一か年を内容としている。この中で役員の一人として「校長鈴木市太郎」を明記し、翌年度は「其他移動ナシ」であるから、少なくとも三十一年三月までは鈴木が校長である。彼はこの年の人事でいったん旭校を離れる。

(3)　後任校長不置の可能性

この三十一年の四月以後に福田小学校に後任校長が就いたかどうか、記録の上では不明である。既述のように四十四年三月以降となると、笹原貫軒が校長に就任している。

今日では、校長名の卒業証書や修業証書の発行は当然である。しかし、当時は学校名のみや訓導名のものがある(31)。つまり、福田小学校においても、三十一年以後しばらくの間は校長を置かないと推量できる。教員尾留川が専任になることによって、教務や庶務体制が安定し、伴って公立小学校長が私立小学校長を名目的に兼務する事態を解消した、とは十分考えられる。

3　専任教員の確保

(1)　臨時教員による不安定な学校経営

「紀事・沿革小史」をたどっていくと、尾留川金太郎が旭小学校での授業前後に福田小学校に出かけ「公務ニ差支ヘ無キ時間ヲ以テ本校教授ノ任ニ当ル」のであるから、当然彼は過労な勤務となる。そこで、「補助員ヲ要スルハ固ヨリナリ」という理解が得られ、深谷校長を送り出した直後の「六月十二日　河野道教ヲ臨時教員ニ嘱託セリ」に始まり「同月二十二日　課外臨時教員ヲ鵜沼トクニ嘱託ス」と続く。

けれども、これは「同月二十九日　河野臨時教員職ヲ解ク」に見るように、長続きしない。初年度の臨時職員の場合では、次のような事態である。

野村ハマ・課外臨時裁縫教師（二十八年七月五日～翌年一月二十七日）

佐藤久治・教員嘱託（八月十六日～翌年一月二十七日）

笹原観幽・臨時授業補助教員（六月二十九日～翌年十二月五日死没）

藤林正緑・補助教員（二十九年一月二十七日～不明）

本校は、当初五〇名を生徒定員とするが、志望者が多く急遽六五名（名目）に増員しての入学生徒数である。これに対しての臨時職では、学校経営に限界がある。特に二十九年一月二十七日には、野村ハマと佐藤久治の送別式を行っているが「是実ニ本校第三ノ重要事ナリシナリ」と、引き続き授業を継続できるか否かの危機にさらされる。そして同日、「故ニ笹原観幽　藤林正緑補助教員トナリテ臨時教授セラレ　漸ク以テ支障ナキヲ得タリ」という不安定さである。

(2)　尾留川の専任教員就任

このような状況を前にして、尾留川はついに決断する。「紀事・沿革小史」の二十九年の記事の中にこう書かれている。

八月十三日　尾留川教員旭尋常小学校ノ公務ヲ辞シ　専ラ本校教育ノ任ニ当ラル　蓋シ本校係員中　創立上直接ノ関係ヲ有スルモノヽ中　転地或ハ死亡ノ為メ　今ハ僅カニ本間笹原ノ両校主　尾留川教員　竹内商議員ノ四名ノミ　然ルニ本校教育ヲ掌《ツカサ》トル教師　其人ニシテ在職長キモ数月　短キハ月ヲ踰《コ》ユルコトナク　屢々《シバシバ》変更スルハ本校ノ前途深ク憂フル所ナリ　独リ尾留川教員設立以来公務ヲ帯シ　傍ラ教授ノ系脈ヲ保ツト雖トモ　前難後

難創立日尚オ浅キ今日ニ於テハ　此ノ如キノ状態ニテハ維持上ノ難キハ素ヨリナリ　茲ニ於テ校主商議員深ク慮《オモンバカ》リ尾留川教員ニ謀《ハカ》リ　同教員モ亦前途ヲ心配シツヽアルノ時ナレハ容易ク議《タヤス》ヲ容レ　爾来本校ノ専任教師トナル

このような経緯に照らしてみると、本校教育を担い軌道に乗せる上での尾留川の理解と貢献ははなはだ大きい。

(3)　尾留川の職歴

福田小学校史に輝く尾留川金太郎であるが、本校にいつまで勤務しているのかは判然としない。同校の教員記録の手がかりとなるのは、『卒業証授与録』中に記載される各年度の校主・校長・教員名である。しかしきちんと記載されるのは「第十三回明治四十四年三月卒業」の欄以降で、この時期にはもはや尾留川の名はない。

ただ幸い、彼の前任校時代については、『沿革誌　旭尋常小学校』(32)の中に記事がある。その最初は、同校が前史を経て校名を「旭」と名乗る二十年四月一日である。ここに八人の訓導（含校長）と六人の助訓名が挙げられている中に「一等助訓　月俸六円　尾留川金太郎」と、助訓中の筆頭として存在する。

次いで同年十一月十五日に次の記事がある。「此日　郡訓令第八十三号ヲ以テ県令本年二十一号小学校授業生免許規則実施ニ付　助訓以下廃職ノ旨達セラレ　同時ニ授業生及雇《ママ》ヲ命セラレタルモノ左ノ如シ　授業生　月俸四円　蒲原忠治〔中略〕高等科傭　同六円　尾留川金太郎」である。

この時の任命数は八人で、そのうち授業生三人と尋常科傭三人が各月俸四円、そしてもう一人の尋常科傭は月俸三円である。訓導以外では尾留川の月俸が最高である。このようなベテラン教師であるため、同年ならびに翌年の年末に「職務勉励ノ廉《カド》ヲ以テ手当金ヲ贈与セラレタル者」の中に選ばれ、いわゆる賞与として一円五〇銭ならびに一円を与えている。当時は全員に給与されるのではない。対象者は校長・訓導・訓導心得八人の中から五人、授業生・傭八人からは僅か二人の選定でしかない。翌年には前者二人後者が五人である。

(4)　旭小学校の改革

市制の始まる二十二年四月一日、市立旭高等尋常小学校では「職員大改革アリ」となる。既述のように、深谷泰蔵が校長兼訓導に赴任する。いっぽう「依願免職　傭　尾留川金太郎」となる。

また同日、本校に授業料無徴収の簡易科が独立校として併置される。「簡易小学校長兼訓導　月俸九円　中川鋼吉」の発令は、事実上同一校に二名の校長の存在である。この不自然さは、同年十一月十四日に深谷が両校の校長を兼ね、中川は訓導となり解消する。それだけでなく先取して記すと、翌年四月四日の県令第八七号により簡易科は廃止となってしまう。

さらに二十五年六月に改革があり、秋田市では高等小学校が独立する。旭高等尋常小学校は高等がとれて旭尋常小学校となる。伴う十七日付の職員異動の中で、深谷は引き続き校長兼訓導に留まり、やがて福田小学校設立の際に校長を兼ねる。

(5)　尾留川の再任

しばらく名を見ない尾留川であるが、二十六年四月「二十五日　尾留川金太郎当校準訓導拝命（四等上級俸）」と旭尋常小学校へ再び就任する。俸給の四等上級俸は六円である。そして年度末に「学校沿革誌ヲ編成」という役割を与えられる。彼はこの学校の前身校時代を知る者ではあるが、後に福田小学校の『沿革史紀事』の緻密な内容や『卒業証授与録』等達筆の簿冊を整え遺すに至る優れた才能の持ち主である。二十八年四月一日の辞令では「準訓導尾留川金太郎ハ三等下級俸給与セラル」と俸給額は七円となる。

ところで、この年に発足する福田小学校に尾留川を派遣する余裕があるのか、『沿革誌　旭尋常小学校』を資料として、職員数等を見てみる。年度末人員であるが、校長を含む訓導八人、尾留川を含む準訓導三人、そして傭二人の計一三人によって男五五三人・女三五七人・計九一〇人の在籍児童を教えている。知りたい学級数は不明であるが、二年前の二十六年度の数を参考とすると、この時は児童数六三五人を八学級に編制し一〇人の職員で教えている。つまり大規模学校であるのでクラス担任を外れる者がいる。福田小学校への教員派遣のやりくりが、窮屈ながらできる状況である。

『沿革誌　旭尋常小学校』には、準訓導や傭にいたるまでの人事が記載されているのに、彼の退任記事は書かれていない。ここまでの沿革誌を執筆した担当者尾留川が、年度途中で福田小学校へ転任したために、後任者が書き落としたのであろう。したがって、上記二十八年度末一三人に及ぶ職員一覧に名を連ねる記事が、尾留川に関する沿革誌掲載の最後である。

(6)　尾留川への待遇

福田小学校の専任教員となる尾留川は、どんな俸給額で待遇されるのか。直接明示するものはないが、「紀事・第三回報告」中の「第三号　経費」には、当初三年度分の教員俸給と同報酬が示され参考資料となる。

前者は二〇円、四九円、一〇六円と推移し、後者は一四円八五銭、一三円で終り第三年度分の支出はない。尾留川の専任在職期間は、第二年度は七か月、第三年度は一二か月である。この数で教員俸給支出額を割れば、第二年度は七円そして第三年度は八円五〇銭で、残額四円である。

このように計算してみると、尾留川の俸給は七～八円と考えられる。ちなみに旭小学校での俸給は七円であるから、この額は下限として保障され、さりとて大きな上乗せもない金額である。

表16　福田小学校専任教員在任期間

氏名	3月在任(発令年)	3月不在(退職年度)	備　考
星野トク	明治44年(1911)	大正2年(1913)	明治19年(1886)師範卒 旧姓鵜沼
久保　操	明治44年(1911)	明治45年(1912)	
皆川ツネ	明治45年(1912)	大正3年(1914)	
平沢長蔵	大正2年(1913)	大正5年(1916)	
永井ツナ	大正2年(1913)	大正4年(1915)	
長崎トキ	大正4年(1915)	大正7年(1918)	
佐藤惣八	大正5年(1916)	昭和2年(1927，閉校)	明治23年(1980)師範卒
藤井スヱ	大正7年(1918)	大正9年(1920)	明治34年(1901)師範卒
	大正11年(1922)	大正12年(1923)	
鎌田トメ	大正9年(1920)	大正10年(1921)	
中村ツナ	大正10年(1921)	大正11年(1922)	
齋藤ヨシ	大正12年(1923)	昭和2年(1927，閉校)	

注　『卒業証授与録』および『修業証授与録』による明治44年（1911）以降．この他の教員では，尾留川金太郎の明治28年（1895）発令，退職年度不明がある．

4　専任教員の記録

福田小学校の全期間を通じての専任教員の記録は、尾留川だけでなく他の者についても乏しい。ここには『卒業証授与録』と『修業証授与録』とによって、四十四年以降の判明する教員の姓名と在任年月とを表16として挙げる。上記両簿冊は、新年度教員人事が三月末に発令される時代の記録である。したがって、特に「三月不在」との記載は、前年四月以降から年度途中に離任を含めたものとなる。

なお、師範学校を卒業している正教員資格者の有無を見るために、秋田大学教育学部同窓会旭水会発行の『会員名簿平成五年版』を参照する。すると、この名簿に掲載者は僅か三名を数えるのみである。資料の精度が問われるし、また教員資格を検定によって得ることもできるので、このことからただちに福田小学校教員の質を低いと断定するには慎重を要するが、少なくとも初期においては、師範出身教員の長期間勤務を求めることが困難であったように思われる。したがってこの状況中では、師範出の佐藤惣八の場合に、彼の就任が篤志によるだろうと指摘できる。

5　慈善学校創立の意義

就学児や教育内容等は後に述べるので、本項で総体にわたる意義は述べられない。しかしこの章で取り上げた初期における特徴をまとめ、慈善学校が設立された意義に触れたい。

(1)　創設経緯について

①　授業料を徴収しないでよい簡易小学校廃止後の、教育行政当局の懸案との関わりがある。多くの市町村では、授業料免除者枠を拡張することによって、いったん就学した貧民児童の就学継続を計るが、限度がある。二十三年小学校令第二十一条によって「貧窮ノ為〔中略〕学齢児童ヲ就学セシムルコト能ハサルトキハ〔中略〕就学ノ猶予又ハ免除」可能という時代である。経済的困難〔貧窮〕を理由として、義務教育を免除する法的措置が機能し易い。

このような環境の中での慈善学校の設立は、貧窮の境遇を同じくする貧民児童が学びやすい学舎を整えるものとして、歴史的な積極的意義が認められる。

しかしながら、これを公立学校として設立することは困難であり、富者の慈善事業としての私立学校での経営が社会的に容認されている。

②　この二十年代における就学事業推進の日本的特徴の一つは、仏教思想を基底に置く慈善学校設立運動である。秋田の場合、校主の一人は僧侶であり、この潮流の中にある。

ただし、教育課程の中に宗教の時間を特設していない。ゆえに、西欧的な意味の宗教学校の創設を意味しない。むしろ、旧公立簡易小学校の肩代わりとしての、普通教育の場、世俗的教育を提供する学校である。

③　学校を設立する富者として、秋田における開明的大商人であり、時の大地主となる本間金之助が校主となる。

これが、他府県に見る短期間の寿命に終る点と異なり、三二年間の開校を可能とする基盤、豊かな学校基本金を持つこととなる。

(2) 教員について

① 当初の校長転出問題の発生に見るように、教務を中心とする学校経営責任者の安定確保には弱点が見える。

② そして、開校当初には専任教員による授業を開始できない。

③ 臨時教員による授業は、指導の充実・多様化というより一時的手伝いである。

④ 詳細は後述するが、児童数に対する教員数の不足（当時一般的でもある）を指摘できる。

⑤ 専任教員尾留川の資格は準訓導であり、もし師範出の訓導の指導を相対的に水準の高い教育保障というならば、それを保障した慈善学校の発足は困難である。本校については、殊更に安価な経費による経営を志向しなければならないという点は窺えないので、当時の教育界における慈善学校に対する理解の不足が、正教員のなり手不在を招いている、と指摘できる。

以上のように挙げてみると、理想に比べて種々不足のある福田小学校の創立であるが、「紀事・沿革小史」の中の開校日記事に「生徒ノ定員ハ最初五十名トスタレトモ《ママ》　入学志願ノモノ続々アリテ（中略）六十五名ヲ以テ定限トス」と、収容能力上から、受入制限をしなければならないほどの多数の希望者に応じている。この事実の持つ意味は重い。本校が貧民児童の教育要求を吸い上げ、歴史的役割を果たす誕生であることの一証明である。

第二章　校則と教育条件の整備

本章では、福田小学校で実施された教育について、校則等の準拠する規程、校舎、教育課程、教科書・教材そして児童の生活への諸配慮等を取り上げる。そして、これらが貧民児童の教育要求に適うものであるか、をみる。

一　校　則

1　当初の校則

明治二十八年（一八九五）四月に、本間金之助と笹原貫軒両名の名義をもって秋田県に提出した学校設立願には、次の「秋田市私立学校規則」（家蔵。以下校則という。一部改行を省略）が添えられている。これは福田小学校の全体構想を示している。

秋田市私立学校規則

第一条　本校ハ　貧窶《ヒンル》ニシテ成規《ママ》ノ教育ヲ受クル能ハサル児童ヲ　教育スルヲ以テ目的トス

第二条　教科目ハ　修身　読書　作文　習字　算術トス

第三条　修業年限ハ　三ケ年トス

第四条　生徒定員ハ　当分五十名ヲ以テ限トス

第五条　学科課程及毎週教授時数　左ノ如シ〔表を略す。二節に掲載〕

第六条　学年ハ　四月一日ニ始マリ　翌年三月三十一日ニ終ル

第七条　授業時間ノ始終ハ　学校長ニ於テ之ヲ定ム

第八条　休業日左ノ如シ

日曜日

祝日大祭日

夏季休業　自八月十日　至八月三十一日

冬季休業　自十二月二十五日　至翌年一月三十一日

学校創立記念日

学年末休業　自三月二十五日　至三月三十一日

鎮守祭

第九条　入学ノ期ハ　毎年四月一日ヨリ同三十日迄テ《ママ》限リトス

但　時宜ニヨリ補欠ノ為　臨時入学ヲ許スコトアルヘシ

第十条　入学者ハ　総テ市在住ノ学齢児童トス

但　入学願書ニ　成規ノ教育ヲ受クル能ハサル旨　秋田市長ノ証明ヲ受クヘキモノトス

第十一条　生徒ハ　総テ無月謝トス

第十二条　教授書籍及器具等備フル能ハサルモノニハ　商議員ノ議決ニヨリ　全部若クハ一部ヲ貸与ス

第十三条　教育上ニ経歴アルモノ　及本校ノ設立維持ニ功労アルモノ若干人ヲ　請フテ商議員トス

第十四条　商議員ハ　本校一切ノ事業ニ関シ　補助翼賛スルモノトス
第十五条　学業不進《ママ》　若クハ品行不良ニシテ　成業ノ目的ナシト認ムルモノハ　放校ヲ命スヘシ
第十六条　本校ノ経費ハ　設立者及有志者ノ寄附金ヲ以テ　之ヲ支弁スルモノトス
第十七条　時宜ニヨリ　生徒中ノ一部ニ　簡易ナル実業ノ実習ヲ授クルコトアルヘシ　其方法ハ　学校長ニ於テ之ヲ定ム
但　実業実習ハ　教科時間外ニ於テ　之ヲ定ム

以上の内容を大きく分ければ、福田小学校の骨組みについての制度的側面、教育内容的側面、学校管理的側面、そして学校財政的側面を含んでいる。本節では、制度的側面をみる。

2　貧窶と就学

(1)　成規の教育

校則第一条は、本校が特別に設けられる特殊な小学校であることを、「本校ハ　貧窶ニシテ成規ノ教育ヲ受クル能ハサル」という表現や、また第十条では「成規ノ教育ヲ受クル能ハサル旨　秋田市長ノ証明ヲ受ク」云々の文章で現わしている。

一般小学校においては、まったく挙げるまでもない成規（正規）の教育云々が、ここではわざわざ積極的に表現されている。こんなところに、福田小学校の第一の特殊性がある。

(2)　公立小学校就学主義の反映

では、成規の教育とは何か。これは二十三年の第二次小学校令第二十二条「市町村立小学校又ハ之ニ代用スル私立小学校ニ出席セシム」の表現から窺えるところの、公立小学校就学を正規とし、私立小学校就学を代用とみる考えを反映している。

実際には、例外的な場合として同条後半に「家庭又ハ其他ニ於テ尋常小学校ノ教科ヲ修メ」云々との法定がある。いま福田小学校に関しては、学校で学ぶ就学の機会を設けることが社会的課題なのであるから、家庭教育等をも正規の教育の代用とみる場合の方は無視してよい。

そこで本校は、経済的貧困により学校において学ぶことのできない児童、すなわち手続的には、保護者の申し立てを市長が認めて、就学義務の猶予または免除の対象になる児童を対象として入学させる学校、との意となる。

(3)　就学義務と経済的困難

この当時の就学義務制では、十九年の小学校令第五条「疾病　家計困窮　其他止ムヲ得サル事故」の理由による就学猶予が認められている。そして二十三年の第二次小学校令第二十一条では、「貧窮ノ為　又ハ児童ノ疾病ノ為　其他已ムヲ得サル事故」と表現して、貧窮が真っ先に挙げられ、就学猶予だけでなく就学免除をも認める制度となっている。

これは今日とは大いに異なって、経済的困難を事由とする義務教育の猶予ないし免除が公的に承認されている。それだけに福田小学校の設立は、教育を受ける保障から縁遠い児童に、希望を持たせるものである。

3　修業年限

(1)　三年制小学校

校則の第三条は修業年限を三か年としている。これは、第二次小学校令第八条が「尋常小学校ノ修業年限ハ三箇年又ハ四箇年」とした中の、短期間を選ぶ学校であることを示している。

同令第二十条の「尋常小学校ノ教科ヲ卒ラサル間ハ就学セシムルノ義務アルモノトス」が、この時期の義務就学年限を示す表現である。成績不振などで「教科ヲ卒ラサル」原級留置《とめおき》いわゆる落第などとならない限り、たとえ三年制の福田小学校の履修であっても、りっぱな義務教育の修了、すなわち小学校の卒業である。

注意しなければならないのは、四年制を採る小学校での三年履修で修了する場合は、卒業にはならず修了である。

福田小学校への就学は、児童にとっては不就学から一転して小学校卒業への道を歩むのであり、たいへん魅力的である。

(2)　過渡期の制度

当時の時代的な背景をみてみる。これより早い十九年の第一次小学校令では、いったん四年制の義務教育を定めている。法令の第四条に「父母後見人等ハ　其学齢児童ノ尋常小学科ヲ卒ラサル間ハ就学セシムヘシ」とあり、別に定めた「小学校ノ学科及其程度」第一条では「尋常小学校ノ修業年限ヲ四年トシ」と現わしている。

このような法定が一度あった上で、第二次小学校令では、就学年限を一年短縮する三年制尋常小学校の設置をも可能としている。この背景には、地方自治制度の整備を推進する政策的な理由がある。まさしく、既述の簡易科の移行がこの三年制尋常小学校である。そうであればこれが四年制移行への過渡的のものであることは明らかである。

(3)　四年制義務教育の確定

三年課程によって小学校卒業、義務教育の修了ができる時代は一〇年で終わる。三十三年の小学校令改正は、第十八条「尋常小学校ノ修業年限ハ四箇年トシ」となる。ところが福田小学校の場合、この年以降も、『卒業証授与録』によれば、三十九年三月の卒業生まで、三年修業制を継続している。小学校卒業とはいうが、本校の卒業は第三次小学校令の法定どおりの義務教育修了とはならない。

福田小学校の設立は、就学困難児への学校教育の機会提供である。必ずしも義務教育の終了（学歴）を保障することや、その責任を絶対的に果たすことが第一義ではないかもしれない。しかし、創立時に持っていた義務教育を法定どおりに終了するという機能の喪失は、就学者の望む高い水準の教育要求に対して、十分には応じられない点で、理想と現実との乖離を顕わにしている。

(4) 修業年限の延長

これへの対応が、本校の教育課程四年制への延長という改革である。その時期は『修業証授与録』に「本年度ヨリ修業年限四ケ年ニ延長」と添え書きのある三十九年度からである。そして続く翌四十年度には五か年課程となり、さらに翌々四十一年度には「本年度ヨリ修業年限六ケ年ニ延長」となる。

これらは、明らかに四十年の小学校令改正（第四次小学校令）第十八条にいう「尋常小学校ノ修業年限ハ六箇年トス」に伴う、義務教育六年制への移行措置となっている。ふたたび福田小学校は、義務教育を法定どおりに修了できる学校へと準備され、整備される。

もっとも一般小学校の趨勢は、三十年代における民衆の一層の高水準教育要求を反映して、高等科二年（第三次小学校令四年制の上層課程、第四次小学校令の尋常科第五、第六学年相当課程）や、それ以上（第四次小学校令の高等科相当課程）を併置するものがみえて、すでに義務教育年限延長に備えている。これらとの比較でいえば、福田小学校の準備は遅れている。

しかしながら、『沿革大要』（家蔵）の記述を借用すれば、「小学校令ノ改正ト共ニ六ケ年ニ延長シ　学科目モソレソレ追加セル上　従来ノ単級組織ヲ改メテ二学級トシ　教員ヲモ増加シ」云々と、短期間に一気の改革をする意気込みを感じさせる。

4　生徒定員

(1)　名目定員と実定員

校則第四条は「生徒定員ハ　当分五十名ヲ以テ限トス」であるが、実際には多めに生徒を受け入れなければならない。これについての関係記事は『沿革史紀事』の中に求めることができる。

「紀事・沿革小史」に「第一回紀事《ママ》　創立史ニ載シテ詳カナリ」と書かれている。この表現から「沿革史　第一回報告」が別にあるように推量できるが、これに相当する簿冊は見あたらない。あるいは、この「紀事・沿革小史」を指すとも考えられる。この中から関係事項を拾うと次である。

明治二十八年五月二十六日〔前略〕生徒ノ定員ハ最初五十名トシタレトモ　入学志願ノモノ続々アリテ　器具器械ノ用品勢ヒ新調セサルヘカラサルニ至リ　校舎ハ一時寺院ヲ借家シテ之ニ充テシヲ以テ　教室ノ不完全ハ免ルヘカラス　此上生徒ヲ増加スルハ　此校ノ出来得ヘカラサル所ナリ　故ニ六十五名ヲ以テ定限トス

入学希望者が多いために、実際の受入を六五名までの枠へと拡大しなければならない。予想以上の就学希望が貧民児童から寄せられている。

(2)　受け入れ制限の事情

枠を設けることで、受け入れ不能となり、不就学となってしまう児童数を示せないが、多数の希望者の中から六五人を選んで他を打ち切らざるをえない。その主たる理由は、教場の収容制約と学校の備えるべき機器器械などの用品の準備不能である。これらは、二十三年小学校令と翌年の小学校設備準則、さらに二十五年の秋田県令「小学校設備規則」[1]および同訓令「小学校設備規則施行心得」[2]などに規定される基準があるためである。

開校式の式辞中に「本県令に順依し」とあるが、用品類については上記「小学校設備規則施行心得」第三章に子細な品名が挙げられている。福田小学校が用意するものの全部を点検することはできないが、主要な一部用品名は後掲する。ともあれ、児童受入にあたっては、机などの用品はもちろん、他に教科書や当時ノート代わりであった石盤、また半紙など、通常では自弁（受益者負担）するものをも、慈善学校では準備しなければならない。このような用品類購入の経費上の限度も、見落せない収容制限の事情である。

5　校舎と教授組織

(1)　最初の校舎

最初の教場は秋田市寺町正覚寺《しょうがくじ》である。『秋田のお寺さん―秋田・河辺』(3)を参照すると、現在秋田市大町五丁目にある真宗大谷派の寺院である。この寺は十九年四月三十日、俗に俵屋火事といわれる大火に遭って類焼する。仮堂を建てるが本堂は再建できないまま、住職は北海道に一時移住した、たまたまの無住職の寺を教場に借用している。

(2)　学校借家賃

「紀事・第三回報告」には、経費関係の内訳として「学校借家賃」がある。初めの二年は各年五円五〇銭、三年目は六円五〇銭の支出が報告されている。月額にすれば五〇銭前後での借用は仮堂での故であろう。寺町といわれた町外れの寺院の多い中であるから、文字通りの一学級学校、むかしの寺子屋を連想させる。上記秋田県「小学校設備規則施行心得」第二章には、校舎の基準が規定されているが、果たして基準に到底したものであろうか。仮の宿である。

(3)　教授組織の単級制

この頃の県内郡部の多くの学校は、学年別学級編制ではあるが、今日の複式学級とはいわず、一教室の中で全児童を教授する「単級ノ制」である。福田小学校だけが単級学校ではない。本校が開校した明治二十八年の十二月現在では、「本県公立小学校三百九十四校中、単級の学校は百八十四校で、全体の約四七％」(4)の状況である。そして本校が、単級の制を取り入れたことを「紀事・沿革小史」は、次のように記述している。「〔明治二十八年〕六月十日　生徒ヲ三学年級別ニ編シ　単級ノ制ニ従フ　之レヨリ生徒ノ学力ニ甚シキ優劣ヲ見ス」。

これに関連してさらに補足する。十九年の小学校令に引き続く「小学校の学科及其程度」による措置として秋田県達「小学校編制規則」では、「一、小学校に於て教員一人を置くときは児童を三組に分つべし。之を分つときは第一年生を一組、第二年生を一組、第三年生第四年生を一組となすべし。〔中略〕一、教員一人の教ふへき児童は之を一室内に集め同時に教ふべし」と定め、これによる「尋常小学校三組同時教授時間割」を範例として示している。こういう範例に基づけば、専任でもない尾留川ただ一人教員の福田小学校であっても、合法的に学校教育を進めることが可能である。

(4)　負担軽減と教授内容の多彩化

旭小学校での本務と兼務する尾留川の負担は過重である。そこで前掲の開校年六月「同月十二日　河野道教ヲ臨時教員ニ嘱託セリ」とか、「同月二十二日　課外臨時教員ヲ鵜沼トクニ嘱託ス」によって負担の軽減を計り、また女子教員による裁縫など課外授業の多彩化を図る。

しかし、「同月二十九日　河野臨時教員職ヲ解ク」「是レヨリ尾留川教員専ラ職ニ当ルト雖モ　公務ノ故ヲ以テ　意ノ如クナル能ハサルヲ以テ　此ノ如キ場合ニハ笹原校主ノ実弟笹原観幽臨時授業セラルルコトトナレリ」の記事に見るような、臨時の対策を講じることが必要で、教授スタッフの不安定は継続する。「単級ノ制」は人件費を低廉とはするが、豊かな授業には結びつかない。

(5)　校舎の新築

開校三年半後の三十一年十二月十一日、新築の校舎への移転となる。場所は秋田市保戸野中町一八番地である。こ

表17　福田小学校の学科課程および毎週教授時数（秋田私立学校規則第5条）

学年 / 教科目	毎週教授時間	第一学年	毎週教授時間	第二学年	毎週教授時間	第三学年
修　身	2	人倫道徳ノ要旨	2	同上	2	同上
読　書	8	仮名 仮名ノ短文	6	近易ナル漢字交リ文	6	近易ナル漢字交リ文
作　文		近易ナル漢字交リノ短文	3	仮名文及近易ナル漢字交リ文	3	近易ナル漢字交リ文 日用書類
習　字	3	片仮名平仮名 近易ナル漢字交リノ短句	2	近易ナル漢字交リ文 日用書類	2	日用文字 日用書類
算　術	5	二十以下ノ数ノ範囲内ニ於ケル計ヘ方及加減乗 度量衡貨幣及時刻	5	百以下ノ数ノ範囲内ニ於ケル計ヘ方及加減乗除 度量衡貨幣及時刻	5	千以下ノ数ノ範囲内ニ於ケル加減乗除 通常小数ノ計ヘ方 度量衡貨幣及時刻
計	18		18		18	

の地は現在でこそ秋田市の最高級住宅地であるが、当時は通町の町並み裏手の閑寂な地である。なお、最寄の一般校は保戸野小学校となる。

この後の専任教員数をみると、増加しても二名は越えない。このことは、本校が今日の複式学級形態から抜け出せないことを物語るとともに、校舎の増築はない。

二　教育課程

1　教育課程と時間配当

(1)　校則掲載の教育課程

福田小学校では各学年において、どんな教科を、いかなる内容で、どれほどの時間をあてて授業しようとしたのか。これを示す表17が、先の秋田市私立学校規則（校則）第五条中に掲載されたもので「学科課程及毎週教授時数」である。

教科目については、校則第二条に修身、読書、作文、習字、算術の五教科が示されている。いわゆる読み（READING）・書き（WRITING）・算《ソロバン》（ARITHMETIC）という基本教科スリー・アールズ（3R'S）に、修身（徳育教科）を加えるものである。これが表示では、週あたり一八時間を配当して授業することとなるが、この時間数は一般の尋常小学校の場合との間に相違がないだろうか。

(2)　小学校教育課程の基準

十分な授業をしているかを考察するためには、少し関係法令を追ってみる必要がある。明治十九年（一八八六）の小学校令では、尋常小学校は四か年の修業年限制であり、その学科は、修身・読書・作文・習字・算術・体操の六教科をいわば必修科目とし、これに土地の状況により、図画・唱歌の一または二教科を増加することができるとしている。

これが二十三年の第二次小学校令になると、学科は上記六教科と変わらないが、体操については土地の状況により欠いてもよいとされる。いっぽう日本地理・日本歴史・図画・唱歌・手工の一または数科目を加えることができ、さらに女子のためには、裁縫をも加えることができる、となる。

(3)　体操科の指導力

二十年代初めのころの学校では、体操科を受け持つ指導力は不足している。森有礼の進めた兵式体操も、師範学校に導入してまだ日が浅く、小学校現場にまでは十分浸透しているといえない。

屋内の体操場や広い運動場（校庭）も整備されていない。このような実情を反映して、森の亡き後、体操は必修から外れてしまう。体操が普及する上で、福田小学校の設立される二十年代後半の時点は、秋田県内一般ではまだ時間を必要とする状況にある。

(4)　教科の随意科化

第二次小学校令は既述のように、修業年限は三か年または四か年である。三年制小学校によっては、科目を増加するどころか、かえって随意科化（減少化）を計らねばならない。小学校令「第十条　小学校ノ某教科目ハ文部大臣ノ定ムル所ノ規則ニ従ヒ　之ヲ随意科目トナシ　又ハ之ヲ学習シ能ハサル児童ニ課セサルコトヲ得」の適用である。

そして、翌二十四年に小学校令第十二条に基づく小学校教則大綱が示めされ、秋田県は法令に基づく文部大臣の許可を得て、二十五年に小学教則(5)を定める。この中に尋常小学校教科課程表が含まれている。そしてこの表には、修身・読書・作文・習字・算術・体操の六教科について、第四学年までの毎週教授時間数と教科内容が示されている。

(5)　多級学級の教科課程

上記の課程表によって基準を示される対象校は、学年別編成において四学級以上を持つ、当時としては規模の大きな多級学校である。この点は表に注記され、「一　本表ハ修業年限四箇年ノ多級学校ノ教科課程ヲ示シタルモノニシテ　修業年限三箇年ノ多級学校ニ於テハ　其修業年限ニ該当スル各学年ノ課程ヲ修了セシムヘシ」である。

(6)　単級学校の教科課程

それでは、福田小学校のような修業年限三箇年の単級学校はどうなるのか。これに関して上記課程表三番目注記があり、「一　単級学校ニ於テハ　其修業年限ニ該当スル学年ノ課程ニ準シ　之ヲ修了セシムヘシ」(6)である。

そこで、秋田県小学教則表示の毎週教授時間合計数をみると、一学年から順に二四・二六・二八時間となる。この内数には体操三時間が含まれているので、これを欠く学校では二一・二三・二五時間が基準となる。

すると、福田小学校の各学年への毎週教授時間数は一八時間であるから、規模の大きな他校との比較では、大きな格差が生じている。

(7)　秋田県小学簡易科教則

本校に生じたこの格差の因は、福田小学校が参考とする県基準が、上記の秋田県小学教則(7)ではなく、別のものに拠るためと考えられる。そうであれば、それは二十年の小学簡易科教則である。

この簡易科教則の主な内容は、第一条で修業年限三か年、当初の第二条で学科は読書・作文・習字・算術であったが、二年後に教則追補があり「但授業時間五時ナルトキハ　修身体操ヲ加フルモノトス」となる。また「第三条　小学簡易科ノ授業時間ハ毎週一八時　毎日三時トス」が本体で、これも二年後に「但土地ノ状況ニ依リ　授業時間毎日五時トスルコトヲ得」が追補される。

毎日三時間授業をする場合の、毎週学科への配当時数は、読書四・作文二・習字三・算術九で合計一八時間で、本校の教科課程とに差はなくなる。

(8)　福田小学校の当初学科課程

本校の当初学科課程は、上記秋田県小学簡易科教則と似ている点はあるが、まったく同じではない。学科に修身を含んでの週一八時間制、つまり本校は修身二・読書と作文八・習字三・算術五での計一八時間である。小学簡易科教則を参考にしているが、準拠しているとはいえない。

こうしてみると、福田小学校の教育は学科と授業時間において一般の小学校とは同じではなく、ほぼ簡易科に準じて入学児童の教育要求を満たそうとしている。

(9)　学校経営の方針

上記の学科と授業時間に関連して、開校当初の学校経営の実際をみておきたい。「紀事・沿革小史」に「明治二十八年五月二十六日〔前略〕今後注意ヲ要スヘキハ　生徒ヲ学年ニ分クル方法及ヒ躾《シツケ》方　教授等トス」と、経営の重点留意事項を挙げている。

この実際については、まず学年構成については、「紀事・沿革小史」六月十日記事に「生徒ヲ三学年級別ニ編シ　単級ノ制ニ従フ」としている。

次いで「躾方」に移ると、「紀事・沿革小史」六月十七日記事に「当時生徒ノ躾方ニ唱歌科ノ必要ヲ感セシヲ以テ同月二十二日課外臨時教員ヲ鵜沼トクニ嘱託ス」と、尾留川と同じ旭小学校に勤務する正教員鵜沼に嘱託して、認可の学科課程よりも豊かな措置を講じている。

躾方に唱歌とは一見奇妙である。だが二十年前後から全国の大多数の小学校で唱歌集を用いての授業が開始され、唱歌教育は徳性涵養の手段として重視され、歌詞には尊皇愛国の精神を養成するものが選ばれる傾向がみえている。この背景の下では「生徒ノ躾方ニ唱歌科ノ必要ヲ感セシ」と捉えても、格別の特異ではない。

教育内容を豊かにすることは、「紀事・沿革小史」七月五日記事に「裁縫教師トシテ野村ハマヲ課外臨時教員ニ嘱託セリ」と続く。彼女は商議員野村定吉夫人である。夫が翌年一月に内務省に出向を命じられ転勤するまでのあいだ指導に当たる。おそらく無償のボランティア活動である。

なお、二十九年一月八日の始業式に際して、「此日生徒一同ニ　祝祭日唱□《ママ》集各一冊ヲ与フ」とある。鵜沼の唱歌指導の実績を反映し、また唱歌集が以後の教材になることを示す記事である。

2　始業時間と終業時間

(1)　福田小学校の授業時間

校則第七条には「始終ハ学校長ニ於テ之ヲ定ム」とある。この校則を添えた設立申請に対して、知事の開校許可書の但し書きは、それを「定メタルトキハ　之ヲ開申スヘシ」と指令する。この指令に応答する開申書は見当たらない。記録としては「紀事・第二回報告」の中に、「本校生徒ノ大半ハ家職ニ従事シ　或ハ行商シ或ハ賃金ヲ求ム　依之出席ニ非常ナル影響アリ　故ニ一日ノ授業時数ハ三時間ニシテ　一週則十八時間ナリ　現時ハ午前ヲ以テ授業シツ、アリ　是レ最モ生徒ニ適当ナル時間ナレハナリ」とある。

この記事は福田小学校の特徴をよく現している。ただ、午前何時からの始業であるかは不明である。

(2)　一般校の始業時限

正確な時刻は不明であるが、参考になるものがある。それは二十五年の県令「小学校ノ学年始業時限及休業日」[(8)]である。この第二条には、季節によって相違する始業時限が定められている。すなわち四月一日から六月三十日までは午前八時、七月一日から八月三十一日までは午前七時、九月一日から九月三十日までは午前八時、そして十月一日から三月三十一日までは午前九時である。

開校式の式辞の中に、「本県令に順依し設立の手続をなし」とある表現から推せば、本校の午前の始業時限は上記に従うであろう。

3　休　業　日

(1)　夏・冬季の休業日

校則第八条は既掲のように、日曜日・祝日大祭日・学校創立記念日・鎮守祭その他を含む休業日を規定している。このうち、その他と記した夏季休業・冬季休業・学年末休業について一般校との間に相違の有無をみてみる。まず上記二十五年の秋田県令「小学校ノ学年始業時限及休業日」第三条に列挙されているものとの間に相違がある。つまりこれを対比すると次の通りである。

	福田小学校校則	秋田県令（一般校）
夏季	八月十日～八月三十一日	八月一日～八月三十一日

冬季　十二月二十五日〜一月三十一日　十二月二十八日〜一月三十一日
学年末　三月二十五日〜三月三十一日　三月二十五日〜三月三十一日

これによると、本校は夏季休業が標準に比し九日間短縮され、冬季休業において標準より三日分多い休業日となっている。標準と書いたのは土地の状況により日数の範囲内での変更を県の許可を得て可能であるからである。秋田市の旭小学校など標準に従っているようであるので、本校の変更には何らかの理由があるはずであるが不明である。あえて推測すれば、児童の冬季通学困難度や寺を教場とした暖房不備など、冬季対策を主に配慮したためであろう。

(2)　祝日大祭日と儀式挙行順序

校則には単に「祝日大祭日」とあるが、これを前記県令に照らしてみると、神武天皇祭（四月三日）・秋季皇霊祭（九月秋分の日）・神嘗祭（十月十七日）・天長節（十一月三日）・孝明天皇祭（一月三十日）・紀元節（二月十一日）・春季皇霊祭（三月春分の日）である。この中に元日が含まれていないのは、冬季休業中に含まれているためである。

さてこの休業日の儀式に関係して、県は上記の県令と同日に、別の県令「小学校祝日大祭日儀式ニ関スル次第」(9)を定める。前二十四年の文部省令「小学校祝日大祭日規程」に基づく措置である。なお、上記県令は三十三年に廃され、新たに「小学校儀式挙行順序」となる。

「儀式ニ関スル次第」の中にみえる式次第の項目では、唱歌の項について「但　唱歌ヲ置カサル小学校ニ於テハ之ヲ省ク」とある。唱歌は必修ではなく随意科目である実情によっている。この但し書きは、三十三年の新県令「儀式挙行順序」によりなくなる。唱歌の普及は儀式次第を全うするためにも欠かせない。

三　教科書・教材

1　学校備品としての教科書・教材

(1)　慈善学校の特徴

福田小学校への就学には特殊性がみえる。一般の学校なら、私費によって教科書や教材を購入し、これを児童各自が携帯して通学している時代である。ところが、本校においては、学校が備品として用意する教科書・教材を使用する。

本校の校則には、第十一条に「生徒ハ総テ無月謝トス」とある。そしてさらに次条には「教授書籍及器具等備フル能ハサルモノニハ〔中略〕全部若クハ一部ヲ貸与ス」と続く。就学を現実のものとするには、無月謝だけでは不足である。通学のための衣料・履き物などは別としても、最低限の教科書やノート（このころは石盤や半紙）、筆記具などが用意できなければ、就学の満足な保障とはならない。

(2)　当初の備品

本校はどんな教科書や教材を用意し、それを用いて児童の就学を促すのであろうか。これは「紀事・第三回報告」の「自明治二十八年五月　至三十一年三月」という、学校設立後三か年度分の備品点数にみられる。「右ハ本校備品タリト雖　大概学年ノ始メヨリ終ニ至ル迄　生徒ニ貸与スルヲ以テ　其性質消耗品ニ類スルモノ多シ」と注釈が付いている。

一、校用　事務教授及書籍等ヲ除クノ外　悉皆此項ニ含蓄セラル　其点数百十三点ナリ

表18　福田小学校開校当初の寄付者および金品数

区分	28年5月～29年3月		29年4月～30年3月		30年4月～31年3月		計	
	寄付者・金品数		寄付者・金品数		寄付者・金品数		寄付者・金品数	
金員	36人	200円	4人	5円65銭	1人	30銭	41人	205円95銭
物品	10	442点	2	140点	11	653点	23	1,235点
書籍	2	113冊	2	187冊	2	101冊	6	401冊
食品	3	750点	5	577点	1	500点	9	1,827点
計	51人		13人		15人		79人	

二、事務用　総数二十五点ナリ
三、教授用　総数七十二点ナリ
四、生徒用　総数四百二十四点ナリ
五、書籍図書
　天、参考用書　二百九十八冊
　地、参考用掛図　百二十四点
　人、教科書　二百十六冊

これらの備品のうち、学校に備え置くものを除く大部分が「大概学年ノ始メヨリ終ニ至ル迄　生徒ニ貸与」され、就学児童の授業に供される。

2　寄付金と寄付物品

(1)　寄付金品

前項は備品点数という量を示すが、内訳を示して教科書や教材をできるだけ明らかにしたい。そして備品には、学校で購入した品と寄付による物品とがある。学校購入の費用の一部には寄付金が充てられる。したがって、全容を理解するためには、寄付金をも含めてみておく必要がある。表18は「紀事・第三回報告」中の「第二号寄付」の項を資料としている。

この表からは、金員寄付は四一人より二〇五円九五銭、物品は二三人より一二三五点が寄せられ、他に書籍が六人より四〇一冊と、食品が九人から一八二七点あったことが判る。

(2)　寄付物品の品目

このうち、内訳は寄付物品から取り上げる。寄付物品と寄付金の目録資料には、まず本間校主が保持した台帳『明治二十八年　寄附金品簿　私立福田小学校』がある。これは表18に示したように、二十八年五月から四十四年七月二十九日に至る間を内容としている。後に学校自体に備え付ける目的で、「コレヲ原ニシ　一面学校ノ日誌其他ノ記録ヲ便《タヨ》リ」別調整の簿冊『大正元年八月　寄附金台帳　私立福田小学校』と『大正元年八月　寄附品台帳　私立福田小学校』となる。この両簿冊は二十八年開校時から、前者の方は大正十五年（一九二六）「二月三十一《ママ》日」、後者の方は同年「三月一日」までを内容としている。

ここでは福田小学校が、どんな教科書や教材を用意しているかを明らかにすることを優先し、『寄附金品簿』と『寄附品台帳』によって学校設立当初から三十一年三月に至る三か年の寄付品目について表19を示す。この両帳簿では若干の寄付日付に相違があるが、理由は不明であるので、この場合は前者の日付による。

(3)　当初寄付品の特徴

表19をみてすぐ気付くのは、開校にあわせて初年度の五月に、授業の条件を整える児童向けの寄付品が目立つことである。たとえば、教科書『伊呂波玉篇』六五冊は受け入れ定限児童数に見合っている。また、今日のノートにあたる紙石盤と石盤布巾《ふきん》（消しゴムに相当）、学用品入れバックに相当する生徒用風呂敷は各六〇枚と、定員数に見合う寄付である。

しかも、後者は笹原校主の弟と野村、竹内両商議員という学校事情に詳しい人たちからである。すると六〇という数は、当初に近い時点での就学者実数か、開校以前に予約して取り寄せたための数かもしれない。すでに述べている

表19　福田小学校開校当初３年度の寄付品目目録

年月日	品目・数量	寄付者氏名
明治28年度		
28年５月	半紙・２締	佐野八五郎
	生徒用風呂敷・60枚	笹原周観・野村定吉・竹内庄三郎
	同　紙石盤・60枚	
	同　石盤布巾・60個	
	石筆・１箱	野手宇吉
	白墨・１箱，紙石盤５枚	須田七郎宇右衛門
	石筆・１箱	日野公海（西勝寺）
	白墨・５箱	深見春三
	下駄・20足	藤林正縁・笹原観幽
	動物植物名称伊呂波玉篇65冊，蓑帽子・30個	永井時之助・他有志婦人檜垣直右
５月30日	饅頭350個	原平蔵
７月１日	饅頭200個	土屋善三郎
７月17日	饅頭200個	小林八郎（東京日本橋区通旅篭町）
	小学校教科書及参考書60冊	
明治29年度		
29年６月12日	国民修身書・12部	青森師範学校４年生一同
６月18日	大鏡餅・２個	仏式招魂祭事務所
９月23日	饅頭・115個	松浦東洋（明教保険株式会社派出員）
30年１月29日	国名・１冊	橋本亀太郎（岩手県紫波郡彦部村）
２月10日	饅頭・325個	東北仏教会
	菓子・65包	皇太后陛下遙拝式曹洞宗一同
	莫大小・65足	金子文蔵
３月12日	小学教科書及参考書・179冊	檜垣直右
３月17日	菓子・70包	皇太后陛下追弔祭（浄弘寺内）施徳講
——	疾病者無代施療	穂積孝春（秋田病院）
３月３日	無料種痘・生徒一同	同人
３月26日	鉛筆・５ダース	根田忠正
明治30年度		
30年４月16日	半紙・50帖	佐藤鉄眼
４月	幼学必携五十音韻系図・100部	和歌研究会（能代）
６月26日	半紙・10帖	女鹿勇（岩手県）
７月29日	饅頭・500個	加賀谷長兵衛
７月31日	麦稈帽子・70個	刈田新次郎

年月日	品目・数量	寄付者氏名
30年８月９日	教育雑誌・１冊，半紙・２帖	山方泰治
８月27日	衛生丸・70包	大嶋勘六
11月23日	菓子	加藤清次郎
12月８日	半紙・130帖	大川祖順
31年１月７日	無料理髪・５ケ年間	越前末吉
２月５日	墨・65挺，鉛筆・130本	嘉藤治兵衛
２月22日	白金巾帯・44筋，下駄・21足	奈良右左エ門

ように、初年度の「第一回報告紀事」を欠き、就学者実数は確認できない。

ともあれ、教師の授業用に白墨などが寄せられている。黒板を設備しての一斉授業に欠かせないものであり、近代教育のスタートを明らかにしている。

(4)　食品寄付の意義

ところで、全体として目につくのが食品の寄付である。最初の記録は、県書記官の要職にある商議員檜垣直右から、五月三十日に饅頭三五〇個である。彼の開校への祝意である。食品の寄付は児童たちにたいへん喜ばれるので、学校としては、少なくとも二点において高く評価する。「紀事・沿革小史」に次の記事がある。七月の原と土屋からの饅頭寄付について、「此ノ月　原平蔵土屋善三郎ヨリ本校生徒ニ饅頭各二百個ツツヲ寄贈セラル　事小ナリト雖トモ市内有志ノ此校ニ着目シツツアルヲ知ルヘシ」と、慈善学校に対する社会的関心の高まりを示す一表現として率直に歓迎している。

そして二点目は、同年九月三十日の記事に「此月　本間校主ヨリ生徒一同ニ赤飯ノ饗応アリキ　貧窶憐レムヘキ児童乃チ此種学校ノ生徒ヲシテ出席ヲ促スノ一方便ナリト信ス」とあり、就学督励の役割に通じることを強調している。なぜ、赤飯なのかの説明はないが、時期的に仕入れを終えて秋田に帰ってきたので、校主としての初めての挨拶に添えたものと受け取れる。

(5)　学校衛生

特異な寄付品とされるものがある。生徒への「無料種痘」などの保健衛生行為である。「紀事・沿革小史」三十年一月二十四日の記事は、「是レヨリ先キ各地痘瘡流行ノ兆アリ　茲ニ於テ当市秋田病院ヨリ無料種痘ノ恵信ニ接シタリ」と記している。そして三月三日に「秋田病院主穂積孝春　本校生徒一同ニ種痘セラル　且ツ今後当校生徒ニシテ疾病ニ罹ルモノハ　無料施薬ノコトニセラル」とある。

人の多く集まるところは、特に伝染病が伝播しやすい。それだけに以前から、学校あるいは学寮における衛生問題は重視される。しかも翌三十一年四月から、公立学校に学校医を置くことが勅令により定められる。逸早い私立慈善学校に対する医療ボランティア活動は、高く評価できる。学籍簿の欄外に、本校が学校医を置かない由記載されているだけに、医療ボランティア活動は貴重である。

3　学校購入の教科書・教材

(1)　教科書の寄付部数

さて、教科書や教材について戻る。学校設立初年度七月十七日の教科書・参考書寄付部数は六〇冊である。開校当初に生徒定限六五名に達していないと断じるのは早計であるにしても、「紀事・第二回報告」の掲載表が示す最初の月、七月に「欠席年月トアルハ以後引続キ出校セサルモノ」と注釈された欠席者は、「家職ニ従事」する女子一名だけであって、七月十七日現在ともなれば、在籍生は六〇名となっている。

(2)　授業充実への反映

教科書や参考書が数多く整うことは、歓迎すべきことである。以後の教科の授業内容が多彩なものに向かい、かつ充実が期待できるからである。したがって、本校は座して教科書の寄付のみを待つのではない。当然ながら、自らの学校経費によって教科書を購入している。

表20　福田小学校開校当初３年度の支出

区　分	明治28年度	明治29年度	明治30年度
1　学校借家賃	5円50銭0厘	5円50銭0厘	6円50銭0厘
2　教員給料	20　00　0	49　00　0	106　00　0
3　同　報酬	14　85　0	13　00　0	
4　器具機械備品	54　92　4	70　5	2　93　0
5　教科および参考図書	11　99　0	2　45　4	4　53　6
6　事務用消耗品	3　29　8	1　86　4	1　34　5
7　生徒支給消耗品	7　64　1	9　11　4	10　81　5
8　学校消耗品	8　5　3		1　36　0
9　校舎修繕および諸雇賃銀	26　23　8	4　92　0	
10　雑費	5　83　0	13　48　0	
計	158　32　4	100　3　7	133　48　6

その際、もっとも積極的には必要部数の全部を学校経費で購入するほか、消極的面としては寄付された教科書部数に不足がある場合、その不足部数を学校経費で補うという二通りが考えられる。記録には教科書等購入の時期と書名を欠いている。このために、開校と同時に校則に掲げる教育課程全学科の授業ができたものか、一部にとどまったものかを確認する手がかりを欠く。とはいえ、教科書等の寄付による授業の充実と進行は間違いない。開校第三年度末の三十年三月に、檜垣は一七九冊という大量の教科書・参考書を寄付している。時期からして、次年度の授業に備えるものであるが、これは本校が善意に支えられながら着実に歩んでいる証明である。

(3)　学校経費による教科書購入

学校経費による教科書等の購入記録は、「紀事・第三回報告」中の「第三号　経費」支出によって、最初の三年分が判明している。表20は支出の全項目を整理したものである。

表中の「5　教科および参考図書」三か年の合計額は一八円九八銭である。そしてこの三分の二にあたる約一二円が初年度に支出されている。

(4)　教科書の更新

現在の義務教育就学者には、毎年新しい教科書が支給されている。

「お下がり教科書」は死語と化している。だが、この時代における下級生は、必ずしも新しい教科書を使用するとは限らない。おそらく福田小学校においても、学校備品の教科書は単年度で更新されるのではなくて、複数年にわたる使用と思われる。これが経理に反映して第二年度以降の減額に繋がる。就学者減のためとはいえない。

そして檜垣が、上述のように大量の教科書・参考書を第二年度直前に寄付しているが、こういう現物寄付は、関係する学校経費の支出を不要として、前年比減額を導いていることはいうまでもない。

なお、関連記事がある。「紀事・沿革小史」三十年三月十二日の中に、「檜垣商議員ヨリ書冊百数十巻ヲ寄贈セラル　同商議員ハ本校創設以来　熱心尽瘁セラレ　本校ニ対シ功労実ニ尠ナカラス　今ヤ福島県書記官ニ転セラル　又本校歴史上ノ一重要事ナリ」と。

(5)　器具機械備品

器具機械備品は、授業に必要な教具・教材を含んでいる。開校にあたってこの支出が多額であるが、品目は不明である。またこの更新は、教科書よりもいっそう遅くてもよいようである。第二ないし第三年度における支出の少額が、それを物語っている。

(6)　生徒に支給する消耗品

これが具体的にどういう品目を指すのかの記載はない。しかし、すぐ浮かぶのは、習字の時間のための墨や半紙である。寄付物品においても半紙は目立って多い。

また鉛筆の寄付がある。これは、この時期が石盤と石筆からノートと鉛筆の時代への移行期にあることを示している。したがって、帳面の支給なども考えられるが確証はない。しかも、この項の支出が逐年増加していることは、授業実践が活発化している一つの証しとして慶賀すべきである。

四　児童の生活の反映

慈善学校にはこの学校ならではの教育的配慮がある。本節では、この中から児童の貧窮な家庭生活を反映するものを取り上げる。

1　就学の困難

(1)　授業時間への影響

真っ先に挙げたいのは、児童が労働（手伝い）に従事する家庭生活が、円滑な就学を困難にしていることである。「紀事・第二回報告」は前述のとおり「一、授業時間　本校生徒ノ大半ハ家職ニ従事シ　或ハ行商シ或ハ賃銀ヲ求ムル依之出席ニ非常ナル影響アリ　故ニ一日ノ授業ハ三時間ニシテ　一週即十八時間ナリ　現時ハ午前ヲ以テ授業シツヽアリ　是レ最モ生徒ニ適当ナル時間ナレハナリ」と書いている。

就学の保障が、児童労働からの解放を要することを、雄弁に示すもので、「出席ニ非常ナル影響」の不遇な結果は、長期欠席から退学にいたる者をも生じさせている。この実情については後に取り上げる。

(2)　児童の年齢

児童の就労の背景には、学校設立当初における就学児童年齢との関係を無視できない。記録を二十九年（一八九六）度末でみると、表21が示すように、就学最年少児は満五歳四月、ということは年度初めでは四歳台の学齢未達児から、年長は十四歳七か月の学齢超過児にわたっている。

そして表22の児童の学齢分布を見ても、十歳を超す者が多い。

表21　福田小学校開校当初就学児の年齢

区　分	明治30年(1897) 3月末現在			明治31年(1898) 3月末現在		
	第1学年	第2学年	第3学年	第1学年	第2学年	第3学年
最年長者	13歳3月	14歳7月	14歳6月	11歳一月	14歳2月	12歳1月
最年少者	5歳4月	6歳3月	7歳4月	6歳4月	7歳8月	8歳9月
平均年齢	8歳0月	8歳7月	12歳1月	9歳5月	10歳6月	10歳7月

表22　福田小学校開校当初就学児の年齢分布（単位：人）

性別＼年齢(歳)		8	9	10	11	12	13	14	15	16	計
明治29年(1896)度	男	2	8	13	9	3	3	3	1	2	44
	女	2	3	7	0	4	3	0	0	1	20
明治30年(1897)度	男	—	5	10	14	10	3	1	1	—	44
	女	—	4	4	7	1	4	1	0	—	21

(3)　開校当初の退学・除籍

せっかくの入学であるが、開校二か月後の七月には、早くも退学第一号が現れる。この女子の理由は「家職ニ従事」である。夏休み明けの九月には、男子三人の退学があり、それぞれ「荒川鉱山ニ移住」「同鉱山某方ニ養子」ならびに「左官見習」が理由である。移住の場合は親と一緒にであろうが、養子の場合には、実質は身売りと考えられ事例がある時代である。転校を理由とする者を除けば、彼らの退学や「出校ノ見込無キ者」故の除籍には就労の影が伴っている。

さまざまな理由があり、これらをまとめたものが表23である。この中には男子の商業見習、箸削職という徒弟入りがあるし、女子の「某方ノ下婢トナル」は女中働きである。変わったところで、「壮士演劇ト共ニ各所ニ巡ル」という事由もある。

初年度一八人（定限六五名を基数にすれば、二七・七パーセント）、次年度は二一人（三二・三パーセント）という数値は、貧窮が児童の就学をいかに脅かし否定するものであるかを

表23　福田小学校開校当初の理由別退学・除籍者数

区　分	転校		転住・養子		就職・下婢		出校見込無・他		合　計		
	男	女	男	女	男	女	男	女	男	女	計
28年(1895)度	3	1	3	0	2	5	3	1	11	7	18
29年(1896)度	1	2	2	2	5	3	5	1	13	8	21
計	4	3	5	2	7	8	8	2	24	15	39

物語っている。

このような事情は大正期になってもみられる。この時期については、学籍簿などによってやや詳細に分析が可能であり、児童の年少就労を明瞭にする。これは後章において改めて扱う。

2　学校における賃金労働

(1)　学校と企業の規約

僅かに口を糊するがごとき貧窮を克服しなければ、就学困難であるという児童の現実をみて、本校は一企業と提携する。「紀事・沿革小史」三十年十二月八日の記事に、「此月当市発光堂ト申合セヲナシ　生徒ヲシテ授業放課後　燐寸《マッチ》製造業ニ従事セシムルノ規約ヲ定ム」とある。規約内容は不明であるが、冬休み中の翌年一月四日「生徒一同発光堂ノ燐寸事業ニ従事セリ　爾来尾留川教員日々監督ノ為メ出張ス」と書かれ、三月まで三か月間にわたり続く。

(2)　冬季休業日の短期化

ここにおいて、本校校則中の休業日に、改めて注意を払わなければならない。既述のように本校の冬季休業日は、一般校とずれてはいるものの十二月二十五日から一月末までの長期である。しかし「紀事・沿革小史」によると、その実際は初年度の二十九年は「同〔一〕月八日　始業式ヲ挙ク」とあり、二年目三十年一月は、当初予定を「英照皇太后陛下崩御遊ハサレシニヨリ十五日ノ始業ヲ廃シテ」十八日に変更している。そしてマッチ製造に従事し始め、知事賞を与えられる高橋ミツの卒業を間近とする三十一年一月は「同月二十一日　始業式ヲ行フテ生徒一同ニ菓子ヲ与フ」となっている。

このような冬季休業日の不定期化の原因に関わり、二つほど推測を挙げる。一つは、長期休業期間を家で遊んで過ごせず、おそらく師走や正月の手間賃仕事を探し求めて働かなければならない子たちである。三十一年一月現在で、三月に卒業する一五人の年齢は十一歳台四人、十歳台六人、九歳台四人、最も若年の者一人が八歳七か月で、平均年齢は十歳六か月である。既述のように十歳ともなれば、働き始めを当然とする通念からみて、まして貧窮家庭の子であってみれば、長い日々を家で休んで過ごせないと考えられる。

もう一つは、マッチ製造元を選ぶ理由である。校主の店の本間商店が取り扱う商品の一つマッチの、その納入業者が発光堂であり、この製造元が市内にあるという地の利と、単純作業という条件を得ているからと思われる。

こう考えると、松の内の四日から、はやばやと就業を開始し、この年の始業日を約半月後の二十一日とした不定期の事情も納得できる。そして教師の監督があることは、児童の安全を図り、無理な仕事から彼らを守るというだけではなく、前二年における休業期間中の児童個々の就労放任よりは、このような統一の就労によって、児童の就学保障につながるとみる、慈善学校ならではの教育的試みと解せる。

(3)　児童の収入額

マッチ工場に出向いて収入を得るのは、高橋ミツを含む一七人である。「紀事・第三回報告」には彼らの収入を示す「燐寸製造賃銀配当左表ノ如シ」が掲載されている。表では実名の下欄に支給金額が記入されている。次に掲載する表24では、氏名をアルファベットに置き換えている。

この表をみると、女子のQ児一人が全期間不就労であったほかに、二月に一人と三月に四人の不就労児童が見える。

表24　明治31年(1898)福田小学校第３学年生のマッチ製造報酬（単位：厘）

月＼名	男（12人）											
	A	B	C	D	E	F	G	H	I	J	K	L
1	102	146	120	126	111	99	66	120	66	60	54	36
2	119	69	66	48	57	33	42	6	36	15	3	3
3	70	49	49	46	32	27	21	0	6	9	0	0
計	291	264	235	220	200	159	129	126	108	84	57	39

月＼名	女（５人）					計	平　均		
	M	N	O	P	Q		男	女	平均
1	315	214	121	101	0	1857	92.2	187.8	116.1
2	156	126	122	0	0	901	41.4	134.7	60.1
3	41	36	15	0	0	401	34.3	30.7	33.4
計	521	376	258	101	0	3159	159.0	311.8	197.4

注　平均報酬額の計算では未収入者を除外している．また単位については本文参照のこと．

この数が多い三月は、計五人が不就労であるが、この月でさえクラスの七〇パーセント、まさに学年を挙げてマッチ製造に携わるのである。

ところで、「紀事・第三回報告」には賃銀の単位が記載されていない。このため二通りの推察ができる。もし単位が銭であれば、三か月合計での最多収入児は女子M、実は高橋ミツで、賃銀五円一二銭である。この児童は、午前中から稼働する日の多い一月には、三円一五銭を得ている。監督者尾留川の旭小学校での月俸は既述のように七円であるから、比較してみて高橋ミツの頑張りがいかばかりのものかと思う。しかし児童の収入としては不自然と考えられるので、賃銀の単位を十分の一の厘としてみると、三か月働いて五一銭二厘となり、こんどはこの仕事が、いかに低賃金であるかが浮き彫りになる。この当時は、通貨として厘が通用しているので、この方を有力と考える。

(4)　賃銀の配与

マッチ製造の賃銀は、卒業式当日児童に支給されている。三十一年三月の「紀事・沿革小史」は次のように記述する。「同月二十六日　本校第三回卒業及修業証書授与式ヲ行フ　優等生及出席抜群者ニ賞品ヲ与へ　卒業生ニハ発光堂燐寸製造ノ賃銀ヲ配与セリ　生徒父兄ノ会スルモノ三十有名アリタリ　此月卒業生高橋ミツニ対シ　本県岩男知事ヨリ賞状及賞品ヲ下附セラル」と。

賃銀をその都度ないし毎月ごとの支給としないで、卒業式の日の一括支給としたことは、そこに教育的配慮が窺われる。

3　食品の供与

(1)　出席の促進

児童たちは家族ともども十分な食生活に恵まれていない。したがって、学校において食品を供与することは、大いに歓迎される。関連することだが、「わが国の学校給食制度は、昭和七年〔一九三二〕当時の経済不況により学校で昼食を欠く児童が増加して社会問題となったため、文部省がその対策として『学校給食実施ノ趣旨徹底方並ニ学校給食臨時施設方法』に関する訓令を出し、経費を国庫から支出したことにはじまる」[10]。ここに紹介する事例は、それより三七年も以前の話である。

本校が開校して、初めての夏季休業明け二十八年九月、児童に赤飯が与えられた。既述のように「紀事・沿革小史」は「此月　本間校主ヨリ生徒一同ニ赤飯ノ饗応アリキ　貧窶憐レムヘキ児童　乃チ此種学校ノ生徒ヲシテ出席ヲ促スノ一方便ナリト信ス」と、わざわざ見解を添えている。

本校が午前中しか授業をできない理由についても、既述の学校側見解があるが、これとともに隠れた理由として、大多数の児童が昼食〔弁当〕を持参できかねる見通しからの配慮もあったと思われる。

(2)　祝祭日その他の食品供与

十一月三日は当時の天長節である。「天長節祝式ヲ行フ　本校ハ三大節及祝祭日ニ式ヲ挙クルハ言ヲ待タスト雖ト

モ　特ニ当日ヲ以テ菓子ヲ与フ　爾後例トナス」と、菓子の配与の始まりである。

この他にも折りにふれて、菓子や餅などの食品が配与される。『寄附金品簿』からの食品寄付はすでに表示したが、饅頭など菓子が多い。寄付の日にちに注意すれば、祝祭日とは限らない。ここには「紀事・沿革小史」ないし「紀事・第三回報告」掲載記事からの若干を紹介する。

①（明治二十九年六月）同月十四日　日清戦役ニ陣没セル忠君勇士ノ臨時招魂祭ヲ当市旧城地公園内ニテ行フ　此日雨天ナルニ係ハラス生徒一同参拝セリ　此際仏式招魂祭係員ヨリ同日ノ賽銭及大鏡餅二個ヲ本校ニ寄贈セラレタルヲ以テ〔行替え〕同月十八日　生徒之ヲ頒ツ《ママ》与フ〔賽銭額は二円三〇銭〕

②（同年九月二十三日）此月本間校主ヨリ生徒一同ニ餅菓ヲ与フルコト両度ニシテ　生徒手植ノ大豆ヲ煮　校堂《ママ》ニ於テ之ヲ快食セシコトモ亦然リ

③（明治三十年）私立福田小学校余聞紀録　○東北仏教会ノ寄贈　明治三十年二月十日同会ニ於テ　英照皇太后陛下追弔祭挙行ノ節　本校生徒ニ饅頭三百二十五個ヲ寄贈セラル

○曹洞宗一同ノ寄贈　同年同月同日同宗ニ於テ　英照皇太后陛下追弔祭挙行奉供ノ菓子六十五包　本校生徒ニ施与セラル

○施徳講ノ寄贈　同年同〔三〕月十六日当市寺町浄弘寺内施徳講ヨリ　英照皇太后陛下追弔祭供菓七十包ヲ　本校生徒ニ賦与セラル

(3)　家族の就学理解

本間校主らの折りに触れての食品供与が、家族の就学理解に果たす意義について、関連した記録から考えてみたい。まず、次の記事を発端とする。三十年二月十日の英照皇太后陛下追弔祭に関わって「当市ノ篤志者金子文蔵ヨリ莫大小《メリヤス》〔ここでは足袋の意か〕六十五足　本間校主ヨリ金若干ツ、ヲ恵与セルヲ以テ　予メ生徒ノ父兄ヲモ招待セルニ殆ト四十名余ニ達シタリ　本校創始以来父兄来集セルコト今日ヲ以テ始メトス」とある。父兄の学校参集は、家では子に買い与えることの困難な（むしろない）衣類や菓子等を彼らの眼前で支給することによって、父兄の慈善学校への関心を大きく喚起している。

そして次の余話に続く。「本校生徒長谷川忠晴ナルモノ　本月六日ヨリ病欠セルヲ以テ　本日ハ其姉代理出校　施行ニ与カル」と、家族は欠席者に代って出席して食品の供与にあずかっている。しかも「忠晴ハ爾後薬石効ナク終ニ死去」してしまう。そのため「同月二十二日　生徒一同会葬ヲナシ　而シテ生徒等各自応分ノ金　即チ傭賃若クハ駄菓売溜ノ利金ヲ集メ　校主及教師ト共ニ賻祭《フサイ》ノ料トシテ金若干及香奠ヲ贈ル」と、同窓生に対する心のこもった追悼をしている。

さらに、翌三月の記事では「此月本間校主ヨリ生徒一同ニ　茶菓及菓子ノ饗応アリキ」に加えて、本校最初の卒業式を迎えて、次章で詳述するとおりの牧野泰吉に対する知事賞をみるが、また「本間校主ヨリ饅頭数百個ノ給与アリタリ　生徒ノ父兄会スルモノ五六十名　何レモ満腔ノ誠心面ニ顕ハレ　教員応接ニ忙ハシキ程ナリキ」とある。卒業生の父兄だけでなく、全校生徒の数に近い父兄が学校に参集している。これは本校の存在意義を確認できる一側面である。そして学校に行けば、何らかの饗応にあずかれる点は大きな魅力である。

(4)　本間の金品寄付の無掲載

ここで一つ特記したいことがある。上記の卒業式の日には、「奥田　根田両商議員ヨリ鉛筆金員ノ寄贈」があり、本間校主からは「饅頭数百個ノ給与」があって、『寄附金品簿』には「奥田教吉　一円」と「根田忠正　鉛筆五ダース」のみが記録されている。しかし、本間の金品寄付については、この簿冊に一切の記録はない。「紀事・沿革小史」

と「紀事・第二（および三）回報告」の記事によって概略を知るのみである。どのような意図からの『寄附金品簿』への無掲載なのか、判然としないが、もしその記録があるならば、彼の本校への配慮がいかに並々ならぬものであったかを、知ることができるところである。

第三章　就学状況と教育成果

本章では、福田小学校に入学した者について、卒業、学年の修業、中途退学あるいは授業状況などについて、数表を多用してその概要を明らかにし、また併せて履修教科目や成績によって本校教育の成果を評価する。その際に、一つ予め触れて置くべきことがある。数値を扱う前提として、当然その正確な基数がなければならない。ところが本校の場合、入学者の不確定がある。

毎年の入学者数であるが、その確定数の記録がない。今日の学校でも、年度初めには転入・転出の児童異動がある。しかし本校の場合、それは他校と比べると少し異なる問題を伴っている。

たとえば、前年度出席不良の者について、新年度からの出席が可能かどうかを判断して、除籍するか否かを決める。卒業生数とこの除籍者数によって、新年度の定限数までの受入れ可能員数が決まる。その上、入学許可した者がこない場合が生じる。これらは当該年度就学者の確定数を遅らせる。これらの諸事情が、本校の年度初めの入学者数を記録しにくくしている。

いっぽう年度末の時点では、児童数は明瞭である。在籍者数・大試業（卒業ないし進級試験）の受験者数・及第による卒業や各学年修業生数、そして落第者数などが把握できる。もっとも、これらをすべて整える資料は、開校直後の「紀事・第二回報告」および「紀事・第三回報告」の記事のみである。

そこで、開校全期間としては『卒業証授与録』と『修業証授与録』などによらなければならないが、この両簿冊には次の緒言に見るような明らかに限界がある。

従来備付ノ本台帳ハ　甚タ錯雑シテ実質ヲ欠キタルモノ故　明治四十五年七月諸帳簿整理ノ際　茲ニ其順序ヲ整ヒ改書セルモノナルガ　族席《ママ》、年齢等ノ一部或ハ全部ノ不明ナルモノアルモ　何分参考トスヘキモノニ乏シク遺憾乍ラ記入シカネタルモノ　少ナカラス〔修業証授与録ではアリ〕　然レトモ其人数丈ケハ遺漏ナク記セル積リナリトス

これで判明するのは、明治四十五年（一九一二）以前の記録は、後年に一括整理した改訂書である。この際に「第三回明治三十一年三月廿六日〔修業年限三か年〕卒業」から「第四回明治三十三年三月廿六日〔同三か年〕卒業」と飛んでいる。三十二年三月卒業および学年修業の記録は欠けている。それは上記両簿冊のほか『授賞録』でも同様である。改訂者はこの理由にまったく言及していない。ちなみに制度改革に伴うものなら、小学校令が改正されて、尋常小学校が四年制に統一されるのは翌三十三年八月である。

本校限りの事態としては、既述のように三十一年十二月における新校舎への移転がある。

ともあれ、本校は卒業通算回数などを、三十二年三月すなわち三十一年度分を抜いたままの通算数によっている。これは著者の判断では整合性を欠いてみえるが、本書においては一年度分記録欠落の疑いを持つまま扱わざるをえない。

一　就学者数による本校の評価

1　社会的需要への適合

本校が受け入れようとした就学者数は、校則にみるように定員五〇名であるが、募集を始めてみると入学希望者が多く、設備などの受入条件もあり、「六十五名ヲ以テ定限トス」とする。では、希望者をどのような方法で選ぶのであろうか。これに触れる記録はない。ただ、校則第十条の但し書きに「入学願書ニ成規ノ教育ヲ受クル能ハサル旨秋田市長ノ証明ヲ受クヘキモノトス」とある。この文面から推測できる余地は、市が証明書を発行するプロセスで何らかの措置、たとえば先着順あるいは年齢の高い者への配慮などにより、実質的選抜をした可能性が高い。

いずれにしても、本校は経済的な理由によって不就学を余儀なくされている者へ、学校教育の門戸を開放することで、社会的需要に適合してスタートする。

2 当初就学者の特徴

本校の開校によって、どのような児童が新たに就学の機会をえたのか。その一端は、第二章四節に掲載した表（表21・22）などにおいて描いているので、ここでは簡略に示す。

(1) 学齢超過者への優先的配慮

第一に学則で「学齢児童トス」と示されているが、実際には小学校令第二十条に規定する「児童満六歳ヨリ満十四歳ニ至ル八箇年ヲ以テ学齢トス」を、上下限ともに逸脱する者にも入学を許している。前章掲載の表21に示されるように、最年長児は十四歳七か月、最年少児は五歳四か月である。前者は就学継続に伴い学年進行とともに逸脱の幅を増す。このため十五歳や十六歳という学齢外の児童をみることになる。

二十八年調べによって、秋田市全域において判明している学齢外の就学児数は、「義務教育の未だ生せざるもの」すなわち学齢未満児が四〇〇人（男二七五人、女一二五人）と記録されている。[1] 過学齢児の人数はわからないが、これからすると学齢外で就学する現象が本校特有のものとはいいがたい。しかし、既掲の表22が示す八歳から十六歳に分布する就学者は、一般校で示す六歳から十四歳に至るを主とする就学者構成とは明らかに相違する高齢寄りである。このことは、本校開校当初において、学齢を過ぎている未就学者への門戸開放によって大きな社会的貢献を果している。

(2)　属籍を越える応需

第二に、本校への子弟就学について、家庭の教育理解は表25にみるように、もはや前近代の歴史的事情を越えている。すなわち、ここには貧乏士族の子と下層平民の子の混在がある。このことは子弟の教育についての需要が、もはや特定の属籍に関係なく生じていることを示す。

表25　福田小学校開校当初就学児の属籍（単位：人）

区　分	属籍	1学年	2学年	3学年	計
29年(1896)度	士族	11	11	4	26
	平民	20	13	5	38
30年(1897)度	士族	9	9	9	27
	平民	11	16	11	38

3　開校全期間における就学者数

本校が開校している全期間における就学者はどれほどの数か。本校は二十八年（一八九五）五月二十六日に開校、そして昭和二年（一九二七）三月三十一日の閉校に至るが、この間どれほどの児童数を受け入れているのか。既述のような簿冊事情から、正確な数は不明とするが、概数は把握できる。まず開校全期間の総就学生数をみてみる。これを示す記録は毛筆によって書かれた「私立福田小学校概歴」（家蔵）という一枚のメモ紙である。次の内容である。

一、明治二十八年四月十九日　願書提出
一、同　　年五月　三日　許可
一、創立以来卒業員数
　　男子　壱百参拾八人

女子　壱百七人
一、創立以来経費　弐万五千八百弐拾参円六拾七銭
一、創立以来ノ特《ママ》志者　別冊之通リ
一、創立以来収容児童数　約六百五拾名
一、廃校　昭和二年三月三十一日
一、御真影及勅語奉還　昭和二年四月二十三日　秋田県庁へ奉還セリ

この中の「創立以来収容児童数　約六百五拾名」が本校就学者の総数となる。約という概数を示す用語は前述の事情を反映するが、なお補足すると、大正元年（一九一二）度以降に整備される学籍簿をみると、この中にはごく少数だが再入学者もいる。正確な数を捉えにくい事情を一層複雑にしている。

4　基本的人権保障のシンボル性

(1)　秋田市における位置づけ

上記の「創立以来収容児童数　約六百五拾名」という数値はいかなる意義を持つか。これを市や県そして国における不就学者ないし就学率との比較により考えてみる。

秋田市の学事状況は『秋田市史　下巻』の学事統計[2]の中にうかがえる。それによると、福田小学校開校の二十八年における秋田市学齢児童総数は四二〇二人（男二一〇〇人、女二一〇二人）である。このうち就学する者は計二五九三人（男一六四二人、女九五一人）で、就学率は六一・七七パーセント（男七八・一九、女四五・二六）であり、不就学者は計一六〇九人（男四五八人、女一一五一人）に及んでいる。

この多数の不就学者との対比でみると、本校へ入学できた者は学齢外者を多数含めてわずか六五人（定限数）、率に

表26　福田小学校就学児の比較参考数

区分	福田小学校就学児数			秋田県の不就学児数			就学率（%）					
							秋田県			全国		
年度	計	男	女	計	男	女	計	男	女	計	男	女
明治28年	41	32	9	57,894	14,134	43,760	53.62	78.74	25.01	61.24	76.65	43.87
33年	61	34	27	27,799	5,193	22,606	76.74	91.98	58.94	81.48	90.35	71.73
38年	64	25	39	10,009	1,904	8,105	92.60	97.39	87.02	95.62	97.72	93.34
43年	77	41	36	2,754	663	2,096	98.03	99.13	96.72	98.14	98.83	97.38
大正4年	67	31	36	4,066	1,148	2,918	97.17	98.49	95.68	98.47	98.93	97.96
9年	50	19	69	1,933	604	1,329	98.76	99.29	98.19	99.03	99.20	98.84
14年	24	6	18	737	348	389	99.54	99.59	99.50	99.43	99.47	99.38
昭和元年	22	4	18	607	292	315	99.62	99.65	99.59	99.44	99.47	99.39

資料　『卒業証授与録』『修業証授与録』『秋田県教育史　第七巻　年表統計編』

すると不就学者総数の三パーセント強に相当するにすぎない。私人の慈善として営む学校の存在意義は、この数値上では微々たるものである。そうではあるが、その大きな意義はすべての子の受教育権を保障する行路における一里塚（歴史的シンボル）である。

(2)　県や国の学事状況において

なお、本校の存在意義を秋田県や国全体の統計数値との対比で考えてみる。このための作表が表26である。

国全体との比較において、秋田県の就学率は四十三年直前までは全国平均よりかなり低い。その主な要因として女子の顕著な就学不振がある。この間の秋田県における不就学者数は五万八〇〇〇人近くから一万人へと経過している。(3) 福田小学校の定限数六五名という数は、秋田市の場合に増してより微々たるものとなる。数値からの判断では、予想される膨大な社会的需要に対して、ほんの少々の貢献にすぎない。

ところで、表中の後年部分すなわち本校の終末期に注意して欲しい。本校の定員が一〇〇名と増えているが、就学者数は二二名などと少数である。これは矛盾である。この背景には、一般的就学率の向上に伴っての当然の不就学者数の減少がある。そして日本の公立学校の貧民子女受入れ、すなわち学制当初から法制的には階級・階層無差別の全民受入れであり、いわば貧民学校の機能をも自らの中に含んだ学校づくりがある。本校の上記矛盾は、本校が歴史的役割を漸減しつつある、そしてついに終息にいたる過渡期の表現である。慈善学校の評価は、入学者数という量的側面からのみでは得られない。たとえ少数であろうと、就学すべき対象校を本校以外に持てない極貧家庭の児童に機会＝希望を与える象徴的学校として、基本的人権の保障を先駆的に担う機能についての評価を欠かせない。

二　卒業生・修了生数による教育効果

1　卒業・修了にいたる者

(1)　修業年限別卒業生・修了生

前掲表26に示される明治二十八年（一八九五）の就学者数は四一人であり、応募者が多いために入学者定限を六五人とした数とに開きがある。理由は中途退学をした者や除籍をした者がいたためである。これは、教育効果の視点でいえば、マイナス面である。そこで有効な就学実績を捉えるために、開校三二年間を三つに区分して、その区分中の各年入学者・卒業者・修了者数を表27から表29までの三表に作って示す。

三つに区分する理由は、順に修業年限が三年の時期、修業年限が

表27　修業年限3年期（明治28~39年）の卒業生・修了生数

	年度	卒業生			修了生							総数		
					合計			1年		2年				
		計	男	女	計	男	女	男	女	男	女	計	男	女
1	29年(1896)	5	4	1	36	28	8	20	6	8	2	41	32	9
2	30年(1897)	6	5	1	45	32	13	17	7	15	6	51	37	14
3	31年(1898)	15	11	4	32	23	9	8	5	15	4	47	34	13
—	32年(1899)	—	—	—	—	—	—	—	—	—	—	—	—	—
4	33年(1900)	14	11	3	47	23	24	14	16	9	8	61	34	27
5	34年(1901)	15	8	7	52	33	19	22	5	11	14	67	41	26
6	35年(1902)	21	10	11	46	28	18	8	12	20	6	67	38	29
7	36年(1903)	23	18	5	38	15	23	8	12	7	11	61	33	28
8	37年(1904)	16	7	9	35	14	21	8	13	6	8	51	21	30
9	38年(1905)	12	6	6	37	18	19	10	8	8	11	49	24	25
10	39年(1906)	14	4	10	26	10	16	3	8	7	8	40	14	26

資料　『卒業証授与録』『修業証授与録』

延長への過渡期、そして修業年限六年の時期へと三次にわたる修業年限すなわち義務教育年限の改革へ対応させるためである。

(2)　卒業生・修了生の総数

上記三表をまとめてみると、卒業生総数は合計二四五人（男一三八人、女一〇七人）である。年平均の卒業生数は七・七人（男四・三人、女三・三人）である。

いっぽう修了生は、合計一、三三五人（男六六四人、女六七一人）で、年平均では四一・七人（男二〇・八人、女二一・〇人）である。以上の内訳となる学年別修了をいれて示すと表30のようになる。

以上を概括的にみれば、本校は毎年平均して約五〇人に対して、有効な教育を行う実績を示している。

ところで、上記の創立以来卒業員数は合計すると二四五人であり、この数は『卒業証授与録』記載者の数と一致している。そしてこの簿冊には、さらに「補習科　二人」が加えられている。この者は尋常科卒業の男子生で、大正十三（一九二四）、十四年の各三月に修了している。この者を除いて計算すると、就学者六五〇人のうちの卒業者、すなわち義務教育を終了した者は二四五人であるから、割合にすると三八パーセント弱にすぎない。貧窮家庭の子女のために特別の配慮のなされる学校であるが、それでも多くの児童は卒業という成果を示す義務教育年限いっぱいの就学

総数		
計	男	女
64	29	35
73	38	35
72	40	32

総数		
計	男	女
75	44	31
38	26	12
59	34	25
47	29	18
56	28	28
56	27	29
66	31	35
64	27	37
59	25	34
48	22	26
53	24	29
44	18	26
38	12	26
34	11	23
31	10	21
25	7	18
23	7	16
21	5	15

表28　修業年限延長過渡期（明治40～42年）の卒業生・修了生数

	年	卒業生			修了生														
					合計			1年		2年		3年		4年		5年			
		計	男	女	計	男	女	男	女	男	女	男	女	男	女	男	女		
11	40年(1907)	5	3	2	59	26	33	13	15	6	9	7	9	—	—	—	—		
—	41年(1908)	—	—	—	73	38	35	17	12	10	9	5	7	6	7	—	—		
—	42年(1909)	—	—	—	72	40	32	8	11	14	9	10	7	5	4	3	1		

表29　修業年限6年制（明治43～昭和2年）の卒業生・修了生数

	年	卒業生			修了生													
					合計			1年		2年		3年		4年		5年		
		計	男	女	計	男	女	男	女	男	女	男	女	男	女	男	女	
12	43年(1910)	4	3	1	71	41	1	12	5	7	9	12	8	6	5	3	3	
13	44年(1911)	2	2	0	36	24	12	2	2	6	1	5	3	6	3	5	3	
14	45年(1912)	5	3	2	54	31	23	8	8	4	4	7	4	6	3	6	4	
15	2年(1913)	6	5	1	41	24	17	6	7	5	2	4	3	5	3	4	2	
16	3年(1914)	5	4	1	51	24	27	6	6	4	11	5	3	2	3	7	4	
17	4年(1915)	6	3	3	50	24	26	8	8	5	5	3	10	5	1	3	2	
18	5年(1916)	4	3	1	62	28	34	5	12	10	8	6	6	3	8	4	0	
19	6年(1917)	4	4	0	60	23	37	4	9	4	9	8	5	5	6	2	8	
20	7年(1918)	8	2	6	51	23	28	4	4	4	9	5	8	6	3	4	4	
21	8年(1919)	6	2	4	42	20	22	4	4	2	4	3	4	4	7	7	3	
22	9年(1920)	8	6	2	45	18	27	3	6	6	5	1	5	4	5	4	6	
23	10年(1921)	8	3	5	36	15	21	1	3	3	6	6	3	1	5	4	4	
24	11年(1922)	6	2	4	32	10	22	0	4	1	2	2	8	6	3	1	5	
25	12年(1923)	5	1	4	29	10	19	1	3	1	4	2	2	2	7	4	3	
26	13年(1924)	6	4	2	25	6	19	1	2	1	4	1	4	2	2	1	7	
27	14年(1925)	7	1	6	18	6	12	1	0	1	3	1	3	1	4	2	2	
28	15年(1926)	4	2	2	19	5	14	1	3	1	0	1	3	1	4	1	4	
29	2年(1927)	5	1	4	15	4	11	0	2	1	4	1	0	1	1	1	4	

表30　開校全期間の卒業生・修了生数

区分		計	男	女	年平均
修了生	1年	441	223	218	
	2年	397	202	195	
	3年	169	96	73	
	4年	182	105	77	
	5年	135	66	69	
卒業生		245	138	107	7.7
総数		1,580	802	778	49.4

を享受できない。慈善学校はこのような課題を抱えこんでいる。

2　修業年限と義務教育年限

(1)　修業年限と義務教育年限の齟齬

ここに補足説明しておきたいことがある。本校は当初三か年課程で発足する。この時の小学校令は、尋常科において三年課程および四年課程の二つの課程を定めていた。その課程のいずれの課程であっても、義務教育年限は課程修業すれば終了である。そのため本校の卒業では、修業年限と義務教育年限との間に齟齬はない。

この両者の間に齟齬が、三十三年の第三次小学校令により生まれる。国の法令は尋常小学校を四年課程に統一し、これは義務教育年限四年制へと連動する。しかし、本校の修業年限は従来のままである。

(2)　第三次小学校令の主眼

この三十三年一月の文部省議決定案において、「義務教育ノ年限ヲ二様ニスルニ理由ナク　且修業年限三箇年ニテハ　義務教育ノ目的ヲ達スルニ於テ遺憾アルヲ以テ」という指摘がみえる。こうして「尋常科は、三年制が廃止されてすべて四年制となった[4]」のである。

このとき福田小学校は制度上従来のままである。どうして本校はただちに改革しないのであろうか。これを直接説明する資料はみえない。そこで推量となるが、第三次小学校令の段階では、国の方針の主眼は尋常小学校を四年制に統一する施設の整備にある。「国度民情ニ考ヘ義務教育普及ノ実情ヲ察スレハ　未タ遽《ニワ》カニ四年以上ニ延長スルヲ許ササル事情アリ[5]」と、四か年完全就学は目標（理想）である。福田小学校の実情は、前述の数値からみても、三か年修業さえ困難な児童を多数抱えていて、即刻理想への移行とはならない。

(3)　就学率の急伸

日露戦争前後となると、日本の尋常小学校は九五パーセントを越える就学率にと急速に進展している。これをみて「文部省は遂に一九〇六（明治三十九）年、義務教育年限延長の実施準備を具体的に開始」[6]するにいたる。ここにおいて、福田小学校は三年課程制から、四年課程制を経て、六年課程制への準備にはいる。まず三年課程は三十九年三月の卒業生をもって終る。四月の新年度からは四年課程である。これによってとりあえず、本校で生じている修業年限と義務教育年限との間の不一致は解消される。

そして本校は四十一年度から六か年課程となる。いうまでもなく、前年三月の小学校令改正による義務教育年限の六年制延長への対応であり、この年度四月から逐年実施となる。

(4)　学年四月始期制の導入

もう一つ補足がある。それは学年四月始期制を小学校に導入する時期の確認である。この制度の全国的採用は二十五年四月からであるが、秋田県における導入は早い。二十年二月二十八日制定の県令第一七号[7]は「文部省令第八号小学校ノ学科及其程度実施方法ヲ定ムルコト左ノ如シ」と第一次小学校令の一連の改革として、「第一条　小学校ノ学年ハ　四月一日ニ始リ翌年三月三十一日ニ終ル　之ヲ一学年ノ修業期間トス」と規定した。この四月始期の学年制は、以後今日まで変更なしである。したがって、福田小学校の場合は創立当初から、この学年制のもとで修業年限を数えている。

(5)　卒業生・修了生についてのまとめ

本校就学による義務教育完了は、前述のように第三次小学校令後にただちに四年課程制に移行できない。そのため第四次小学校令による六年課程制への移行準備期を設けているものとして、改めて既掲の表27から表29までをみれば、本校は実質的には三年課程から六年課程への改革とみてよい。

そして当時、県・市に不就学者が多数みえるなかでは、本校の卒業生・修了生の実数が少ないとしても、依然として極貧の家庭の子女に教育の機会を与える学校として、教育権保障の歴史的役割を象徴的に果たしている。

三　開校当初の退学者・除籍者

1　不安定な就学

本校に入学したものの卒業にいたらない者、あるいは就学の見込のない者が、開校当初からみえる。これを示す資料は「紀事・第二回報告」ならびに「紀事・第三回報告」である。この中で前者は「本校ハ六十五名ヲ定限トシ　第一回報告記事中ニアルカ如ク卒業生五名ニ対シ　如此入退著シキ差ヲ来スハ　本校ノ免ルヘカラサル所ロ《ママ》ニシテ　貧民ノ情態之ニ依リテ推知スヘキナリ　今左ニ除級生二十八名ノ理由ヲ紀載スルコト左ノ如シ」と書いていて、理由欄を「転校・転住及養子・職業及下婢・出校見込無キ者其他」の四項目とした一覧表を掲載している。この項目は後者「紀事・第三回報告」において「転校・転住・職業・出校見込無キ者其他」と簡素化されている。

これに基づいてすでに表23を掲載しているが、ここには個々の理由をも入れた表31を掲げる。いったん入学するものの、極貧ないし教育無理解から不安定な就学者となる者を含めていたことを物語っている。

2　退学の理由

表31をみると、今日いう中途退学者は、当初二年間に三九人の多きを数えている。このうち六人は普通校への転校であり、またもう一人が師範学校附属単級学校（性格は不詳）への転校である。これら七人は、たぶん慈善学校よりは教育条件の整う就学継続を与えられた、と考えてよかろう。

表31　明治28年７月～30年４月の福田小学校開校当初の個別・理由別退学・除籍状況

年	月	合計			理由								記事
					転校		転住・養子		就職・下婢		出校見込なし		
		計	男	女	男	女	男	女	男	女	男	女	
明治28(1895)	7	1		1						1			家職に従事
	9	3	3				2		1				荒川鉱山某方に養子．左官見習
	10	1	1								1		出校見込なし
	11	4	3	1	2	1	1						旭・保戸野・築山小へ．荒川鉱山某方に養子
	12	1	1						1				左官見習
明治29(1896)	1	2	1	1						1	1		家職に従事．出校見込なし
	2	2		2						2			当市某方に下婢
	2	1		1								1	出校見込なし
	3	3	2	1	1					1	1		明徳小へ．当市某方に下婢．出校見込なし
	4	2		2		2							師範附属単級学校・築山小へ
	4	1	1		1								旭小へ
	5	3	1	2			1	1	1				北海道に移住．家職に従事
	6	1	1						1				箸削り職に従事
	7	2	2								2		出校見込なし
	8	2	1	1			1					1	南秋田郡に移住．壮士演劇各地巡業
	8	1	1				1						新聞社職工に
	10	1		1					1				北海道に移住．
	11	3	2	1						2	1		家業手伝い．出校見込なし
	12	2	1							1	1		家政手伝い．出校見込なし
明治30(1897)	1	1	1						1				商業見習
	3	1	1								1		病死
	4	1	1						1				商業見習
総計		39	24	15	4	3	5	2	7	8	8	2	

問題となるのは、他の者たちである。就学継続の可能性をまったく奪われてしまうか、疑わしくなっている。しかもその中の退学理由には、記事として書かれる字義通りに止まらない受け取りかたの必要を示唆する。例えば「養子」である。養家においてさっそく家職の下働きなどに従事しているし、養子縁組みといっても事実上は身売りではないかと考えられる。本校を退学して就学の機会を失ってしまった彼らは、病死の者を除いて、たちまち年少労働の境遇に置かれたとみてよい。

本校においての燐寸製作労働への従事の場合の特徴は、教育を受ける機会を得ている上での就労である。学籍をまったく失ってしまった者と、この点に大きな相違がある。本校に就学する者が得た利点として、年少労働からの解放という児童福祉の観点からの切実な意義を改めて強調できる。

四　授業日数と出席

1　授業の実施

開校当初の本校における授業の実施は、教員確保問題と表裏をなしている。既述のように第一年目は市立小学校教員の兼任によってなされ、第二年目の八月半ば以降になって、専任一名を置くにいたる。そこでこの時期の授業実施状況をみてみたい。これは表32に示されるように、開校の年の月平均授業実施日数は一八・五である。これが翌二十九年には一七・八と減じるが、翌々三十年になって一九・八へと向上している。

この日数の意味を理解するために、この表には大正元年（一九一二）より十三年にいたる間の授業実施日数をも併載している。その日数は月平均二一・四日であるから、開校当初は三・六ないし一・六日少なかった。

表32　福田小学校開校当初および大正期の平均授業日数

年　　度	出席すべき日数	月平均授業日数	摘　　要
明治28年(1895)	185	18.5	5月26日開校
29年(1896)	214	17.8	
30年(1897)	237	19.8	
大正元年(1912)～13年(1924)	256.5	21.4	

表33　福田小学校開校当初の月別授業日数

月	明治28年(1895)	明治29年(1896)	明治30年(1897)
4	—	18	24
5	—	16	22
6	—	20	23
7	—	18	25
8	—	6	8
9	—	21	21
10	—	25	22
11	—	17	19
12	—	21	24
1	—	12	8
2	—	21	23
3	—	19	18
年間日数	185	214	237
月平均日数	18.5	17.8	19.8

次いで開校当初第二、第三年目の詳細な月別授業日数を含む表33を見てみると、やっと第三年目になって長期休みの月を除けば、月別授業日数を二一日以上に確保できるようになる。これは本校の経営が、最初から万全の準備の下で開始されていなかったが、ほぼ二年の試行錯誤期を克服した第三年目からは、安定した授業が実施できる態勢を整えたことを示している。

2　生徒の出席

このような学校から提供される授業の機会に対して、生徒はどのような出席で応じているであろうか。開校第二年目と第三年目の出席状況を示すと表34と表35である。

両年度に共通してみられる傾向を指摘すると、日々出席率（出席者数を在籍者数で除した割合。名目的就学率を排斥する意味がある）において、男子は女子よりも高いこと、また低学年より中学年さらに高学年へと高くなっている。そして二十九年度の全就学者の日々出席率は八六・八パーセントであるが、翌年度には九〇・八パーセントへと向上している。

2	3	計(延)	平均
18	18	204	17
16.0	17.3	174.2	14.5
9	8	119	9.9
7.3	7.4	98.9	8.2
27	26	323	26.9
23.3	24.7	273.1	22.8
15	16	207	17.3
13.4	15.2	187.1	15.6
6	6	74	6.2
5.2	5.8	62.9	5.2
21	22	281	23.4
18.6	21.0	250	20.8
5	6	78	6.5
4.8	5.7	70.5	5.9
1	1	19	1.6
0.9	1.0	15.5	1.3
6	7	97	8.1
5.7	6.7	86	7.2
38	40	489	40.8
24.2	38.2	431.8	36
16	15	213	17.8
13.4	14.2	171.3	14.8
54	55	702	58.5
47.6	52.4	609.1	50.8

表34　福田小学校明治29年(1896)度学年別１日平均出席者数

学年	月	4	5	6	7	8	9	10	11	12	1
1年	男	17	17	16	16	15	16	18	18	18	17
	日々出席	15.8	14.6	13.0	13.0	11.3	12.8	15.4	15.5	15.0	14.5
	女	11	10	10	10	10	12	11	10	9	9
	日々出席	9.7	8.9	9.0	8.7	7.7	9.8	9.1	8.0	7.9	5.4
	計	28	27	26	26	25	28	29	28	27	26
	日々出席	25.5	23.5	22.0	21.7	19.0	22.6	24.5	23.5	22.9	19.9
2年	男	21	19	19	18	16	17	18	17	15	16
	日々出席	18.3	19.0	16.7	16.7	14.5	15.8	17.8	14.4	12.8	13.3
	女	6	7	7	7	5	6	6	6	6	6
	日々出席	5.0	5.6	5.3	4.9	4.5	5.2	5.3	5.2	5.5	6.4
	計	27	26	26	25	21	23	24	23	21	22
	日々出席	23.3	24.6	22.0	21.6	19.0	21.0	22.3	19.6	18.3	18.7
3年	男	8	7	7	7	6	7	7	7	6	5
	日々出席	6.5	6.8	5.9	5.7	5.2	6.6	6.8	6.6	5.1	4.8
	女	2	2	2	2	2	2	2	1	1	1
	日々出席	1.7	1.8	1.4	1.4	1.7	1.6	1.5	0.8	9.9	0.6
	計	10	9	9	9	8	9	9	8	7	6
	日々出席	8.2	8.6	7.3	7.1	6.9	8.2	8.3	7.4	6.0	5.6
総数	男	46	43	42	41	37	40	43	42	39	38
	日々出席	40.6	40.4	35.6	35.4	31.0	35.2	39.2	36.5	32.9	32.6
	女	19	20	19	19	17	20	19	17	16	16
	日々出席	16.4	16.3	15.7	15.0	13.9	16.6	15.9	14.0	14.3	11.3
	計(延)	65	63	61	60	54	60	62	50	55	54
	日々出席	57.0	56.7	51.3	50.4	44.9	51.8	55.1	50.5	47.2	44.2

授業の安定提供に対し、児童は良好な日々出席をもって応じている。

　この両表の各合計欄で見落とせないものがある。それは二十九年度当初全校児童六五名（定限数）でスタートするも、十一月には五〇名に減少してしまう動向である。次年度でも数値の変動がみえる。年度途中における退学者や除籍者が生じるための現象である。作表にあたっては、これらの者を除いた上で出席率が計算されている。したがって、退学や除籍にいたる就学不安定者を除けば、かなり高い出席者で授業はなされている。

五　教科目の履修

　本校の修了ないし卒業には、いかなる教科目の履修を必要とするのか。校則や『沿革史紀事』あるいは二簿冊の『学籍簿』を資料として明らかにする。

2	3	計(延)	平均
10	10	130	10.8
8.7	9.2	115.5	9.6
5	5	76	6.3
4.6	4.7	67.2	5.9
15	15	206	17.2
13.3	13.9	182.7	15.2
18	17	214	17.8
15.6	16.7	195.7	16.3
6	6	81	6.8
5.5	5.6	71.2	5.9
24	23	295	24.6
21.1	22.3	266.9	22.2
12	12	157	13.1
10.8	10.8	148.4	12.4
5	5	67	5.6
4.2	4.3	60.5	5
17	17	224	18.7
15.0	15.1	208.9	17.4
40	39	501	41.8
35.1	36.7	459.6	38.3
16	16	224	18.7
14.3	14.6	198.9	16.6
56	55	725	60.4
49.4	51.3	658.5	54.9

表35　福田小学校明治30年(1897)度学年別1日平均出席者数

学年	月	4	5	6	7	8	9	10	11	12	1
1年	男	9	12	12	12	10	11	11	11	11	11
	日々出席	8.9	10.5	11.0	10.7	8.9	9.1	9.9	10.1	9.7	8.8
	女	6	6	8	7	7	7	7	7	6	5
	日々出席	6.0	5.6	5.5	6.5	6.4	6.2	5.7	6.0	5.5	4.5
	計	15	18	20	19	17	18	18	18	17	16
	日々出席	14.9	16.1	16.5	17.2	15.3	15.3	15.6	16.1	15.2	13.3
2年	男	18	18	18	18	18	18	18	18	18	17
	日々出席	17.4	16.9	16.5	17.0	15.9	16.1	16.1	17.1	15.5	15.5
	女	7	6	7	7	7	7	7	7	7	7
	日々出席	6.3	5.7	5.7	6.3	6.4	5.8	6.2	6.4	5.9	5.4
	計	25	24	25	25	25	25	25	25	25	24
	日々出席	23.6	22.6	22.2	23.3	22.3	21.9	22.3	23.5	21.4	20.4
3年	男	14	14	14	14	13	13	13	13	13	12
	日々出席	13.7	13.2	13.4	12.8	12.5	12.1	12.7	12.6	12.7	11.1
	女	6	6	6	6	6	6	6	6	5	4
	日々出席	5.5	5.4	5.5	5.8	5.4	5.4	5.5	5.3	4.8	3.4
	計	20	20	20	20	19	19	19	19	18	16
	日々出席	19.2	18.6	18.9	18.6	17.9	17.5	18.2	17.9	17.5	14.5
総数	男	41	44	44	44	41	42	42	42	42	40
	日々出席	39.9	40.6	40.9	40.5	37.3	37.3	38.7	39.8	37.9	34.9
	女	19	18	21	20	20	20	20	20	18	16
	日々出席	17.8	16.7	16.7	18.6	18.2	17.4	17.4	17.7	16.2	13.3
	計(延)	60	62	65	64	61	62	62	62	60	56
	日々出席	57.7	57.3	57.6	59.1	55.5	54.7	56.1	57.5	54.1	48.2

1　開校当初の履修

本校の開設教科目は、校則第五条によれば修身・読書・作文・習字・算術である。これは明治二十三年（一八九〇）小学校令第三条に規定される必置教科目である。ただし同令では「土地ノ状況ニ依リ体操ヲ欠クコトヲ得」とあり、本校はこれを適用して体操を欠いている。その他に「又日本地理　日本歴史　図画　唱歌　手工ノ一科目　若クハ数教科ヲ加ヘ、女児ノ為ニハ裁縫ヲ加フルコトヲ得」については、「紀事・沿革小史」の記事に市教育係より「〔明治二十八年六月〕同月十七日　当時生徒ノ躾方ニ唱歌科ノ必用《ママ》ヲ」指摘された結果「同月二十二日　課外臨時教員ニ鵜沼トクニ嘱托ス」とあり、さらに「〔七月〕同月五日　裁縫教師トシテ野村ハマ課外臨時教員ニ嘱托セリ」と、唱歌と裁縫の指導がなされている。校則にはないままである。

この二名の課外臨時教員のうち、鵜沼トクは尾留川と同じ旭小学校訓導であるが、嘱托の終期は不明である。いっぽう野村ハマは商議員野村定吉の妻であり、定吉の転任に伴い翌二十九年一月八日に退任している。後任については明記がない。卒業要件とはならない課外扱いの教科目であり、安定継続とはならなかった。

2　三十三年および四十年小学校令改正への対応

三十三年小学校令改正の要点は、本校の場合は三年制から四年制への修業年限一年延長となるが、即刻の延長とはならない。それどころか『卒業証授与録』および『修業証授与録』の二簿冊を参照すると、四十年三月になって初めて修業年限四年制の卒業生を出す。彼らは三十六年四月に入学した者たちである。

しかも続く二年間は卒業生がなく、四十三年三月に修業年限六年制の卒業がみえる。これは明らかに四十年小学校令改正に伴う移行である。

ちなみに、三十三年小学校令改正における尋常小学校の必置教科目は修身・国語・算術・体操であり、随意教科目は図画・唱歌・手工・裁縫（女子）である。

また四十年小学校令改正では、修身・国語・算術・日本歴史・地理・理科・図画・唱歌・体操・裁縫（女子）とされ、「手工ヲ加フルコトヲ得」と規定されている。

これらに対して、本校が校則をきちんと改正して対応したのかどうかは不明である。そこで『大正元年以降卒業者学籍簿』を参照してみる。すると学籍簿の「学業成績」欄の教科項目として、四十年四月以降改正に沿う教科目群が、ただし増加教科目手工は選択されないので除いて、印刷掲示されている。

校則による本校の実施教科目は不明であるが、『学籍簿』により就学者が実際に履修した教科目を知ることができる。たとえば、四十年四月に入学した者が卒業までに履修した教科目は次の通りである。

第一～三学年　修身・国語・算術・唱歌・体操。

第四学年　修身・国語・算術。

第五学年　修身・国語・算術・日本歴史・地理。

第六学年　修身・国語・算術。

これにより、理科・図画・裁縫の成績未記入の空欄は、この教科目の授業がなされていないことを明らかにしている。

3　本校で行った授業科目の実際

上には、四十年四月に入学し、大正二年（一九一三）三月に卒業した者の場合を示したのであるが、これを参考に以後の入学者も同様かといえば、そうはいえない。四十年と四十二年の入学者は日本歴史を学ぶが、四十一年入学者はこれを学ぶことなく卒業しているごとくである。同じように女子において、四十年と四十四年入学者では、裁縫を学ぶことなく卒業している。

全貌を知るために、大正二年から昭和二年（一九二七）各三月に至る間の卒業者が、実際に履修した教科目を表36にして示す。この対象者は再（編）入学や原級留置の経歴がない者とした。この者たちは、入学時の同級生との間に履修教科目の相違が生じていて、作表を複雑にするからである。

この表を見て気付く諸点を列挙すると、次のようになるであろう。

別教科目履修の状況

目					
地理	理科	図画	唱歌	体操	裁縫
5			1～3	1～3	
			1・2・6		5・6
			1・5・6	1	4～6
			4～6		4～6
			3～6		
			2～6		4～6
			1～6		5・6
			1～6		3～6
			1～6		3～6
			1～6		3～6
					3・5
			1～4		3・4
			1・3		6
			2		5・6
			1		4～6

① 修身・国語・算術を主要教科としている。

② 卒業者全員に欠けることなく授業された教科目は算術のみである。

③ 国語が、四十三年より四十五年入学者では、読方・書方・綴方と分科して授業が行われる。

④ この入学者では修身が、六年間まったくないし、四十五年入学者の場合では一～三年生の間、授業は行われていない。

⑤ 修身科が必修から外れても卒業への欠格要件となっていない。

⑥ 主要三科目の他では、唱歌と裁縫（女子）が比較的重視されている。

⑦ ごく限られた年次のみに、日本歴史・地理・

表36　明治40～大正15年(1907～26)度福田小学校卒業者の学年

入学年	卒業年	生徒数		教科				
		男	女	修身	国語 算術	読方 書方 算術	綴方	日本歴史
明治40	大正2	5	1	1～6				5
41	3	4	1	1～6				
42	4	3	3	1～6			6	
43	5	3	1			1～6	5・6	
44	6	4	0			1～6	4～6	
45	7	2	6	4～6		1～3	3・5・6	
大正2	8	2	4	(2欠)	1～6			5・6
3	9	6	2	(1欠)	1～6			5
4	10	3	5	1～6	1～6			
5	11	2	4	1～6	1～6			
6	12	1	4	(4欠)	1～6			
7	13	4	2	1～6	1～6			
8	14	1	6	(2欠)	1～6			
9	15	2	2	(1欠)	1～6			
10	昭和2	1	4	(2.3欠)	1～6			

資料　『大正元年以降卒業者学籍簿』

体操が加えられている。

⑧　理科と図画はまったく授業が行われていない。

4　基本教科目に限る教育保障

前項に挙げたような授業のなされた教科目から総合して判断すると、本校の教育課程は尋常小学校というよりは、事実上の簡易小学校である。つまり、福田小学校における就学者への教育は、この時期の尋常小学校就学者に比して、保障する教育内容に限界がある。

本校が作成した「秋田市私立福田尋常小学校学事一覧　大正十三年一月現在」という一枚物の活字印刷紙がある。この中で五番目に挙げた記事として「〇教科目（修身、国語、算術、歴史、地理、唱歌、体操、裁縫トス）」が掲示されている。しかし「〇学級編成《ママ》及授業時間（二学級組織ニシテ授業時間ハ午前トス　但シ時期ニヨリ時間ヲ午後マデ延長スルコトアリ）」という、時間的あるいは教員二名による授業能力からの制約がある。したがって、対外・

公式的には正規の尋常科の授業科目を示しているが、実際は国語・算術を基本教科目として授業をする、限られた科目重点的な教育保障であった。

六　進級・原級留置・学力優等

1　進級と原級留置

この当時は出席状況が良好というだけでは、そのまま卒業や修業とはならない。年度末に卒業試験ないし進級試験がある。課程の学習修了にふさわしい成績を示さないと原級留置、俗にいう落第である。開校当初三年間のこの成績状況を示すものが表37である。

表37　福田小学校開校当初の卒業・修了試験結果

年度	生徒数(人)		卒業	修了	成績優等	原級留置	欠席
28年(1895)	男		4	28			
	女		1	8			
	計	61	5	36	8	10	10
29年(1896)	男	44	5	32		3	4
	女	20	1	13		1	5
	計	64	6	45	18	4	9
30年(1897)	男	44	11	23		4	6
	女	21	4	9		3	5
	計	65	15	32	14	7	11
合　計	男		20	83			
	女		6	30			
	計	190	26	113	40	21	30
	比率	100%	13.7	59.5	21.1	11.1	15.8

この表によって計算してみると、各年度における在籍者に対する卒業・修業率は、二十八年度六七・二パーセント、翌年度は七九・七パーセント、そして翌々年度は七二・三パーセントである。開校当初三年間を平均すると、一九〇人の生徒のうち一三九人、率にして七三・二パーセントの者が実効のある結果となっている。

その反面に、初めから試験に臨まないで欠席してしまう者が三〇人（一五・八パーセント）いる。また試験を受けているものの、所定の成績に達せず原級留置となる者が二一人（一一・一パーセント）いる。両者の合計五一人は一九〇人に対して二六・九パーセントに達している。この割合が、他校と比べて高いのか低いのかは、優等生の割合とともに後に触れる。

ともあれ、原級留置があることは、本校における就学の成果を得るには、勉学が身に付くことが必要であって、単に名目的な在籍だけではないことを物語っている。

2　成績優等生の表彰

表37には、成績優等生数が示されている。年度順に八人、一八人、一四人の合計四〇人である。生徒総数一九〇人に対しては二一・一パーセントの率である。これは本校の教育成果が、五人に一人の割合で成績優等生であることを積極的に証明している。

これらの優等生に対して、『授賞録』の記録では、初年度八人のうち卒業生二人には半紙五帖を、尋常科二年修了二人および一年修了四人には半紙三帖を、それぞれ与えている。翌年度は、卒業生三人および二年修了生三人と一年修了生一〇人のそれぞれに、手帳二冊ずつを与えている。さらに翌々年度では、卒業生四人に対しては手帳一冊および半紙二帖を、二年修了生四人および一年修了生六人には半紙三帖ずつを与えて表彰している。

3　旭小学校との比較

尾留川金太郎が本校の専任教員になるまで在籍していた学校は、秋田市立旭尋常小学校である。この学校は九〇〇人を越える在校生数からも判断できるように、市内の大規模校の一つである。この学校の『沿革誌』三十一年三月二十四日の記事に掲載されている学年試験の結果表38に示す数値は、本校の結果を示す前表37の数値と比較できる貴重な資料である。

表38　秋田市旭尋常小学校明治31年３月学年試験

区　分	計		男		女	
	人数(人)	比率(%)	人数(人)	比率(%)	人数(人)	比率(%)
在籍数	908	100	491	100	417	100
受験生	643	70.8	374	76.2	269	64.5
及第生	618	96.1	366	97.9	252	93.7
うち優等生	262	40.7	156	41.7	106	39.4
落第生	25	3.9	8	2.1	17	6.3
卒業生	120		83		37	

資料　『沿革誌　旭尋常小学校』明治31年３月２日記事により作表.

そこには「本学年試験の結果如左」の後に、在籍生・受験生・及第生・落第生・優等生・卒業生という六項目についての数値が並べられている。この両表を比較することは、学校規模の大きな相異があるので、細かいことへの言及は意味が薄い。しかし各項目について、本校教育の成果を客観的に評価する上の十分な意義が認められる。

(1)　学年試験受験率

第一に、卒業・進級をはじめから諦めてしまうのが、欠席による受験放棄であり、旭小学校にあっては二九・二パーセントに及び、学年試験を受けた者の受験率は七〇・八パーセントである。これに比して福田小学校の場合には、計算してみると受験率は八四・二パーセントという高率である。

(2)　及第と落第（原級留置）

けれども旭小学校では、受験しての失敗「落第生」は三・九パーセントと低く、及第生が九六・一パーセントに達している。これに対して、福田小学校の方の受験失敗者「原級留置」の率は一一・一パーセントと高い。すなわち及第率は八六・九パーセントである。

(3)　優　等　生

そして旭小学校における優等生は四〇・七パーセントに達しているが、福田小学校の方は受験者一六〇人のうち四〇人すなわち二五・〇パーセントである。

(4) 総合評価

このように見てみると、福田小学校（慈善学校）の教育は旭小学校（一般校）に比して、これを上回る好成績を挙げたとはいえない。けれども、今日のような義務就学年限の年齢主義とは異なり、学籍を持つ形式だけでは就学成果としての学歴は取得できない課程主義の厳しさを、十分に果たしていると評価できよう。

七　知事賞

1　県の教育奨励

この時期には、教育奨励のために県知事からの賞状が贈られている。本校に関しての記録は、「紀事・第二回報告」および「紀事・第三回報告」に各年度一名ずつが記載されている。

賞状の本文は、添えられた国民修身書の巻数字の違いを除いて同文である。明治二十九年（一八九六）度の牧野泰吉に対する賞詞は次の通りである。

賞　状

秋田県秋田市私立福田小学校　第三学年生　牧野泰吉

品行方正学力優秀ニシテ　克ク師父ノ訓戒ヲ服膺シ　之カ実践ヲ務メ　且ツ専心一意学業ニ勉励シ　常ニ衆生ノ模範トナル等　実ニ奇特トス　依テ為其賞国民修身書七八ヲ授与ス

明治三十年三月一日

秋田県知事正五位勲六等　岩男三郎

2 受賞理由

(1) 男子受賞の理由

記録には賞詞に続いて、表彰理由が記されている。この中には、当時の貧窮家庭の子弟が、その置かれた環境の不遇を克服することなしには、教育を受けることができなかった生活実態が述べられている。

右生徒〔牧野泰吉〕ノ小履歴書

明治二十八年五月本校ニ入学シ　爾来品行方正学業優等常ニ衆生ノ模範トナル　父ハ人力車ノ車夫トナリ母ハ実子縄《ミゴナワ》ヲ綯《ナ》ヒ　一家数人漸ク其口ヲ糊スルカ如キ境遇ナルヲ以テ該生徒ハ午前ノ課業ヲ終ヘ帰宅否ヤ　大工町族籠〔旅籠の誤か〕屋某方ニ至リテ用達ヲナシ　日々幾何《イクバク》ノ賃ヲ得テ父ノ労ヲ慰シ　暇アル時若クハ夜ニ入ルトキハ実子縄ヲ綯ヘテ其母ノ意ヲ悦ハシムル等　其身ヲ労シテ聊《イササ》カモ厭ハサルニ至リテハ　殆ント大人モ及ハサルノ感アリ　長兄ハ商業見習ノ為某家ニ奉公シ　実弟惣蔵ト提携友愛ノ情溢ル、カ如シ　性勤倹父母時ニ賞スルニ金ヲ以テスルコトアルトキハ　一厘モ無益ニ費スコトナク　以テ不時ノ用ニ充ツ　現今ハ若干ヲ貯フト云フ　本年三月卒業シテ今ハ当市高等小学校ノ給仕ヲ命セラレタリ

(2) 女子受賞の理由

翌年度表彰に輝いたのは第三学年生高橋ミツである。賞詞は「国民修身書五六」と賞品の巻数字が相違する以外は同文である。添えられた表彰理由は次の通りである。前年度の牧野の例と比して若干の相違がある。

右生徒〔高橋ミツ〕ノ小履歴書

明治二十八年五月本校ニ入学シ　爾来品行尤モ勤慎温順ニシテ　動作活アリ　其能ク勤メ能ク学ヒ能ク習ヒ能ク行フコト　一モ間然スルトコロナシ　征清ノ役起ルニ及ヒ　父軍夫トナリ家ニアラス　母ト共ニ居テ生計頗《スコ》フ

ル窮ル　ミツ子性孝順母ニ事ヘテ怠ラス　近隣ノ寺院ヲ尋ネ傭賃ヲ得テ帰リ　平時ハ蠟燭ノ心巻ヲナシ　其賃ヲ以テ僅カニ母ト己レノ口ヲ糊スルカ如キ　其苦心実ニ察スヘシ　故ニ近隣伝ヘテ賞セサルハナシト云フ　今ハ卒業シテ機業ノ実習ニ従事セリ

(3)　両受賞者の相違

知事賞を受けた両名は、開校年一緒の入学生であるが、牧野泰吉は二年間就学で卒業し、高橋ミツは三年間就学で卒業している。前者は入学時に第二学年級に、後者は第一学年級の格付け結果とみられる。

また牧野は属籍は平民、そして明治十五年（一八八二）十二月生まれである。いっぽう高橋は属籍は士族、そして明治十九年七月生まれである。開校時の年齢を計算すると、牧野が十二歳六か月で、高橋は八歳十一か月である。いずれも学齢の開始となる六歳を見送った後の就学である。

すでに触れたように、当時の中途退学者における一定の年齢上の傾向があって、十歳を区切りとする者が多く、職に就くためである。この点からいうと、牧野が就業していたことは珍しい例ではない。勤労青少年の定時制的就学の先駆である。本校の授業時間が、「本校生徒ノ大半ハ家職ニ従事シ　或ハ行商シ或ハ賃金ヲ求ム　依之出席ニ非常ナル影響アリ　故ニ一日ノ授業時数ハ三時間〔中略〕現時ハ午前ヲ以テ授業シツツアリ」であったが、かれはこれに当てはまる典型的な一員である。しかも「品行方正学業優等常ニ衆生ノ模範」という学歴を得て、市内高等小学校の給仕に就いていることはまことに喜ばしい。

これと比較すると、「品行尤モ勤慎温順」ではあるが、「学業優等」の表現を欠いている高橋ミツの場合は、出征留守家族の母と子ひとりの生活状態の中で見られる孝順ぶりは、とりわけ学校から赴いての燐寸製作作業におけるトップの成績と相まっているといえる。家に帰ってからの内職の状況も、今日のわれわれを十分に驚かせる。卒業後における「卒業シテ機業ノ実習ニ従事」という労務内容、あるいは賃金などの実態はわからない。

第四章　大正期学籍簿の児童

すでに随所で『学籍簿』を資料として使用しているが、本章ではその中に見える記事から、ちょうど大正期全般にわたる時期における児童の主要な実情を取り上げる。

このうちで最大ともいうべき教育上の事柄は、彼らのうちの一部の者が本校での就学を継続できなくなったケースである。けれども、これについての諸種の事情はすでに『半途退学学籍簿』を資料として表39を作製して掲げ、対象となる一一五人全員について理由別状況を明らかにしている。この重複は避けたい。したがって、主な他に付記すべき記事に限ってのみ述べる。

一　学籍簿の整備

1　学籍簿様式と用紙

はじめに学籍簿の様式について簡単に触れる。明治二十一年（一八八八）三月三日の秋田県達の中に「明治十四年〔中略〕達　学事表簿様式及取調心得ヲ廃シ　更ニ左ニ通相定ム」(1)云々とあるように、早期から学校における表簿の整備が図られてきている。そして、この時の達で示された「生徒学籍簿」は、さらに二十五年七月三十日の秋田県訓令甲第百二十八号別紙雛形(2)となる。多様な課程をもつ改革に応じて、部分を選択できる雛形を良しとしている。福田小学校発足時の学籍簿は、たぶんこの雛形から作られたのであろうが、現物は管見の限りでない。

ともあれ学籍簿は、教育令や四次にわたる小学校令の改革などに伴って改訂、整備されていくわけで、本章で対象とする大正期の学籍簿も終始一律に固定したものではない。若干の書式の相違や、印刷法の技術革新に伴うこんにゃく版印刷から鮮明な活版印刷へと、使用する用紙も転換している。

2　規格品用紙の使用

第四次小学校令体制は、全国の小学校を義務教育六学年制としている。これに応じる学籍簿書式は統一化が可能となる。そして到来した活版印刷という容易な大量生産かつ割安価格化を反映して、たとえば全秋田市内の公立小学校が同一書式の学籍簿用紙（規格品）を配布される（ないし購入する）余地が生じている。

そこで私立である本校の場合である。配布されたか、購入したかは不明であるが、規格品を使用するようになったと思われる。それは、「学業成績」欄の教科項目の挙げ方に独自性がみられないことである。すでに前章五節「教科目の履修」では『学籍簿』等を資料として使用し、本校がいかなる教科目を授業科目としていたかを明らかにしている。その中で留意すべきは、本校の開校全期間にわたって授業科目としなかった教科目がある。つまり、極端にいえば、校則の教育課程にない教科目は、学籍簿「学業成績」欄に教科目として掲げて印刷する必要がない。規格品用紙

単位：人

不明	計（人）
❸	男5 女9
❶	男7 女10
	男7 女8
	男3 女5
	男6 女5
	男3 女9
－	男6 女9
❸	男1 女2
⑤❺	男2 女4
	男2 女0
	男4 女5
	男0 女1
	男0 女0
	男0 女1
	男0 女1
1 5	46 69

表39　大正期中途退学者理由別状況　○男子・●女子，中数字は学年，－は女子学年不明，

年度	貧困	就業	転住	家事都合	養子	長期欠席	居所不明	品行不良	学齢終了	転校	保育院
大正元	⑤❻❻❺❺❹❸－	④④	②❷		②			②			
2	④③②❹	－	⑥⑥④❹❷	❹	④❻		❻❺－			❷	②
3	④②❺❹❶❶	⑥⑥⑥❹	❶	❻	⑥		❶				①
4		⑤❻❹❹❸	②①			❻					
5	②❹❸	④	⑤②❶					③		❹❸	③
6		⑤❻❺❸❷	❶			❶❶❶			❻	①	①
7	❺	⑥④④④②❸❸❸	⑥❸			❹	❺			❷	
8		❻	③								
9		❹❷								②❻	
10		⑥	⑥								
11		⑥⑤❻			⑤	❸				❹❷❶	⑤
12			❻								
13											
14		❻									
15										❹	
合計 男	7	16	11	0	2	0	0	2	0	2	5
女	15	18	8	2	0	6	5	0	1	9	0

を使用したので、未使用欄が生じているのである。

二　最初の登載児童

『卒業者学籍簿』の最初に登載されている児童は、明治四十年（一九〇七）四月に入学し大正二年（一九一三）三月に第六学年を卒業した者である。本章においては、氏名の一部分を〇とする配慮をし、この内容を図3により紹介する。学籍簿の書式は以後において変更となることはあるが、およそは共通の体裁を保っている。

三　卒業と半途退学

1　不安定な就学校

第一に指摘しなければならないことは、卒業生数が八八人であるのに対して、中途退学者数が一一五人という卒業生数を上回る数についてである。この反対に卒業できる者が圧倒的に多いことが、われわれの一般校に抱く通念である。その逆に中途退学者が多いことは、少なくとも学齢期児童の就学する先として、安定した対象校ではなかったことを物語る。

2　義務就学年限の不履行

中途退学者の全員が、退学して即未就学となったわけではない。たとえば転校という場合は、転校先において就学を継続していく。ただし、この人数は僅か九人に過ぎない。表39をみて気付くのであるが、「転住」二一人の場合、

図3　学籍簿

氏名	生年月日
秋田県平民 与八長男 金○林蔵	明治三十一年六月六日

住所	入学年月日	入学前経歴	卒業年月日	退学年月日	退学ノ理由
秋田市楢山○町三	明治四十年四月日		大正二年三月廿七日	明治十年月日	

学年		第一学年	第二学年	第三学年	第四学年	第五学年	第六学年	備考
学業成績	修身	乙	乙	乙	七	八	八	
	国語	乙	乙	甲	九	八	九	
	算術	丙	甲	甲	七	六	六	
	日本歴史					五		
	地理					六		
	理科							
	図画							
	唱歌	丙	乙	甲				
	体操	乙	乙	乙				
	裁縫							
					八	七	八	
	操行	乙	乙	甲	甲	甲	甲	
	修了ノ年月日	明治四十一年三月二十四日	明治四十二年三月二十四日	明治四十三年三月二十日	明治四十四年三月二十七日	明治四十五年三月二十七日	明治二年三月廿七日	
在学中出席及欠席	出席日数						二二二	
	病気欠席							
	事故欠席日数						六五	
身体ノ状況								

保護者			
氏名	住所	職業	児童ト関係
金○與八	秋田市楢山○町三	雑業	父

注・当初学籍簿の「身体ノ状況」欄の区分は「身長・体重・胸囲・脊柱・体格・眼疾・耳疾・歯牙・疾病」、改正学籍簿では「身長・体重・胸囲・概評・栄養・脊柱・視力及屈折状態・色神・眼疾・聴力・耳疾・歯牙・其ノ他ノ疾病異状・監察ノ要否・本人ニ対スル注意・備考」だが、未記入。この理由を、改正学籍簿の欄外において「学校医ノ置カサル学校ニ於テハ身体ノ状況ハ之ヲ欠クコトヲ得」と注記。

・本児童は「第三学年体重　弱」。

・第六学年の「修了ノ年月日」中「明治二《ママ》年」。

転校手続を取らないまま退学してしまったので、この理由での分類項目となったのであろう。あとは保育園への入院生六人を除く七九人（六七パーセント）が、就学継続を事実上打ち切られたと見てよい。

これを義務教育年限の履行という視点でみると、その可能な人数は、最大で転校に保育園入院生を加えた一五人（一三パーセント）、もし後者を（義務の免除ないし猶予対象もあるとみて）除けば九人（八パーセント）にすぎない。本校を卒業できた者八八人と中途退学者一一五人との間には、このような天と地の相違のような歴然とした学習条件所持の相違があり、本校の就学者には義務教育年限不履行となるおそれを持った者が多かった。これは一般児との比較においていえば、慈善学校が存置されていてさえ、完全な就学保障をできかねた大きな差であり、問題である。

四　就学保障を困難とする諸特徴

1　母子家庭

最初に挙げたい特徴は、卒業児童八八人（男四三人、女四五人）のうち、保護者が母親の子は三四人である。また他に、この時期には「私生子」と表現されている児童がいて、その数は認知された（庶子）一人を含めて九人である。これを併せると、四三人（四九パーセント）となり、その子たちの性別は男一七人、女二六人である。母子家庭の子、とりわけ子が女子の場合に、本校を求めての就学者が多い。

これが中途退学者一一五人（男四六人、女六九人）の場合を同様な分類で示すと、母子家庭の子は四二人（三七パーセント）であり、この性別をみると男一一人、女三一人である。

この数字をみると、社会的弱者としての母子家庭、とりわけ母と女子児童の家庭には、深刻な就学継続を不安定とする問題があることを示している。

2 両親を欠く者

また欠損家庭は母子家庭だけではない。就学児の保護者との続柄が弟・妹、孫、姪、甥、従姉、養女そして戸主本人である場合、これらの全員が両親を喪った者とはいえないにしても、現状においては母子家庭と同様に欠損家庭と目される者であり、卒業者と中退者の両方がそれぞれ二一人ずつを算える。

3 収入の不安定

保護者の職業は家計を判断する上の重要な要素である。『学籍簿』からの詳細な分析は可能であるが、ここでは表示は省略する。そしてまず、卒業者の名簿順最初の三三人（大正二年〈一九一三〉三月から七年三月までの卒業）の保護者が、どんな職種に就いていたかを掲示する。

雑業二、商（行商）五、大工一、網敷《あみしき》一、日雇一一、蝙蝠傘直し二、草履造一、芸人一、車夫一、木羽《こっぱ》割一、職工（土崎煙草）一、無職六。

対照的に名簿の終わりの方二七人（一二年〈一九二三〉三月から昭和二年〈一九二七〉三月までの卒業）では次の通りである。

雇（日雇）六、靴工一、スダレ編み一、洋傘直し二、網敷二、無職（無記入）九、ペンキ塗三、按摩一、草履造一、便利屋一。

前後者ともに、保護者の不安定かつ低収入をうかがわせる職種であるといえよう。そして、このようなごく簡単な掲示からさえ、とくに後者における第一次世界大戦後の不況期に際しての無職（および職業欄無記入）者の多い実情を見ることができる。家計の逼迫が児童の就学条件を劣化させたことは疑えない。

4　退学理由の特記記事

おわりに、『半途退学学籍簿』の中の「退学ノ理由」から、若干の例を示す。既掲表39において、貧窮を理由とする者が男子七人、女子一五人いる。その表現は「貧困」「貧究」「赤貧」「極貧」と四つに分けられている。区分の客観性は不明だが、前者から後者へ貧窮の度合いを示している。後二者からの記事を挙げる。

① 大正三年（一九一四）一月六日第一学年退学児「冨○ナオ」では「極貧」と表現。他に六年二月十四日第一学年退学児「舟○政○」では「極貧父病　乞食ニテ病者ヲ養フ」。さらに十一年九月三十日第五学年退学児「東○スサ」では「極貧ノ為　川反ニ貸ス」（川反は歓楽街）。十四年四月一日第五学年退学児「荒○ミヱ」では「極貧ノ為　他家へ子守トナル」など。

② 三年三月三十日第三学年退学児「佐○千○蔵」では「赤貧ノタメ阿仁ナル母ノ実家行」また七年四月一日第三学年退学児「工○幸蔵」では「父死亡後　赤貧ノ為　他へ貸ス」とある他に「赤貧」と書かれた者二人。

③ 特殊例を一つ。二年六月三十日第五学年退学児「佐○ハツ」では「昨年ヨリ他県へ遊芸人トシテ出テ今ニ行方不明ノタメ」

5　就学全うの意義

上記の記事中に「貸ス」という表現がある。これは筆者の理解では事実上の身売りである。養子の場合では、完全に移籍をする形での身売りではないかと、すでに指摘しているが、移籍をしない場合の身売りが「貸ス」である。

著者は、秋田の昭和初期生活綴方運動すなわち「北方教育」についての研究過程で、貧窮児童が乞食をして家族を養う例や身売りの例に出会っている。昭和九年（一九三四）大凶作に関して、仙北郡生保内《オボナイ》小学校長藤原乙吉が尋常二年男子児童について書いたレポートに、次のような一節がある。(3)

以前学校に於て給食のため握飯を与へたとき　この児童はその半分を残して家に持ち帰り両親に与へて居りましたが、今の給食は茶碗盛にして与へて居るので持ち帰ることは出来ません。どうしても食ふことは出来ぬため学校から帰へれば直ちに乞食に早変りしてあちらこちらと彷徨して食を乞ふ状はあはれなものです。この児童の兄二人居たが数年前身売して他に奉公してゐるが壱銭の送金もないとの事です。

兄二人を手放したが親だが、この子を身売りできない。その理由は述べるまでもなく、乞食をして養って貰うためである。この子がそれでも通学を続けるのは、大正期の児童との大きな相違として、給食支給を指定された学校への就学であったからである。

学校に行けなくなるということが、どんなに子どもの人権を損なうものかを『半途退学学籍簿』は余すところなく記録している。それだけに、慈善学校であれ、就学継続を全うできることが人権保障となっている意義を読み取らねばならない。

第五章　閉　校

本章では、福田小学校の廃止についての手続書を中心に記述する。資料はいずれも縦罫紙に筆書きされた本間家蔵文書である。

一　廃止認可の申請

昭和二年（一九二七）三月二十二日、本間金之助は次のように福田尋常小学校廃止の認可申請書を、秋田市長あてに提出した。

昭和二年三月廿二日

私立福田小学校主　本間金之助

秋田市長井上廣居殿

別紙廃校認可申請書差出候ニ付　可然御取運願出候也

これに添えられた別紙の文言は次の通りである。

福田尋常小学校廃止ニ付認可申請

明治廿八年五月廿六日設立ニ関スル私立福田尋常小学校ハ　左記事由ニ依リ　昭和二年三月三十一日限リ廃止致

候条　御認可相成度　小学校令施行細則第十二条ノ二ニ依リ　此段及申請候也

昭和二年三月二十二日

秋田市大町二丁目壱番地

設立者　本間金之助

秋田県知事中野邦一殿

事　由

一、現在々学児童弐拾弐名　大正十五年四月入学者僅々弐名ニシテ　本年度卒業者五名ノ現状ナリ

一、随テ将来一学校トシテ経営スルハ不経済ナルヲ以テ　之ヲ廃止シ　学齢児童保護ノ為　昭和二年四月ヨリ更ラニ適当ナル施設ヲナサントス

二　認可指令

上記の廃校申請について、同年四月一日付けで、秋田市長から下記の指令が交付された。

昭和二年四月一日

秋田市長

本間金之助殿

認可指令交附之件

豫テ申請中ノ福田尋常小学校廃止認可指令　別紙及送付候也

別紙として添えられた文書の文言は次の通りである。市はこれを前日受領していた。

学　五七六

秋田市大町二丁目一番地

本間金之助

昭和二年三月二十二日申請　私立福田尋常小学校廃止ノ件　認可ス

昭和二年三月三十一日

秋田県知事中野邦一

三　在校生の転校先

この度の閉校が飽田仁恵学校の場合と大きく相違する点は、一名を除いた他の全員が旭北小学校と旭南小学校に転校したことである。つまり、教育の継続が転校先において保障されるであろう点である。

『学籍簿』の最後の部分は「昭和二年三月三十一日限廃校ニ付他へ転校セシメタル者」という一八名の学籍簿である。ここを追って転校先をみてみる。

(1)　廃校前に入学を予定していた者

本校での教育を受けることのなかった、四月からの新一年生である。学籍簿を作らなくともよかった者である。女子三人で、うち二人が旭北小学校へ、一人が旭南小学校にと入学校を変更している。これは、彼らの住所が寺町の者は旭北小学校へ、そして誓願寺門前の者が旭南小学校へと学区別に従ったようで、他の修了生についても同様である。

(2)　転校先のない者

大正十三年（一九二四）四月に入学しているが、三年度の間いずれも「原級留置」で進級できなかった女子一名である。その理由として「低脳」と付記され、転校先未記入である。

(3)　一～五年修了生

各学年別・性別人員・転校先の順に記載すると、次のようである。転校先では一学年上級に属することとなる。

一年修了・女子二人・旭北小学校
二年修了・男子一人女子二人・旭北小学校、女子二人・旭南小学校
三年修了・女子二人・旭南小学校
四年修了・女子一人・旭北小学校、男子一人・旭南小学校
五年修了・男子一人女子三人・旭北小学校、女子一人・旭南小学校

四　学校財産の処分

知事にあてた認可申請の事由の中には「将来一学校トシテ経営スルハ不経済ナルヲ以テ之ヲ廃止シ　学齢児童保護ノ為　昭和二年四月ヨリ　更ラニ適当ナル施設ヲナサントス」とある。この「適当ナル施設ヲナサントス」のためには、これを発想する根拠となるものがある。かなりの学校財産があった。この内容を示すのは次の文書である。

私立福田小学校財産処分書

基本財産之部

一金　壹萬五千圓也
　内訳
　　一金　貳百圓　大正十三年二月十一日　宮内省御下賜金
　　一金　壹百圓　同上　内務省御下附金
　　一金　貳百圓　明治四十三年三月二十六日　内務省御下附金
　　一金　貳百五拾圓　勧業債券貳十円券十八枚　額面参百六拾円ノ時價金ニテ
　　一金　四千七拾壱円廿二銭　学校々地並ニ建物器具一切
　　一金　壹萬壹百七拾八円七拾八銭ハ　本間金之助外特志者ノ寄附金及利息合算
　　　以上

一普通財産之部
　昭和二年四月二十日現在金五百圓也　以上
右基本金並ニ普通財産ハ　昭和二年三月三十一日私立福田小学校廃校ニツキ　昭和二年四月二十日新設ニ係ル財団法人福田会ニ寄附セリ
　昭和二年四月二十日
元校主　本間金之助

五　福田小学校の意義

福田小学校は、昭和二年（一九二七）三月三十一日をもって、三二年間にわたる慈善学校としての役割を閉じた。それは閉校事由にうかがえる「大正十五年四月入学者僅々弐名」にみる「最近入学者漸次減少」のためである。貧窮家庭の子弟が普通小学校に入学するようになり、特殊学校としての慈善学校の歴史的貢献は幕を閉じた。

本校が存在したことによる意義を、もし一つだけ挙げるならば、本校がなければ就学の機会を得られなかった「極貧」の子弟に門戸が開かれたことである。この業績は評価しなければならない。

そして書き落とせないことは、学校運営を一つの慈善教育事業とみるとき、ここに一段落を迎えたが、事業自体は福田会という福祉奨学事業に姿を変えて運営されていくのである。福田小学校があったればこそ、福祉奨学事業が生じ得たのである。

第六章　財団法人福田会

本章では、福田小学校の財産を引き継いだ財団法人福田会について、現所蔵者から閲覧とコピーとを許された貴重な第一次資料によって、会の理念と事業とを明らかにする。福田小学校の校主すなわち本間金之助と笹原貫軒の意向も、そして本書の著者もまた、本会を福田小学校活動路線に沿うものとみている。ここに位置づけて扱う理由である。

なお、人名表記について、一部を○としたり、ローマ字イニシャルとするなどの配慮をしている。

一　関係資料の所在と主な内容

1　資料の全容

財団法人福田会に関係する資料は、神奈川大学が所有し、同大学大学院日本経済史研究室が管理している。それは膨大な量の本間家文書であり、この中の主なものは謄写印刷物「秋田・本間家史料目録」に整理されている。すなわち、内容は五大分類すなわち「Ⅰ　元帳・Ⅱ　商業経営関係・Ⅲ　貸付活動・Ⅳ　地主経営活動・Ⅴ　有価証券投資活動、税金関係、社会事業、その他」とされ、この中のⅤに含まれる一部「③社会事業　⑴財団法人福田会（私学経営）関係（以下、福田会資料という）」の表簿や文書等が、本章で使用する関係資料群である。

この福田会資料に掲載された資料名に、番号・表簿その他の名、そして記事の内容・年次等を補って全容を紹介す

表40　財団法人福田会資料

番号	表簿等名	記事内容年次（昭和）
1	予算整理簿	6年・7年，8～11年，12～17年，18年より（32年まで）
2	財団法人福田会概歴	8年11月，11年5月，12年4月の各印行の3種
3	財団法人福田会綴	11～15年
4	財団法人福田会寄付行為	（2年4月20日）
5	給与原簿	8年より（2冊）
6	除籍給与原簿	8～11年，8年6月より
7	財団法人福田会基金台帳	2年4月新規
8	金銭出納帳	2年4月新規
9	金銭領収書綴	16～21年
10	事業金融通帳	21年6月
11	会議録	2年4月新規
12	市内小学校報告綴	11～15年
13	役員・方面委員名簿	2年4月20日創立以降
14	備品台帳	5年より
15	記録（福田会）	2年4月新規
16	特別当座預金通帳(株式会社四八銀行)	6年・8年・10年・12年・14年
17	普通預金通帳（株式会社秋田銀行）	18年，26年より
18	小口当座預金通帳（株式会社四八銀行）	2年・3年
19	その他雑（小綴または一枚もの）	未整理

資料　神奈川大学編『秋田・本間家史料目録』（未刊）による．

ると、表40となる。引用に当たっては、適宜略称を用いる。

2　会議録

理事会ならびに評議員会の議事録である。これに二簿冊あって、一つは『昭和二年四月新規　記録　福田会』という薄いものである。内容は一項を除き別の『会議録』の記録に同じである。除かれたものは『記録』の出だしの記事で、その主な内容は寄付行為第十八条に基づく理事会の評議員銓衡に伴う嘱託の記録である。この中では、記事の順序に注目すべき点がある。上記評議員銓衡の前の項として監事の嘱託を置いている。寄付行為によると、監事は評議員が定む（銓衡する）ものである。したがって、この記事の順序から判断すると、評議員会を当日開催できないが、財団法人の組織を急ぎ整える必要上、理事会において銓衡し同日の嘱託としたと考えられる。福田会発足時ならではの便法である。

もう一つの方の『会議録』は、昭和三年（一九二八）年三月十八日に始まり、以後各年の会議が切れることなく続き、二十四年五月四日（書面審査のため十三日議了）の会議記録までを一簿冊としている。

3　収支決算書

上記の期日をもって『会議録』における記事は終っているが、これはただちに福田会の終了を意味しない。というのは、昭和五年度に始まり、「昭和十八年度財団法人福田会収支決算書」ならびに対の「昭和十九年度財団法人福田会収支予算書」までが、会議録の中に含まれた「謄写印刷議案書」の一つ、つまり会議の折りの配付資料各年度「福田会収支決（予）算書」である。この資料を追っていくと、『会議録』の中にではなく外に、たとえば全罫紙にペン書きされた「二十四年度分収支決算書」と「昭和二十五年度収支予算書」が作られている。

これは、二十五年度以降に会議が開催されなかったが、事務担当者が経理を続行していた証である。その背景には、この書面には収入の部の決算額は記入してあるが、支出の部の決算額がない事情があったことからも明らかである。つまり、給費活動は機能停止状態となっているが、財団法人はなお存続していることを示す。

4　基金台帳と設立時の基金

この帳簿の正規の表記は『昭和二年四月新規　財団法人福田会基金台帳』（以下『基金台帳』という）である。本『基金台帳』の最大の資料的価値は、最終の記録が「昭和三十二年（一九五七）三月弐拾六日現在」となっていることである。これによって、本財団法人福田会がこの日まで続き、ここで終了したことを示唆している。目下のところ、福田会の終わりの日であると明記する他の文書を見いだしていない。

『基金台帳』によって設立時の基金をみると、設立日である二年四月二十日現在「一　株式会社第四十八銀行定期

預金証書　壱枚　此額面一金壱万五千円也」である。この金額は既述の「私立福田小学校財産処分書」における「基本財産之部　一金　壱萬五千圓也」と同額であるが、両者の内訳に相違がある。すなわち、本『基金台帳』においては、内務省よりの「御下附分」二口と宮内省よりの「御下賜分」一口は同じで、「以上三口ハ私立福田小学校廃校ノタメ之レヲ継承ス」である。相違するところは「一金一万四千五百円也　設立者本間金之助外特志者ヨリ私立福田小学校へ寄附分共」とあって、「私立福田小学校財産処分書」に書かれていた「一普通財産之部〔中略〕金五百圓也」の表現はない。統合したものと思われる。

5　基金台帳と最終年の基金

『基本台帳』の最終の記録によって、財団法人が有した最後の年の基金額を知ることができる。すなわち、次の記事である。

昭和三十二年〔一九五七〕三月弐拾六日現在

一金　参万五千四百六拾九円也

金　壱万五千円也　設立当時の基本金

金　二千四百拾七円四拾銭　寄附金

金　壱万八千五拾壱円六拾銭　昭和二年以降剰余金

財団法人のスタートとゴールとの間に、基金が倍以上に増加しているが、この金額の額面だけでは、戦後インフレ期を経ての活動を不可能に陥らせた社会情勢の大変動がある。

二　寄付行為

財産を提供して財団法人を設立する行為を寄付行為といい、必ず書面をもってする必要があり、この書面をもまた寄付行為という。社団法人の定款に相当するものである。主資料の一つであり、本章の叙述の基礎になるものであるから、全文を掲げる。

この中では、福田会の目的が「就学奨励」にあり、このため「秋田市在住者」に限った就学「困難ナル児童」に「被服　書籍　其他学用品ノ全部又ハ一部」を給与する活動であると明記されている。これは確かに福田小学校活動の理念を継承するものである。

財團法人福田會寄附行為

第一章　目的及事業

第一條　本會ハ就學奨勵ヲ目的トス

第二條　本會ハ前條ノ目的ヲ達成スル爲ニ秋田市在住者ニシテ　小學校ノ教育ヲ受クルニ困難ナル児童ニ對シ在學中ノ被服書籍其他學用品ノ全部又ハ一部ヲ給與ス

第二章　名稱及事務所

第三條　本會ハ財團法人福田會ト称ス

第四條　本會ノ事務所ヲ秋田市大町二丁目一番地ニ置ク

第三章　資産及経費

第五條　本會ハ本間金之助及ヒ其他ノ寄附ニ係ル金壹萬五千圓ヲ以テ基本財産トス

第六條　本會ノ趣旨ニ賛シ金銭物品ヲ寄附スル者アルトキハ　之ヲ受諾スルコトヲ得

第七條　本會ノ事業ニ要スル経費ハ　基本財産ヨリ生スル利子其他ノ収入ヲ以テ之ニ充テ　剰餘アルトキハ基本財産ニ編入ス

第八條　本會ノ資産ハ　基本財産及普通財産ノ二種トス

第九條　第五条ニ掲ケタル財産及指定寄附ノ物件ハ　之ヲ基本財産トス　基本財産ハ　之ヲ他ニ運用又ハ消費スルコトヲ得ス

第十條　基本財産ヨリ生スル利子及其他ノ収入ハ　之ヲ普通財産トス

第十一條　基本財産中現金ハ　理事長名義ニテ　確実ナル銀行ニ利付ニテ　預入スルモノトス

第十二條　本會ノ會計年度ハ　毎年四月一日ニ始マリ三月三十一日ニ終ル

第十三條　収支予算ハ年度開始前　決算ハ年度経過後一ケ月以内ニ　理事長ニ於テ作製シ　評議員会ノ承認ヲ受クルモノトス

第四章　役員

第十四條　本會ニ左ノ役員ヲ置ク

一、理事　五名

二、監事　一名

三、評議員　若干名

第十五條　理事、監事ノ任期ハ四ケ年トス

補欠員ハ前任者ノ残任期間存在ス

第十六條　理事及監事ハ　評議員會ニ於テ之ヲ定ム

理事ノ内一名ハ　設立者又ハ其家督相續人之ニ當リ　其任期ハ前條ノ規定ニ拘ハラス終身トス

第十七條　理事長ハ理事ノ互選ニヨリ之ヲ定ム

第十八條　評議員ハ左ノ各員ニ嘱託ス

一、秋田市立小學校長ノ職ニ在ル者

二、秋田市視学ノ職ニ在ル者

三、秋田市公民中五名

前項第三號ノ評議員ノ任期ヲ四ケ年トシ　理事會ニ於テ銓衡ス

第十九條　理事長ハ会務ヲ統理シ本會ヲ代表ス

理事ハ理事長ヲ輔ケ　會務ニ從事シ　理事長事故アルトキハ年長理事之ヲ代理ス

監事ハ本會ノ事務及會計ヲ監査ス

評議員ハ理事ノ諮詢ニ應スルモノトス

第五章　會議

第二十條　理事會評議員會ハ　理事長ニ於テ必要ト認ムルトキ　又ハ二名以上ノ請求アルトキ招集ス

第二十一條　理事会、《ママ》評議員会ハ理事長ヲ議長トス　理事長事故アルトキハ年長理事之ヲ代理ス

第二十二條　理事會、評議員會ハ　半數以上出席スルニアラサレハ　議事ヲ開クコトヲ得ス

但シ招集再回ニ渉ルトキハ此ノ限ニアラス

第二十三條　理事會、評議員會ノ議事ハ　過半數ヲ以テ決ス　可否同數ナルトキハ議長ノ決スル處ニ依ル

第二十四條　理事會ニ於テ決議スヘキ事項左ノ如シ

一、評議員會ニ提出スヘキ議案

二、財産ノ管理ニ關スル件

三、評議員ノ銓衡ニ關スル件

四、事務員ノ任免ニ關スル件

五、諸規程ノ制定改廃ニ關スル件

第二十五條　寄附行為ハ　左ノ場合ニ於テ　評議員四分ノ三以上ノ同意ニ依リ　主務官廳ノ認可ヲ得テ變更スルコトヲ得

一、法律制定ノ變更ニ由リ　其法令ニ抵触スルトキ

二、本會事業ノ伸縮ニ由リ　業務ノ實際ニ適應セサルトキ

三、社會事情ノ變遷ニ由リ　本會設立ノ趣旨ニ副ハサルニ至リタルトキ

本條ノ改定ハ總テ本會設立者ノ初志ニ反セサル程度ニ於テスルモノトス

第二十六條　本會設立当時ノ役員ハ　總テ設立者ニ於テ推薦又ハ嘱託ス

第二十七條　設立當時ノ理事ノ氏名左ノ如シ

本間金之助　本間金次郎　加賀谷長兵衛　辻兵太郎　笹原貫軒

昭和二年四月二十日

以上

三　給与規程

上記寄付行為の付属規程が、児童の選定や手続等を定めた「給與規程」である。事業の実際がより明瞭になるので、これも全文を掲載する。

この中で、第三条に「各學年末ニ其修業成績ヲ本會ニ報告スヘシ」とある。これは育英団体とは異なるのであるから、就学＝修業の証明と解せられ、成績を特に問うものとは思われない。

給與規程

第一條　本會ノ給與ヲ受ケントスル者ハ　本市内ノ居住者ニシテ　小学校教育ヲ受クルニ困難ナル児童ニ限ル

第二條　給與ヲ受ケントスル者ハ　別定書式ニヨリ　保護者ヨリ願書ヲ差出スヘシ

第三條　給與受クル児童　各學年末ニ其修業成績ヲ本會ニ報告スヘシ

第四條　給與受クル児童ノ保護者ハ　左記ノ場合ハ遅滞ナク理事長ニ届出ツヘシ

一、疾病若クハ其他ノ事故ニヨリ　欠席一ケ月以上ニ亘ルトキ

二、住所又ハ保護者ノ變更セルトキ

三、轉校セルトキ

四、給與ヲ必要トセサルトキ

五、家族中ニ異動アリタルトキ

第五條　本會ノ給與中　家庭ノ状況ニヨリ給與ノ必要ナシト認メタルトキ　又ハ本會ノ趣旨ニ違ヒタルトキハ

給與ヲ中止スルコトアルヘシ

給與御願

何某ノ何男（女）　何　某

右今般何々小学校ニ入學ノ處　家政上小學校教育ヲ受クルコト差支候ニ付　貴會ヨリ在學中ノ學資給與相受申度然ル上ハ専心勉學致サセ　且ツ貴會ノ御規則ハ確實ニ遵守可為致候間　御許可被成下度　此段及御願候也

年　月　日

住　所

右保護者　何　某　印

財團法人福田會

理事長何某殿

四　事業規模

本会の事業規模を、まず給付の対象となった児童数（以下受給児童数という）やこれに要した経費（以下給与支出額という）によってみることにする。この両者を一表として示すと表41のようである。

1　足切りをせぬ受給児童銓衡

昭和十二年（一九三七）四月に印行された『財団法人福田会概歴』によれば、「設立以来昭和十二年三月三十一日迄ノ受給児童数　延弐千百七十六人」を算える旨報告されている。昭和二年四月の設立であるから、十年間の成果であ

表41　福田会受給児童数および給与支出額

年	児童数	金額
2	19	328円64銭
3	27	374円53銭
4	28	297円90銭
5	118	783円13銭
6	186	1,045円54銭
7	213	806円99銭
8	246	819円75銭
9	413	1,057円82銭
10	470	1,313円16銭
11	453	1,469円76銭
12	447	1,233円17銭
13	445	1,187円50銭
14	342	1,221円85銭
15	309	1,144円12銭
16	268	821円01銭
17	237	1,038円90銭
18	206	971円90銭
計	4,460	15,915円67銭
19	−	1,278円26銭
20	173	787円30銭

資料　昭和18年まで福田会『会議録』．以後『昭和十八年度ヨリ　予算整理簿』による．

る。周知のようにこの間には、社会情勢の大変化として世界大恐慌に伴う我が国の昭和初期不況期、そして東北地方においては凶作期を重ねている。

この中で、表41をみれば明白なように、五年度（理事会は三月八日開催）以後の受給児童数の増加は、一つの節目となっている。この理由に「財界不況ノ影響受ケ　労働者階級ノ失業者続出セルニ基因セルモノ」と触れ、また「願者多数ニシテ　既定予算額ヲ超過スル場合ハ　理事長ニ於テ自ラ寄附金ヲ拠出シ　飽迄細民児童ノ教養ノ資ニ充テント企画シツヽアリ」と、足切りなしの必要児童すべてへの受給を決定している。この趣旨を鮮明にしているのが、翌六年度の理事会で配布された次の資料である。

昭和五年度財団法人福田会業務概況

前年度ハ本会ノ受給者人員　僅ニ二十八名ノ処　今年度ニ於テ一躍百十八名ノ多数ニ上リシ状況ナルカ　之カ主因ト認メラル、ハ　市内各小学校長ヲシテ　本会評議員ニ嘱託増員　以テ趣旨ノ徹底ニ努メタリシト　財界不況ノ影響受ケ　労働者階級ノ失業者続出セルニ基因セルモノト思考セラル　而シテ従来本会ノ趣旨ハ可成多数ノ児童へ配給スルヲ目的トスルヲ以テ　一般市内住民へ周知セシムル為メ　地方方面委員トモ連絡ヲ採リ　一面各小学校長ノ家庭調査報告ヲモ徴シ　事業ノ達成ヲ図リツ、アリ　今後猶願者多数ニシテ　既定予算額ヲ超過スル場合ハ　理事長ニ於テ自ラ寄附金ヲ拠出シ　飽迄細民児童ノ教養ノ資ニ充テント企画シツ、アリ、現在小学校別本会受給児童人左ノ通リトス

旭南小学校三五人。川尻小学校三一人。旭北小学校二六人。築山小学校一七人。

明徳小学校七人。中通小学校二人。合計一一八人

なお、「理事長ニ於テ自ラ寄附金ヲ拠出シ」の実際の記録に関しては後述する。

十二年度以降は、日中戦争が本格化した戦時期となる。十八年度までの福田会『会議録』に記録された各年受給児童数を取材し、合計してみると表示の通り設立以来四四六〇人であり、これに『昭和十八年度ヨリ　予算整理簿』から知り得た最後の受給児童数である二十年度の一七三人（十九年度については未記載）を合計すると、福田会は延べ四六三三人に対して受給をしている。

この数を基に、十九年度を除く一八年間の年平均受給児童数を計算すると二五七・四人に達している。これは福田会が、地方における個人の慈善社会事業として、いかに大きな貢献を果たしているかを示すものである。

この事業に対しての社会的評価があるが、この記録に関しても後述する。

2　給与支出額

会活動の事業に要した金額をみようとすれば、整理された年次別一覧表は、各年度の『会議録』に綴り込まれて、昭和十九年五月十三日に開催された理事会ならびに評議員会に配布されたものをもって最後とする「本会給与費年次表」がある。ここには十八年度までの実績が明示されている。

続けて参考にできる資料は『昭和十八年度ヨリ　予算整理簿』の十九年度および二十年度の各「第一款　給与費支払金額」である。この款については教科書・被服費・食費の三つの項に支出されている。他の款の遠足費と医療費には無支出であった。したがって前三項の合計額が当該年度の給与費となる。十九年度の対象児童数は未記入である。このことが、表41の作表に反映している。

本表を見るとき、金額においても、福田会事業が昭和初期の恐慌期や凶作期に大きな役割を持ち始め、給与支出額が高止まりに推移することを知り、本事業が定着して戦時期に及んでなお着実に機能して展開していることを確認できる。

五　給与の申込みと銓衡

『昭和五年四月以降　市内小学校報告綴　財団法人福田会』は、十七年度分を欠くが、五年度から十九年度にいたる間の文書綴である。さまざまな内容にわたるが、その中から給与の申込みや銓衡結果に関わる例を示す。

①給与の申込み

築学発第一五号　昭和五年四月二十二日／　秋田市築山尋常高等小学校長小室俊宗　公印／　福田会会長殿

貧困児童給与申込ノ件

本校ニ於ケル貧困児童調別紙ノ通リニ候条　御調査ノ上御給与相成度此段及申込候也

〔別紙略。一八名の児童氏名・学年・保護者名・現住所を表示〕

②給与許可願〔銓衡後に具体的に書式を整えたものと思われる〕

昭和五年六月三日／　秋田市築山尋常高等小学校長小室俊宗　公印／　福田会長本間金之助殿

当校児童ニシテ家政上教育ヲ受クルコトニ差支ノ為メ　学資給与相成度旨別紙ノ通リ願出相成度候也

〔別紙抄。一人減って一七名。各人により、給与種目や金額を異にする。最初の児童の場合と一七名の計の要点は次のとおり〕

（学年学級）尋一緑組、（児童氏名）柳○勇○、（学用品代一ケ年分）一円五〇銭、（教科書後期分）八銭、（被服種類及金額）袷二円・単衣一円五〇銭・綿入三円・羽織二円、（其他）履物二円・雨具二円・冬マント四円、（備考）一八円八銭。

計（学用品代一ケ年分）三九円五〇銭、（教科書後期分）二円六四銭、（被服）一二六円、（其他）二三円四〇銭、（備考）一九一円五四銭。

③家庭調書〔築山小学校からの例示を取れないので、中通小学校、母、相○ハルの場合の印刷された書式項目と記載文を掲載する〕

一、保護者ノ本籍住所職業氏名年齢　本籍　秋田市亀ノ丁堀端〔中略〕、現住所　同上、職業　夏枕製造、相○ハル（三十一才）

二、保護者ト児童トノ続柄児童名生年月日　母、相○アイ《ママ》　大正十年二月十九日生

三、家族ノ員数並ニ氏名年齢　母ハル（三十一才）児童　相○アイ（十才）弟○太郎（七才）妹トミ（五才）

四、家族中一ケ月ノ収入　十円内外

五、所有家屋並ニ負債有無借家ナラバ一ケ月家賃　所有家屋、地代二十円位未払分アリ

六、公課金其他納金免除又ハ減額ノ有無　水道　電灯料免除

七、他方ヨリ救助ヲ受クル有無　感恩講ヨリ一斗五升位（月）

八、不具廃疾者ノ有無　ナシ

九、生活ノ状態〔無記載〕

十、児童ヲ通学セシムルノ可否　通学セシムルハ差支ナシ、学校へハ母、児童トモ大ヘン熱心ナリ

其他参考事項〔無記載〕

④銓衡後の請求品目・領収書の例

一金　三一円五〇銭也／　内訳〔表略。項目は給与月日・学年・児童氏名・給与物品（金額・物品）・備考〕

尋一　Y　一円六四銭　袷一枚羽織一枚　年齢八才

右請求候也／　昭和五年十月九日／　秋田市築山尋常高等小学校長小室俊宗　公印／　福田会長本間金之助殿

前書ノ金員正領収候也／　昭和五年十月拾壱日　小室俊宗　公印

日付をみれば解る通り、年度後期になると、学用品外の防寒対策用品が主になる。築山小学校からは、十一月二十五日に綿入、十二月二十二日にはマント・長靴・アルミ弁当・綿入が請求され、給与されている。ちなみに他校からの請求品目を列記してみると、足袋・ゾウリ・半襟・シャツ・ズボン・洋服・モモヒキ・ボウシ・靴など多種にわたっている。

六　学校における対応の定着

1　校務としての定着

領収書から判明するように、現物給与ではなくて、学校では現金を受領して物品を購入して児童に給与する仕方を採っている。各校におけるそれを世話する担当者の仕事である。今日のように教頭、主任や事務員が必置でない時代であり、一学級のみの書類作成ではなく、学校全体のまとめの仕事となるのであるから、この校務担当者の労はたい

へんなものであったろう。

けれども、前掲「業務概況」の文言にみるような、市内全小学校長を評議員に嘱託増員し、「一般市内住民へ周知セシムル為メ　地方方面委員トモ連絡ヲ採リ　一面各小学校長ノ家庭調査報告ヲモ徴シ」により、市内全小学校に徹底し定着をみたのであった。それが多数の給与児童数となり、彼らの就学の条件を保障したのであった。

2　地方方面委員

方面委員というのは、全国的には昭和十一年（一九三六）「方面委員令により設置された制度」であり、二十一年「民生委員令によって廃止されるまで、社会事業の第一線機関として機能した」(1)制度である。けれども、すでに大正七年（一九一八）に大阪府が方面委員制度をスタートさせた。秋田県では「大正十五年十月一日、秋田県方面委員規程を定め、これを告示〔中略〕実際の活動開始は翌昭和二年二月からである」(2)というように、地方の実情に応じて生まれている。

県の上記規程第五条には「方面委員ノ担当スル事務ノ概目」が記され、その中に「二、生活救助、保健救療其ノ他ヲ現ニ受ケ　又ハ受クルコトヲ必要トスル者ニ付　戸別的ニ其ノ生活状態ヲ調査シ　保護ノ適否並要否ヲ考究シテ保護ノ徹底ニ務ムルコト(3)」とある。そして昭和二年二月一日付で、秋田市の場合一六人が県嘱託となっている。

福田会の表簿『昭和二年四月二十日創立以降／　役員　方面委員名簿／　福田会』の中に「秋田市方面委員住所氏名　昭和五年五月十日現在」の住所と氏名を二列に表示した名簿がある。一番目の「秋田市手形新町上丁　小貫太郎」から二七、二八番目に「秋田市保戸野新町　聖心愛子会内　アゲラン／　同上　ベロニカ」があり、三一番目に「秋田市役所　大槻英家」が挙げられている。

給与児童の銓衡にあたって、学校の調査能力には限界がある。地域の人々の生活状態を把握している地方方面委員の協力のあることは、福田会の目的達成に適切であった。

福田会と学校その他との書状のやりとりがみられるが、この内のいくつかを紹介して、本会の活動の実際を窺いたい。

七　書　状

1　他の社会事業施設からの書状

当時の表現で社会事業といわれる施設の一つ、現在の聖心《みこころ》の布教姉妹会聖園《みその》天使園の前身である聖心《せいしん》愛子《あいし》会に居住している子どもたちは、学区の保戸野小学校に通学している。したがって、該校を通じて福田会への給与申請がなされている児童がいる。これは聖心愛子会のみの援助では、彼らに十分な就学条件を整えるにいたらない点もあった現れである。このケースは社会事業団体相互の協力があって、よりよく子どもたちの教育の機会が保障される証明である。これを示すと考えられる書状がある。

前文《ママ》ごめん下さいませ
先日は突然に参上いたしまして誠に失礼いたしました
伊○虎○殿の生活についていろいろご心配下され　早々に御計ひ下さいましたことを心より御礼申上げます　丁
度母が本籍地をくわしく知らず　調べ等いたしておりまして　翌日頂きにあがれ《ママ》かねまして　つひに今日になり
ました、本当にすぐ御心配いたゞきましたのに　手前の勝手からのびのびにいたしまして　切格《ママ》の御厚意に不肖《ママ》
いたしました　何とも申しわけございません、何卒あしからず御容赦下さいませ　こゝに書類を添付いたします

れば　よろしく御願ひ申上げます
会員《ママ》参上いたしまして　ぢきぢきに御礼又御願ひに上るべきはずでございますが　丁度幼ち園のクリスマス祝日
に当りまして出かねておりますれば　使ひをもって此の度は失礼いたします
重ねがさねのこと乍ら失礼をもかり《ママ》みず　乱筆をもって御願ひ申上げます
御下附下さいます伊〇様への品々　使ひのものに御渡し下さいますよう御願ひ申上げます
後日必ず御礼に参りますれば　これにて失礼申します
　十二月廿一日／　聖心愛子会／　本間様

この書状にメモ書きがある。それには「御園イグナチア／　方面委員／　六年十二月二十二日　洋服、マント、足袋ヲ交付ス」とある。

2　応召家族児童調査

書状の中には、戦時下を反映したものがある。その一つが次の送り状の文言である。これに続いて、現住所・応召軍人氏名・児童氏名・続柄の表示となっている。一家の主の応召により、母子家庭となり、貧窮化した家庭の児童に対する、当時のことばでいえば銃後の守りの一環である。

昭和十五年三月十八日／　秋田市高等小学校長柿崎勘右衛門　公印／　福田会理事長殿
御照会応召家族児童関係左記ノ通リニ候条　此段御通知申上候也

3　保護者からの礼状

給与に対して、児童の保護者から直接礼状を寄せる者もいた。はがきに達筆の文字でしたためられた一例をのみ紹介する。

（表）市内大町二丁目　本間様／　秋田市下寺町　戸〇鶴〇　〔消印五年十二月二十六日〕

拝啓前度《ママ》有難く御礼申上候　扨而今回学校より草履いたゞき何ともかたづけ《ママ》なく御礼申上候　参館の上親しく御礼申述ぶる処なれど書状を以て取あへず御礼申上候　先ち《ママ》は御礼まで　早々

八　事業の終了

1　事業の特記事項

昭和十二年（一九三七）四月印行〔最新版〕「財団法人福田会概歴」中の記事から選んで、六項を掲示したい。本会活動の社会的評価に関わるものとともに、足切りをせぬ児童銓衡には欠かせない事業不足額への本間理事長からの寄付金に触れている。

一、昭和六年五月　秋田市南部大火ニ際シ　罹災児童百六十九名ニ対シ　金参百五拾参円四拾参銭代ノ学用品並ニ被服ヲ給与セリ

一、昭和八年十一月十一日　理事長本間金之助ハ　帝国教育会ヨリ教育功労者トシテ表彰セラレ表彰状及賞牌授与セラル

一、昭和九年四月十四日　理事笹原貫軒ハ　東本願寺新法主得度式ニ際シ　社会事業功労者トシテ金襴輪袈裟ヲ授与セラル

一、昭和十年一月九日　財団法人三井報恩会ヨリ　本会事業助成トシテ　本会経常費へ金弐百円寄付セラル

一、昭和十年度中理事長本間金之助ヨリ　本会経常費ニ向ケ　金六百円ヲ寄付セラル

一、昭和十一年度中理事長本間金之助ヨリ　本会経常費ニ向ケ　金七百八拾円ヲ寄付セラル

2　福田会の終了

『会議録』をみると、「理事評議会」は二十年五月四日の「戦時下ニテ相互繁忙ノ為メ〔中略〕書面審議」とされ、以後翌年度は「敗戦下ニテ相互繁忙ノ為メ」、二十二年度「前例ニナラヒ」、二十三年度「各位多忙ノ為メ」を経て、二十四年五月四日「一、書面審議／　本会昭和二十三年度収支決算書並ニ昭和二十四年度予算書承認ノ件ハ　前例ニナラヒ　書面審議〔後略〕」との記事で終わっている。以後は書面審議も開催されなかったとみられる。財団法人解散のための記録や解散届けの文書等も、実見できない。

ところで、すでに触れたように、『基金台帳』は「昭和三十二年三月弐拾六日現在〔中略〕一金　三万五千四百六拾九円也〔中略〕昭和二年以降剰余金」の記事をもって終わる。したがって、財団法人福田会はこの三十二年三月二十六日をもって解散したものと判断する。

3　事業の終了

前項の解散は組織の形式的な終了である。そもそも本会は寄付行為に述べられているように「小学校ノ教育ヲ受クルニ困難ナル児童ニ対シ在学中ノ被服書籍其他学用品ノ全部又ハ一部ヲ給与」する目的をもって設立された事業体である。この目的の給与が停止したときが、会事業の実際の終了と断じられる。

とすれば、それは表41に明らかなように、昭和二十年度の七八七円三〇銭の金額をもって児童一七三人への給与が実質的事業の終了となる。この年は周知のように戦争の終末期であり、八月十四日の敗戦となり、戦後の大混乱が始まる。こういう中で事業が展開している。これを証明するのが次の簿冊中の記事である。

『昭和十八年度ヨリ　予算整理簿　財団法人福田会』の「昭和二十年度　第一款　給与費」に表42の記載がある。

表42　福田小学校昭和20年(1945)度給与費中教科書学用品の配分

年　月　日	摘要	収入金額	支払金額	差引残高
	昭和二十年度第一款給与費 教科書学用品　第一項	円 800 00		
昭和20年8月20日	旭川国民学校 第1学期学用品代22名分		円 27 00	円 773 00
12月14日	同上 同2学期分26名分		63 00	710 00
12月26日	旭北国民学校 第1第2学期20名分		100 00	610 00
21年3月20日	旭川国民学校 第3学　学用品25人		153 00	
	国民学校 第1・2・3学期2人		25 50	431 50
3月26日	明徳国民学校 教科書学用品費11人		68 80	
	旭北国民学校 第3学期分20人		200 00	162 70
	合計		637 30	

注　摘要欄の表記不統一は『昭和十八年度ヨリ予算整理簿』記載のまま.

「あの混乱の中」でとは、当時中学三年生だった著者の体験からの実感であるが、冷静に事態が処理されていたことは、まことに驚くべきことである。

学校名を挙げての金員の配分は本表の他には、「昭和二十年度　第一款　給与費　第一項　教科書学用品費〔予算配当額〕八〇〇〔円〕」の末尾に、「21〔年〕3〔月〕26〔日〕旭川国民学校第三学期分　二十人　二〇〇〔円〕〔差引残高〕一六二〔円〕七〇〔銭〕」があって終わっている。このことから、会事業の実際の終了日を年度の終わらんとする、すなわち昭和二十一年三月二十六日とすることができる。これは前項で指摘した組織の形式的な終了日とは異なる。福田会の関係者においても、後年この日を事業の実質的な終了日と意識して帳簿を整理したように思われる。

九　福田会の意義

財団法人福田会は福田小学校の意志を継ぐものである。したがって、福田小学校史は三二年間をもって終わったのではない。このことは、三たび印行された『財団法人福田会概略』のいずれにおいても、まず福田小学校の部があって福田会の部と続く構成となっていることからも、関わった者たちの意志が明らかである。

会事業の実質を採る限りでは、明治二十八年（一八九五）度から昭和二十年（一九四五）度に至る少なくとも五〇年間の史実としなければならない。半世紀にわたる慈善教育事業が、本間家によって支えられて、秋田市を中心に展開していたのである。就学率を向上させるための福田小学校の功績と、就学の実を結ばせるための福田会の功績と評価してよい。

会事業が経済恐慌期と戦時期の両時期を乗り切ったことも評価してよいであろう。大地主として、あるいは第四十八銀行頭取にも就任した大商業資本家として、その資産ないし収入からいえば、取るに足りない少額であったかもしれない。けれども、福田小学校設立者の項で紹介した辻国四郎の見解(4)「ケチというよりは関西でいう『始末』屋、あるいは孫三代目の見解(5)「報恩といふ事と、郷土の為めなどには、私財を投げ出してかかる人」という人格ならではの反映がある。

昭和十二年印行『財団法人福田会概略』の一項に「一、昭和四年一月十四日理事長本間金之助（二代目、由松）死亡ニ付　同月二十日定款変更登記ヲ了シ　同年同月三十一日理事金次郎ニ於テ其名ヲ（三代目）金之助ト改メ　二月四日定款変更登記ヲ了シ理事長ニ就任ス」という記事がある。この重要性は、六年度の理事会において配布された「昭和五年度財団法人福田会業務概況」が、新任間もない孫の理事長によって提案されたことである。

既掲の「概況」の中には「前年度ハ本会ノ受給者人員　僅ニ二十八名ノ処　今年度ニ於テ一躍百十八名ノ多数ニ上リシ状況ナルカ　之カ主因ト認メラル、ハ〔中略〕趣旨ノ徹底ニ努メタリシト　財界不況ノ影響受ケ　労働者階級ノ失業者続出セルニ基因セルモノト思考セラル　而シテ従来本会ノ趣旨ハ可成多数ノ児童ヘ配給スルヲ目的トスルヲ以テ〔中略〕今後猶願者多数ニシテ　既定予算額ヲ超過スル場合ハ　理事長ニ於テ自ラ寄附金ヲ拠出シ　飽迄細民児童ノ教養ノ資ニ充テント企画シツ、アリ」という、当時では資本家が「労働者階級」云々の思い切った表現を含む見解が打ち出されている。祖父の志を強く継いでいる証である。

もう一つ加えたいことがある。これは教育史の評価域を逸脱するが、福田会についての表面に現れないが重要な社会的評価である。昭和四年から六年にかけての秋田では、不在大地主に対する農民運動の騒擾が生じている。「昭和五年（一九三〇）十二月十七日、三本の赤旗を立てた約二百名の農民が雪の積った秋田市大町通りを農民歌をうたいながら通っていった。〔中略〕黄色と桃色のビラがまかれ、ビラには〔中略〕『辻兵をへたばらせろ』とか書かれていた。デモ隊は警官と衝突しながら辻兵吉邸にいたり(6)」云々という県史に残る激しい小作争議がみえる。赤旗とともにムシロ旗が市内商店街の目抜き通りを埋めた事件である。

辻兵吉（二代目、末吉）の真ん前の店が本金（末吉の兄由松の孫が前年三代目を継ぐ）である。同じ大商業資本家・不在大地主であるが、こちらには小作たちは押し寄せてくることはなかった。なぜか。ここに昭和五年三月八日開催の理事会で決定した既掲「昭和五年度財団法人福田会業務概況」の趣旨が機能していると考える。対象は秋田市内の児童に限られるとはいえ、市内全小学校長と地方方面委員を動員して、既述のように「財界不況ノ影響受ケ　労働者階級ノ失業者続出セルニ基因セルモノ」と情勢を分析の上、「願者多数ニシテ　既定予算額ヲ超過スル場合ハ　理事長ニ於テ自ラ寄附金ヲ拠出シ　飽迄細民児童ノ教養ノ資ニ充テント企画シツ、アリ」と、制限なしの必要とする全児童を銓衡しての給与を実行している。このことは校長や地方方面委員を通じて、広く「慈善、施しの本金」のイメージを社会に浸透させるものである。

もちろん農民運動の発生には複合した要因があるが、社会心理として機能する「慈善、施しの本金」というイメージは、自ずと対策の一翼を担いえた、と評価する。

注

第一部

第一章

（1）高野俊『明治初期女児小学の研究―近代日本における女子教育の源流―』二〇〇二年、大月書店。

（2）坂本清泉・坂本智恵子『近代女子教育の成立と女紅場』一九八三年、あゆみ出版。

（3）長田三男『子守学校の実証的研究』一九九五年、早稲田大学出版部。

第二章

（1）上奏文の全文は次の通り。

不二麿伏惟《フシテオモンミ》ルニ、方今奎運方《マサ》ニ兆《キザ》シ、民智漸ク開クルノ時ニ際スルヲ以テ、省務ノ旺盛ナランコトヲ庶幾《コイネガイ》スト雖モ、歳月未タ経久ニ至ラス。規模猶《ナオ》創始ニ属スルヲ以テ、衛生ノ術ノ如キ未タ遽《ニワカ》ニ其功ヲ奏スルヲ得ス。唯教育ノ法、稍《ヤヤ》緒ニ就クニ似タル者アリ。於是文部省第一年報ヲ撰次シ、恭ク之ヲ呈進ス。該報記載スル所ハ、明治六年中区画施設スル所ニ係リ、内ハ省務ノ景況ヨリ外ハ学区ノ状態ニ至ルマテ、類ヲ分チ品ヲ彙《イ》シ、附スルニ略表ヲ以テシ、務テ展検ニ便ナラシム。然リ而シテ該報ノ体裁、彼此均シカラサル者アリ。是蓋《ケダシ》学事ノ方法ハ地方ノ便宜ニ随フヲ以テ、其規制ノ如キモ風土ノ情勢ニ依ラサルヲ得ス。而シテ府県年報ノ挙、亦未タ完全ニ至ラサルヲ以テナリ。若夫《モシ》掲出スル所、件々遺漏ナク、般々善美ヲ称スルノ隆昌ヲ致スニ足リ、家戸皆学事ニ勉メ、人身各健康ヲ保スルノ実績ヲ見ルニ至テハ、臣意固《モト》ヨリ将《マサ》ニ之ヲ徐々ニ期シテ、匆々《ソウソウ》ニ望ム可ラストス。伏冀《ネガワ》クハ、該報ニ就テ其梗概ヲ鑒了《カンリョウ》アランコトヲ謹奏ス。

明治八年一月四日　文部大輔田中不二麿

（2）この項目の末尾表記は、府県により「就シムル法」や「就カシムル法」等と、送り仮名にカやノの有無の相違がある。本書地の文では「就カシムルノ法」に統一。

（3）六三府県中、関係記事の欠けているものは岡山・佐賀・鹿児島・福島・青森・水沢・磐井などである。

なお、長田三男前掲書の六頁に掲載された「第1図　各府県の困窮者就学対策（明治7年）」では、全六三府県中、「貧人小学を設置した県、岩手、石川、貧人小学の設置を計画した県、秋田、鳥取、類似施設の設置又は計画した県、奈良、対策未定又は記載のない県、水沢、福島、熊谷、千葉、静岡、浜松、敦賀、滋賀、岡山、佐賀」と数えている。

（4）教育史編纂会編『明治以降教育制度発達史　第一巻』一九三八年、竜吟社、三四二頁。

（5）明治七年四月二十五日付文部省設立認可校から、「学科　すべて尋常小学」（戸田金一『秋田県学制史研究』一九八八年、みしま書房）となる以前は、変則小学の開校しか出来なかった。

第四章

（1）土屋忠雄『明治前期教育政策史の研究』一九六二年、文教書院、八二頁。

（2）土屋、前書、八二頁。

（3）岩手県教育調査研究書編『岩手県教育史資料　第三集』一九五七年、岩手県学校用品。

（4）軽部勝一郎「明治前期岩手県における仁恵学校の特質―県行政との関わりから」二〇〇三年、筑波大学大学院博士課程教育学研究科『教育学研究集録　第二七集』。

（5）土屋、前書、八二頁。

（6）このことに関連する秋田県の学校経費問題については、戸田前掲『秋田県学制史研究』の第七章「民衆による学校資本金調達」で詳述。

第二部

第一章

（1）特記するものを除き、本書における原書類は秋田県公文書館所蔵。本文書等は『明治八年五月ヨリ十二月迄　第五課学務掛事務簿、学校廃置ノ部、二番』。

（2）秋田県編・発行『秋田県史　県治部二　第五冊』一九一七年、二五二頁。

（3）前掲『明治以降教育制度発達史　第一巻』四五一～四五三頁（明治六年四月十七日学制追加＝第百七十七章の官立学校設立伺文例で法制化、文例はすでに一月三十一日に明示ずみ）。

（4）秋田県『明治六年　官省上申伺原書留』（秋田県教育委員会編・発行『秋田県教育史　第一巻　資料編一』一九八一年、五六五～五六六頁）。

（5）田中實『公益法人と公益信託』一九八〇年、勁草書房、二七頁。

（6）戸田金一「本間金之助の慈善学校独力創設の背景について―感恩講史の考察―」（『八戸工業大学紀要』第二〇巻、二〇〇一年）に経緯を記述。

第二章

（1）秋田県編・発行『秋田県史　県治部一　第四冊』一九一七年、一六七～一六九頁参照。

（2）秋田市役所編『秋田市史　下』一九四九年（復刻版、一九七五年、歴史図書社）五一四頁。

（3）秋田市編・発行『秋田市史　第十一巻　近代史料編上』二〇〇〇年、八〇六頁（あとがき）。

（4）前掲『秋田市史　下』五一四頁。

（5）『角川日本地名大事典　5　秋田県』一九八〇年、角川書店、四四〇頁。

（6）秋田県立図書館蔵『廳下市街図』。前掲『秋田市史　第十一巻　近代史料編上』の地図解説によれば、「発行年・作者ともに記載がないが」官庁名・移転位置・移転時期から明治十三～十四年の間作成と推定している。なお、秋田市編・発行『図説　秋田市の歴史』二〇〇五年参照。

（7）乙竹岩造『日本庶民教育史　中巻』一九二九年、目黒書店、五五六頁。

（8）戸田前掲『秋田県学制史研究』一七九頁。

（9）『秋田県の地名』一九八〇年、平凡社、三八〇頁。前掲『角川日本地名大事典　5　秋田県』四四〇頁。

（10）戸田前掲『秋田県学制史研究』二九六頁。

（11）秋田県内の学校設立伺四二九通のうち、教員一人配置は三七四校。なお、同二人は三八校、三人は一二校、六人は二校、そして各五・七・九人配置は一校である。

（12）公立義務教育諸学校の学級編制及び教職員定数の標準に関する法律第三条。

（13）『文部省第五年報　明治十年』第一冊、附録第一所収「第七大学区内秋田県　第六大学区内山形県巡視功程」のうち一三～二二および三一～三七頁。

(14) 前書、三三三頁。

(15) 戸田前掲『秋田県学制史研究』三七三〜三七七頁に学制期の教員俸給表等一覧を表示。

(16) 前掲『秋田県教育史　第一巻　資料編一』七七〇頁。

(17) 前書、七七〇頁。

(18) 戸田前掲『秋田県学制史研究』第四章第四節「秋田県における小学校の創設」参照。

(19) 『文部省第三年報　明治八年』に記載する「秋田県年報」の進達日は「明治九年四月十五日」で、「生徒進歩ノ景況〔中略〕同八年十二月二至リ〔後略〕」とあるによる。

(20) 『文部省第五年報　明治十年』第一冊、附録第一、三三三頁。

(21) 注(18)に同じ。

(22) 前掲『秋田県教育史　第一巻　資料編一』三三四〜三三七頁。

(23) 秋田県編・発行『秋田県史　資料明治編上』一九六〇年、五七四〜五七五頁。

(24) 戸田前掲『秋田県学制史研究』四九四〜四九六頁。

(25) 前書、四八一〜四八三頁。

(26) 前書、四七五〜四七七頁。

(27) 『文部省第三年報　明治八年』九〇一〜九〇二頁。

(28) 前掲『秋田県教育史　第一巻　資料編一』七七三〜七七四頁。

第三章

(1) 『文部省第三年報　明治八年』九〇一〜九〇二頁。

(2) 著者は一九五六年以降秋田市に居住する。当時、先輩教授の「市内においても吹き溜まり箇所が多くて、以前電柱の半分以上が埋もれる所があった」との言を、都市化未進行時代の冬季通勤難渋を体験しながら拝聴している。

(3) 閉校時における就学児の中には、第四章五に掲げる四級生中に「士族綱木宇市」と、士族に属する者がいる。

第四章

(1) 乙竹前掲『日本庶民教育史　中巻』五五六頁。

(2) 前掲『秋田県教育史　第一巻　資料編二』六四〇頁。なお、田名部チエは病気退学している。
(3) 田中女学校と湊女学校の文部省認可日は明治八年六月十四日。次いで遐邇女学校（田中女学校と同区の遐邇町川端）が九年十月である。
(4) 前掲『秋田県教育史　第一巻　資料編二』三四七～三六六頁。
(5) 戸田金一『真実の先生、北方教育の魂、加藤周四郎物語』一九九四年、教育史料出版会参照。

第五章

(1) 秋田大学教育学部創立百周年記念会編・発行『創立百年史　秋田大学教育学部』一九七三年、四九～五〇頁。
(2) 戸田前掲『秋田県学制史研究』「第六章従来学校の非公認方針とその破綻」参照。秋田県における「私学防圧主義」の破綻として扱っている。
(3) 前掲『秋田県教育史　第一巻　資料編二』二九九頁。
(4) 前掲『秋田県史　県治部一　第四冊』一八七頁。
(5) 前書、五一二頁。
(6) 前書、五一二頁。
(7) 前掲『秋田県教育史　第一巻　資料編二』二九九頁。
(8) 秋田県編・発行『秋田県史　資料明治編下』一九六一年、六八九頁。
(9) 前掲『秋田市史　下』五一三頁。
(10) 秋田市旭北小学校蔵『沿革誌　旭尋常小学校』所収「旭小学校沿革大要」。
(11) 前掲『秋田市史　下』五一三頁。
(12) 前書、五一三頁。
(13) 前書、五一四頁。
(14) 前書、五一六頁。
(15) 『文部省第八年報　明治十三年』附録、三〇〇頁。
(16) 前掲『秋田県教育史　第一巻　資料編二』二二一頁。

（17）前書、二二〇～二二一頁に「文部省委托金の使途についての規則」関係掲載。
（18）前書、二二一～二二二頁。

第六章

（1）寛政五年（一七九三）「学館の御条目」（前掲『秋田県教育史　第一巻　資料編一』一～二頁）。
（2）同上、覚（前書、二頁）。
（3）秋田県編・発行『秋田県史　第四巻　維新編』一九六一年、四二三～四二五頁および橋本宗彦編『秋田沿革史大成　上』一九七三年、加賀谷書店、二二〇～二二一頁に掲載文の誤字を訂正して全文掲載。
（4）秋田県編・発行『秋田県史　第三巻　近世編下』一九六五年、八〇九頁。
（5）秋田近代史研究会編・発行『近代秋田の歴史と民衆』一九六五年、二九頁。
（6）基礎額に対して、文久三年（一八六三）に七〇パーセント増し、明治三年（一八七〇）に三五パーセント増しての五倍になり、銀四七匁八分が三三二匁六分五厘に膨れていた。
（7）前掲『秋田県教育史　第一巻　資料編一』二二二～二二三頁。戸田前掲『秋田県学制史研究』六一一頁に全文掲載。
（8）戸田前掲『秋田県学制史研究』一七九頁二～四行について訂正。「ついで、三月には秋田大町五丁目に仮二番小学が開校した。前者は日新学校、そして後者は広業学校と呼ばれた」との記述は不正確。仮二番を五巷学校に訂正し、「五月になって」と「そして後者は広業学校」を削除する。
（9）前掲『秋田市史　下』五一一頁。
（10）前書、五一二頁。
（11）前書、五一二頁。
（12）前掲『秋田県教育史　第一巻　資料編一』六二二頁。この史料の扱いについて「本県第二の小学校開校」と見出しを付けているのは、県公認の仮二番を採ったためであろう。五巷学校と同じ町内であり、別の県立学校を設けたのか、それとも同一校を公認したのか不詳。なお後日、九月公認を三月以来の仮二番と追認した扱い〔著者の場合〕もあるし、広業学校の呼称校〔著者は五月とした〕の存在を含めて、大町五丁目に設置された学校は一校なのか、複数校なのか判然としない。
（13）前書、一一四～一一五頁。

(14) 前書、一一五頁。
(15) 前書、一一五頁。
(16) 公立学校設立伺に記載された延べ四九五校のうち、『日本教育史史料　八』に掲載されている私塾四六および寺子屋二四九の塾主・師匠名との重複掲載者＝同一人は僅か八名に過ぎない（戸田前掲『秋田県学制史研究』三四八～三四九頁）。
(17) 戸田前掲『秋田県学制史研究』第五章「在郷有識者の無資格教師化」参照。明治九年（一八七六）までの教員免許授与者数七一九（現職四五二）に対し、「教員手伝ト名ツケ教場ノ助手タラシムル者七百名」（『文部省第四年報　明治九年　第一冊』「秋田県年報」）という多数であり、塾主や師匠歴を持つ者を含んでいる。
(18) 『文部省第三年報　明治八年　第一冊』一〇〇頁。
(19) 前掲『秋田県教育史　資料明治編下』六七三頁。
(20) 前掲『秋田県教育史　第一巻　資料編一』一一六頁。
(21) 明徳館学監の履歴を持つ神沢繁（素堂）の例については、戸田前掲『秋田県学制史研究』二八三～二八五頁参照。伝習学校第一撰生として入学したが、病のため卒業できなかった。
(22) 前掲『秋田県教育史　第一巻　資料編一』一一七頁および戸田前掲『秋田県学制史研究』の第六章「二　一漢学塾主の抵抗」参照。
(23) 前掲『秋田県史　県治部二　第五冊』三一九頁。
(24) 前掲『秋田県史　資料明治編下』一九六一年、六七三頁。
(25) 前掲『秋田県教育史　第一巻　資料編一』八四三頁および八七〇頁。
(26) 文部省編『学制八十年史』一九五四年、大蔵省印刷局、三九頁。
(27) 秋田の都市部とりわけ秋田大町における寺子屋の盛況については、戸田前掲『秋田県学制史研究』第二章「第三節　民衆の学校教育」参照。
(28) 田中前掲『公益法人と公益信託』。
(29) 感恩講が児童保育院を開設するのは明治三八年（一九〇五）（感恩講編・発行『感恩講誌』増訂四版、一九二五年、四一丁）。
(30) 太平学校（伝習学校の後身）に採用された秋田県人名は「伝習学校設立伺」に明らか。すなわち江間宇兵治（秋田藩学校教授・

三九歳）、片岡政平（同国学準教授・四四歳）、大山順治（大学南校四か月修業・三五歳）、牛丸平八（秋田藩学校二等教授・三六歳）の四名。

(31) 明治六年五月四日、秋田県学校係「洋学校開設布達」（前掲『秋田県史　資料明治編下』五九三頁）に「洋学教師高橋淡月月給六十圓、菊地財蔵同断、渡邊賤良同四十圓、数学教師氏家等同三十圓」。

(32) 上記注(30)に挙げた四名が月給六円。新荘官五（大学南校七か月修業・二一歳）、荒川謙吉（大学東校明治三～五年修業・二四歳）、村山小五郎（吉田輝隅、金子精一に英学・洋算修行・二三歳）、吉田修吉（同・二二歳）、川崎鎌五郎（金子精一に英学・洋算修行・三二歳）、服部立海（大学東校二年二か月修行・二六歳、平民）の六名が月給十二円。

(33) 建言書の起案原書の一〇頁目末尾では「一金三十五銭、学務掛渡辺賤郎」とあるが、付箋があり朱書きで「八年四月ヨリ月々四拾五銭ツ、寄附致候事」とある。「飽田仁恵学校設立伺、別冊」には、この四十五銭と記載。

(34) 群馬県教育委員会編・発行『群馬県教育史　第一巻』一九七二年、一〇四頁。

(35) 前書、一〇四頁。

(36) 上記注(32)参照。

(37) 明治八年一月、「太平学校ヲ中学ト見做シ（中略）総テ中学教則ヲ施行ス」の改革があり、学科課目「化学」の第六級書目は『化学之始』となる（佐久間舜一郎稿本『新編北羽発達史続編　教育沿革史』一九四～一九五頁）。

(38) この呼称は、前掲『創立百年史　秋田大学教育学部』第一編の肖像写真説明および七三二頁の「歴代学校長一覧」備考による。

(39) 前掲『群馬県教育史　第一巻』九七頁。

(40) 秋田県編・発行『秋田県史　県治部一　第四冊』一九一六年、五二頁。

(41) 前書、六二頁。

(42) 前掲『秋田県教育史　第一巻　資料編一』九一五～九七七頁に掲載「公立学校設立伺」の送り状部分参照。

(43) 前掲『秋田県史　県治部一　第四冊』六二頁。

(44) 前掲『群馬県教育史　第一巻』九七頁。

第一章

（1）国立教育研究所編・発行『日本近代教育百年史　第三巻　学校教育1』（本文では『日本近代教育史　三』と表示）一九七四年、教育研究振興会、九三一頁。
（2）田中勝文「明治中期の貧民学校―小学簡易科制度の実態分析」（教育史学会『日本の教育史学　第八集』一九六五年）三三一頁。
（3）秋田県教育委員会編・発行『秋田県教育史　第五巻　通史編一』一九八五年、三七八頁。
（4）前掲『日本近代教育百年史　第三巻　学校教育1』一〇六八頁。
（5）前掲『秋田県教育史　第五巻　通史編一』三七九頁。
（6）秋田県教育委員会編・発行『秋田県教育史　第七巻　年表統計編』一九八六年、三三一九頁。
（7）前掲『秋田県教育史　第五巻　通史編一』三七五～三七九頁。
（8）田中、前掲論文、二七頁。
（9）国立教育研究所編『日本近代教育百年史　第四巻　学校教育2』一九七四年、教育研究振興会、三三三頁。
（10）田中、前掲論文、二八頁。
（11）前掲『日本近代教育百年史　第四巻　学校教育2』一〇二頁。
（12）前書、一〇九頁。
（13）田中、前掲論文、四一頁。
（14）田中、前掲論文、四二頁。
（15）前掲『秋田県教育史　第五巻　通史編一』六七九頁。
（16）秋田県教育委員会編・発行『秋田県教育史　第二巻　資料編二』一九八二年、三四八～三四九頁。
（17）前掲『秋田県教育史　第五巻　通史編一』六七九頁。
（18）田中、前掲論文、二七頁。
（19）前掲『秋田県教育史　第五巻　通史編一』六七九頁。

(20) 田中、前掲論文、二九頁。
(21) 前掲『秋田県教育史　第五巻　通史編一』六七九頁。
(22) 前掲『日本近代教育百年史　第四巻　学校教育2』一〇九頁。
(23) 秋田県編・発行『秋田県史　第五巻　明治編』一九六四年、一四八～一六〇頁参照。
(24) 前書、一五〇頁。
(25) 前掲『日本近代教育百年史　第四巻　学校教育2』四二頁。
(26) 前書、二四一頁所収注23。
(27) 前書、一一九頁。
(28) 田中、前掲論文、三二～三三頁。
(29) 前掲『秋田県教育史　第二巻　資料編二』三五一頁。
(30) 前書、三五一～三五二頁。
(31) 前掲『秋田県教育史　第五巻　通史編一』六八〇～六八一頁。
(32) 秋田県南秋田郡井川町井川小学校蔵。
(33) 秋田県南秋田郡飯田川町飯田川小学校蔵。
(34) 秋田市旭北小学校蔵。
(35) 前掲『秋田県教育史　第五巻　通史編一』三八五頁。
(36) 前書、三八五頁。
(37) 前掲『秋田県教育史　第二巻　資料編二』二〇八頁。

第二章

(1) 前掲『秋田県教育史　第二巻　資料編二』七二～七三頁。
(2) 秋田魁新報社編・発行『秋田大百科事典』一九八四年、二二五頁の項目「キリストと教」の記事によると、「秋田県では、一八八三年（明治一六）アメリカの宣教師キリスト教伝道会に属するスミス夫妻〔中略〕らが伝道を開始した」とあり、秋田県におけるキリスト教伝道の先駆者。伝道と表裏一体をなした私立学校設立では「秋田英和学校は明治十九年に、南秋田郡秋田東根小屋町十二番地に開校した私立学校で明治二十一年の生徒数は十八名であった」(前掲『秋田県教育史　第五巻　通史編一』七五〇頁)。そして、同年九月二十日付で校長中田直鵬に「同校が要請していた外人教師採用を許可」しているが、その教師はスミス夫妻であり、事実上の経営者でもあった。
(3) 田中、前掲論文、四一頁。
(4) 前掲『秋田県教育史　第二巻　資料編二』七三頁。
(5) 前書、七二頁。
(6) 前書、五四五～五四七頁。
(7) 前書、五四三～五四四頁。
(8) 前掲『秋田県史　第五巻　明治編』一一一四～一一一五頁。
(9) 前掲『秋田県教育史　第二巻　資料編二』五四四～五四五頁。
(10) 前書、五四三～五四四頁。
(11) 前書、五四三頁。
(12) 前掲『沿革誌　旭尋常小学校』二十三年(一八九〇)四月四日記事。
(13) 田中、前掲論文、四三頁。

第四部

第一章

(1) 秋田魁新報社企画委員会事務局編・発行『秋田のお寺さん―秋田・河辺』一九七八年、一七四頁を参照すると、現在真宗大谷派の十劫山正覚寺。記事に「明治十九年(一八八六)の俵屋火事で再び類焼、仮堂を建てたが、本堂を再建できず、現在に至っている。〔中略〕なお明治十九年〔から〕〔中略〕三十四年まで無住職となった。明治二十八年五月、貧民の子弟教育のため福田小学校が開設され、明治三十八年十二月保戸野中町に移転するまで続いた。その後代務住職を置き、現在に至っている」とある。
(2) 前掲『秋田県教育史　第二巻　資料編一』五四八～五四九頁。
(3) 岩本裕『日本仏教語辞典』一九八八年、平凡社、六一一頁。

(4) 田中、前掲論文、二三頁。
(5) 前掲『秋田県教育史　第二巻　資料編二』五五〇頁。
(6) 前書、五五〇〜五五一頁。
(7) 前書、五五一頁。
(8) 辻国四郎編『亀花の系譜』一九八一年、辻家家史研究会。
(9) 二代目本間金之助（由松）に子がなく、故養子永助の長男金次郎が三代目を継ぐ。
(10) 本間金之助「祖父本間金之助」（『秋田』第九巻第九号、一九四一年、秋田社。末尾に「文責在記者」）。
(11) 前書、二四頁。
(12) 前掲、戸田『秋田県学制史研究』九五〜九七頁。「（一）　出仕試験への準備」参照。
(13) 前掲、本間「祖父本間金之助」二五頁。
(14) 前掲、辻『亀花の系譜』一八三頁。
(15) 上通町町内会編・発行『ちょっとむかしの通町』二〇〇二年、一一頁を参照すると、「本金は慶応二年（一八六六）大町二丁目に移る」が、それまでは招福稲荷神社の隣、現保戸野三番二六号が「本間屋さん＝本金デパートの発祥の地と言われています」とある。
(16) 前掲、辻『亀花の系譜』一九六頁。
(17) 前書、七七〜七八頁。
(18) 秋田市保戸野中町本間善次郎（永助四男）より、一九九六年九月八日の聴き取り。
(19) 戸田金一「秋田における教育内容の開化過程」（仲新編『明治期地方教育史の比較研究』一九七八年、地方教育史研究会所収）の四「県学校御用書店の取扱い書物」参照。
(20) 秋田市保戸野中町本間善次郎所蔵。
(21) 伊藤和美「商業・貸付資本の地主的展開—秋田市・本間金之助家の分析—」（日本農業経済学会編『農業経済研究』第四八巻第四号、一九七七年、岩波書店）。
(22) 神奈川大学所蔵。同大学院日本経済史研究室管理。主な資料目録などの紹介は、戸田金一「財団法人福田会資料について—福田

小学校閉校後の発展的慈善教育事業―」『八戸工業大学紀要』第一九巻、二〇〇〇年。
(23) 伊藤前掲論文、一七二～一七三頁。
(24) 田口勝一郎『明治期秋田県農業の展開』一九八四年、みしま書房、八三～八四頁。
(25) 注(18)に同じ。
(26) 学校を経営的に維持するための資本金（学校基金）形成は、学制期の公立学校にすでに見える（前掲戸田『秋田県学制史研究』第七章「民衆による学校資本金調達」参照）が、福田小学校の例（基本金）は定期預金等により利殖を図ろうとしている点に特徴がある。伊藤前掲論文における本間家の「有価証券投資」の分析が参照となる。
(27) 辻前掲『亀花の系譜』一九二頁。
(28) 武田仁恕編著『明治国民善行表彰録』一九一二年、博文館、二六三～二六四頁。
(29) 前掲『秋田のお寺さん―秋田・河辺』五四頁および二五頁参照。
(30) 前掲『秋田県教育史　第二巻　資料編二』六六頁。
(31) 著者は横手市黒川尋常小学校の一連の修業証書において、明治三十四年（一九〇一）までは学校名のみ、卒業証書では二十九年（一八九六）「黒川尋常小学校訓導石井豊太」、三十五年（一九〇二）に初めて『黒川尋常小学校長石沢常義』という授与者名が記載されている現物（横手市黒川、佐藤家所蔵証書類）を見ている。
(32) 秋田市立旭北小学校蔵。

第二章

(1) 前掲『秋田県教育史　第二巻　資料編二』一〇四～一〇五頁。
(2) 前書、一〇五～一〇七頁。
(3) 前掲『秋田のお寺さん―秋田・河辺』三八頁。
(4) 前掲『秋田県教育史　第五巻　通史編一』六六七頁。
(5) 前掲『秋田県教育史　第二巻　資料編二』三三四～三四六頁。
(6) 前書、三四二頁。
(7) 前書、三四八～三四九頁。

(8) 前書、一一九~一二〇頁。
(9) 前書、一四七~一四八頁。
(10) 日本近代教育史事典編集委員会編『日本近代教育史事典』一九七一年、平凡社、四〇一頁。

第三章

(1) 前掲『秋田市史　下』五二〇頁。
(2) 前書、五二〇頁。
(3) 前掲『秋田県教育史　第七巻　年表統計編』「第一表　学齢児童数および就学児童数(旧制)」三二八~三三一頁。
(4) 前掲『日本近代教育百年史　第四巻　学校教育2』九〇三頁。
(5) 前書、九〇四頁。
(6) 前書、九二一頁所収注(7)。
(7) 前掲『秋田県教育史　第二巻　資料編二』三三三頁。

第四章

(1) 前掲『秋田県教育史　第二巻　資料編二』一一〇頁。
(2) 前書、一二一頁。
(3) 秋田県教育会編・発行『秋田教育』一九三六年二月号、三五頁以下所収、藤原乙吉「激甚地を語る」(戸田『秋田県教育史　北方教育編』一九七九年、みしま書房、二六七~二七一頁)。

第六章

(1) 庄司洋子他編『社会福祉事典』一九九九年、弘文堂、九一六頁。
(2) 秋田県社会福祉協議会編・発行『秋田県社会福祉史』一九七九年、一六七頁。
(3) 前書、一六八頁。
(4) 前掲、辻『亀花の系譜』一九二頁。
(5) 前掲、本間「祖父本間金之助」二六頁。
(6) 秋田近代史研究会編・発行『近代秋田の歴史と民衆』一九六九年、一七七頁。

あとがき

福祉あるいは教育の歴史研究において、いわば空白の史実であった慈善学校について、世界＝西欧において発生した学校の一つ――日本＝維新理念・文明開化としての導入――地域＝実情に応じる貧人小学（仁恵学校）の設立と繋がる、いわば串刺しにして捉えようとした試みを、いま多年の関与の決算として本書に結実させることができた。心満ちた思いといわなければならない。

学制の規定に基づく貧人小学（仁恵学校）が、全国的に設立されたのかどうかの吟味から始めた。そして数少ないその中の秋田の飽田仁恵学校については、幸い創設主旨を述べる建言書の内容から始まり、ついに廃止となる理由ならびに諸事後措置に及ぶ間の、学校教育活動の内容を明らかにし、その意義を考察した。この中で本校設立の発案者を特定する試みでは、とりわけ文明開化の伝播という性格において考究して、結論を導いている。

思いもかけなかったのは、飽田仁恵学校廃止の約一〇年後に、おそらくキリスト教系慈善学校としては初紹介となるであろう第一および第二簡易小学校が、明治二十二年度一年間ではあったが開校している事実である。本校についての深い研究はこれからといえよう。

そして、さらに五年後に登場したのが僧侶の関与する私立福田小学校の設立であった。本校については、閉校した後の教育福祉事業組織である福田会の活動にも及んでいる。著者は飽田仁恵学校とともに深く立ち入った。けれども学術研究に完璧な考察は得難い。本書に関していうと、次のような一事をとってみても、これはいえる。

明治九年〔一八七六〕三月六日〔中略〕創めて仏教上慈悲の旨趣に基き、汎く貧困無告の児女を収養すべき社団を建設せんことを発議〔中略〕、会を名け《ママ》て福田と称し、其児女を収養撫育する処を育児院と号す。（中里日勝編『福田会沿革略史』一九〇九年、福田会、三頁〈『日本「子どもの歴史」叢書二七』一九九八年、久文社〉）

という、僧侶を中心とした全国的な福祉活動組織が発足している。すると、翌明治十年五月設立の真宗系信徒による愛媛県松山の仁恵学校や、とりわけ同じ福田の文字を冠する秋田の福田小学校・福田会に与えた影響や両者の間の組織的関係の有無はどうなのか。現時点では証明する資料を見ていないが、確認の考究を後日に残す課題である。

もはや例示はしないが、ましてや第三者がみれば、この他にも取り残しの考究すべき課題を少なしとしない。読者の関心〔批判〕と研究への持続的関わり〔開始〕を期待したい。本書の刊行を喜びながら、実はこのような欲を持って擱筆している。

ともあれ、本書は「まえがき」において述べたように、資料収集段階において多くの機関と方々からの理解と協力・助力をいただき、また執筆のよい環境を与えていただいた。ここに重ねてお礼を申し上げる。

そして出版については、吉川弘文館編集第一部の上野純一氏、藤井薫氏から懇切な配慮をたまわった。心からの感謝を申し述べたい。

二〇〇八年七月二十六日

戸田金一

著者略歴
一九三〇年　栃木県に生まれる
一九五三年　東京文理科大学教育学科卒業
秋田大学教授、八戸工業大学教授、聖園学園短期大学教授をへて
現在　秋田大学名誉教授、教育学博士
〔主要著書〕
秋田県教育史―北方教育編　秋田県学制史研究
昭和戦争期の国民学校　手紙で綴る北方教育の歴史（共編著）　教師になるということ

明治初期の福祉と教育
慈善学校の歴史

二〇〇八年（平成二十）十月一日　第一刷発行

著者　戸《と》田《だ》金《きん》一《いち》
発行者　前田求恭
発行所　株式会社　吉川弘文館
郵便番号一一三―〇〇三三
東京都文京区本郷七丁目二番八号
電話〇三―三八一三―九一五一〈代〉
振替口座〇〇一〇〇―五―二四四番
http://www.yoshikawa-k.co.jp/

印刷＝藤原印刷株式会社
製本＝誠製本株式会社
装幀＝山崎　登

ISBN978-4-642-03787-7